L'HOMME QUI SAIT PARLER AUX CHEVAUX

MONTY ROBERTS

L'HOMME QUI SAIT PARLER AUX CHEVAUX

Histoire de ma vie

ALBIN MICHEL

Titre original :

THE MAN WHO LISTENS TO HORSES

Traduit de l'anglais
par Alain Deschamps

ISBN : 2-266-09212-X

DÉDICACE

Je ne peux que dédier ce livre à *Equus, l'animal fuyard.* Je suis convaincu que nous devons des excuses à cette espèce pour l'avoir obligée à endurer notre incompréhension pendant des millénaires. *Equus* a été mon professeur et mon ami, et il a subvenu à tous mes besoins.

MES REMERCIEMENTS À MES PROFESSEURS

Si *Equus* a été mon principal professeur, Marguerite Parsons, sœur Agnes Patricia, Bill Dorrance, Don Dodge et le Dr Bob Miller méritent ma reconnaissance pour avoir créé un environnement au sein duquel j'ai eu la possibilité d'apprendre.

ET UN MOT À MES LECTEURS

Bien que le cheval soit un animal amical, la peur et les mauvais traitements peuvent le rendre hostile, et il faut se montrer prudent vis-à-vis d'un cheval dont on ne connaît pas le caractère.

1

GRANDIR PARMI LES CHEVAUX

Je suis né le 14 mai 1935, au beau milieu de la « Grande Dépression » qui suivit le krach de 1929, dans la petite ville de Salinas, en Californie.

C'est dans cette région que John Steinbeck[1] a situé bon nombre de ses célèbres romans et, pour créer ses personnages, il est possible qu'il se soit inspiré de certains membres de ma famille, exemples typiques de ces immigrants venus de tous les coins des États-Unis et d'Europe s'installer dans cet Eden qu'est la Californie.

La première chose que j'ai vue lorsque l'on m'a sorti sur le seuil de notre maison, c'est un millier d'hectares de bonne terre situés dans ce que l'on appelle « le Saladier de l'Amérique », une région fertile bénéficiant d'un climat tempéré.

Ce n'était pas à proprement parler une exploitation agricole, plutôt une sorte de hameau en bordure de la ville, et qui avait une particularité : toutes les constructions étaient en rapport avec le cheval ; des boxes, une arène de rodéo avec des gradins, des enclos et des écuries pour la monte et le poulinage.

1. Né à Salinas en 1902 *(toutes les notes sont du traducteur).*

Mes parents habitaient et travaillaient dans ce centre équestre.

Je n'avais pas encore un an quand ma mère a commencé à m'asseoir devant elle, sur sa selle. Non pour un petit moment, en guise de distraction, comme cela a pu arriver à d'autres enfants, mais plusieurs heures de suite, tandis qu'elle donnait des leçons d'équitation. Les oreilles d'un cheval se couchant et se dressant, son encolure, sa crinière bougeant au rythme de son pas, de ses battues ou de ses foulées, m'étaient aussi familières que la vue ou la voix d'un être humain.

A l'âge de deux ans, je passais la plus grande partie de la journée sur un cheval, mais j'avais hérité entre-temps d'une monture bien à moi.

J'étais certainement un cas unique. A ma connaissance, personne d'autre ne peut prétendre être né et avoir été élevé dans le Salinas Rodeo Competition Grounds.

La création de ce centre équestre était due à la générosité d'un certain M. Sherwood qui, à sa mort, avait légué par testament ce millier d'hectares à la ville de Salinas, à la condition que les terrains en question soient destinés à des activités équestres.

La municipalité de Salinas avait proposé à mon père de prendre la direction de l'opération. Il avait accepté et lancé, peu après, la construction d'une arène de rodéo de vingt mille places et de tous les équipements annexes nécessaires, dont huit cents boxes. Toutes ces installations existent encore aujourd'hui.

Non content d'être directeur du centre, mon père y avait ouvert sa propre école d'équitation.

Dans le primaire comme dans le secondaire, les élèves des établissements scolaires de Salinas suivaient des cours d'éducation physique qui incluaient l'équitation, et ils fréquentaient donc l'école de mon père. Chaque jour, ma mère faisait la tournée des écoles locales, au volant de notre grande voiture, pour « ramasser » les élèves, les conduire au centre, puis les ramener ensuite à leur établissement.

En plus de ses deux activités principales, mon père dressait et hébergeait des chevaux appartenant à des particuliers et louait une partie des installations à divers entraîneurs, afin d'obéir aux dernières volontés de M. Sherwood. Mes parents administraient donc le legs que M. Sherwood avait fait à la ville de Salinas, mais travaillaient également à leur compte.

Mon premier cheval s'appelait Ginger. Il avait dix-sept ans. C'était un ancien cheval de selle du ranch Uhl, dressé à conduire le bétail, et qui avait eu son heure de gloire dans les rodéos.

Alors qu'il avait atteint l'âge de la retraite, on lui a demandé de me servir de baby-sitter. Discipliné et solide, il avait le tempérament idéal pour cela ; il est donc devenu mon professeur.

Pendant des années, il avait fait son travail de monture de cow-boy et le connaissait par cœur. Il était très patient avec le gamin de trois ans qui exigeait toujours plus de lui, et tressautait sur son garrot en agitant les bras et les jambes dans toutes les directions pour essayer de se faire comprendre. Sa retraite n'était ni glorieuse ni paisible, mais je crois qu'il s'amusait beaucoup, lui aussi.

Bien sûr, je le jugeais incapable de toute mauvaise action, c'était mon copain.

Mon père a compris très vite que j'étais un cavalier au-dessus de la moyenne. Je savais faire aller ma monture au pas, au trot et au petit galop, exécuter des changements de pied à la volée et des huit sans trop de problèmes.

Tout cela me semblait naturel, mais je me rappelle que les gens disaient toujours, étonnés : « Il n'a que trois ans ! »

Mon père a décidé de tirer parti de mes capacités. Je n'avais pas encore l'âge d'aller au jardin d'enfants lorsqu'il m'a annoncé que le moment était venu de m'entraîner plus sérieusement et de passer davantage de temps sur un cheval que je ne l'avais fait jusque-là. Il s'est rabattu sur moi parce que mon frère Larry était plus jeune et de constitution plus fragile. Larry avait besoin qu'on le ménage, on pouvait tirer de moi le maximum.

Je participais régulièrement à des spectacles équestres et à des compétitions chaque week-end.

Je possède encore un petit film sautillant où l'on nous voit, Larry et moi, concourant pour la *junior stock-horse class*[1], l'année de mes quatre ans. Les images grenées et vacillantes nous montrent en train de faire tourner nos montures, de les faire volter, s'arrêter, avancer et reculer — en fait de nous comporter comme de parfaits modèles réduits des cow-boys qui nous avaient enseigné leur savoir-faire. Tout cela dans le silence inquiétant des films d'amateur de cette époque-là.

Lorsque je vois la façon dont je tirais sur la bouche de Ginger, dont je le maltraitais — uniquement par ignorance —, cela me rend triste. J'espère qu'il comprenait que je n'étais qu'un gosse qui ne savait pas ce qu'il faisait.

La plupart des autres concurrents étaient plus âgés que moi, mais Ginger était là pour m'aider, et il savait mieux que personne comment s'y prendre pour réaliser de beaux scores dans les grandes occa-

1. Un *stock-horse* est un cheval de bétail, de troupeau, de travail.

sions. Il avait fait ça pendant des années, face à des adversaires d'un tout autre calibre. Je suis sûr qu'il avait décidé de lui-même que ce serait bien de rapporter ce trophée à la maison, et avait fait le nécessaire pour que je remporte la compétition.

La publicité faite autour de cette victoire inattendue a tourné la tête à mes parents. Leur école a connu soudain un succès sans précédent. M. et Mme Roberts étaient de toute évidence les meilleurs professeurs puisque leur fils de quatre ans remportait des trophées.

Cette victoire a renforcé mon père dans sa détermination de faire de moi celui qui allait rendre le nom de Roberts célèbre dans le monde des sports équestres.

Arrivé à ce point de mon récit, je dois prendre le temps de présenter mon père parce qu'il a tenu une place essentielle dans ma vie. Cela ne veut pas dire que les autres membres de ma famille aient eu moins d'importance à mes yeux, simplement ils ne sont pas le sujet de ce livre. Ma femme, nos enfants, mon frère Larry et ma mère n'apparaissent qu'épisodiquement dans les pages qui suivent, pourtant ils mériteraient que je leur consacre un livre entier.

J'ai volontairement limité le sujet du présent ouvrage à mes relations avec les chevaux et à ma vie professionnelle. Néanmoins, la rédaction de ce récit est pour moi une expérience tout à fait intime et très émouvante.

Si je réserve un traitement particulier à mon père, si je prends le temps de le décrire plus en détail, c'est parce que tout ce que j'ai accompli au cours de mon existence a été rendu possible par le fait qu'il m'a mis très tôt en contact avec des chevaux et imposé un entraînement intensif. Par contre, si j'ai donné à ma vie professionnelle cette orientation, c'était pour mieux tourner le dos à mon père ; et mon acharnement à poursuivre dans cette direction a été la conséquence de ma révolte forcenée contre lui et ses méthodes.

Mon père était grand, mince et musclé. Il avait des cheveux châtains et des traits burinés. Il était aussi soigné et méticuleux que les circonstances le lui permettaient. S'il lui arrivait de rencontrer un ami, en ville, il pouvait se montrer amical et accueillant.

Dès le début, il a fait preuve de froideur et d'esprit critique à mon égard. Il examinait à la loupe tout ce que je faisais et ne me pardonnait rien. Il était si impitoyable que son attitude frôlait souvent le ridicule.

Sa façon de se comporter vis-à-vis des chevaux était on ne peut plus traditionnelle, c'est-à-dire cruelle.

La méthode employée en ce temps-là pour dresser les chevaux est encore très répandue de nos jours. Une émission de télévision réalisée en 1989 pour célébrer le vingtième anniversaire du premier pas de l'homme sur la Lune affirmait que la conquête de l'espace était le grand défi de notre temps, de même que la conquête de l'Ouest avait été celui du siècle précédent. Comme le faisait justement remarquer le commentateur, certaines choses n'avaient pas changé depuis le dix-neuvième siècle, et l'un des exemples qu'il citait était justement la façon de dresser les chevaux.

Mon père avait fait construire un corral spécial avec, à sa périphérie, six solides poteaux plantés à égale distance les uns des autres, de manière à pouvoir dresser une demi-douzaine de chevaux en même temps.

Il commençait par leur mettre un licou ; une opération qui nécessitait parfois de les faire passer par un étroit couloir entre deux barrières parallèles pour pouvoir les approcher plus facilement. Il fixait ensuite une solide corde au licou et attachait — très court — un cheval à chacun des six poteaux, tortillant la corde à un mètre quatre-vingts de hauteur et fixant son extrémité à la barrière du corral.

Les six chevaux étaient ainsi immobilisés à bonne distance les uns des autres, la tête tournée vers l'extérieur du corral, et déjà terrorisés.

Mon père se plaçait alors au centre du corral, armé d'un sac lesté, fixé au bout d'une corde, et frappait la croupe ou les membres postérieurs de chacun des six chevaux.

Lorsque le sac leur tombait sur la croupe ou s'enroulait autour de leurs jambes, les chevaux étaient pris de panique, ils écarquillaient les yeux, ruaient, et s'efforçaient de reculer, tirant sur la corde qui les retenait comme si leur vie était en jeu. Ils en étaient effectivement persuadés, et personne n'aurait pu les convaincre du contraire. La peur fait partie de leur nature, et elle les rendait fous. Ils se jetaient en arrière, en avant et sur les côtés, cherchant à se libérer et luttant pour survivre. Leur tête et leur encolure enflaient et ils se blessaient fréquemment. C'était — et c'est toujours — un spectacle terriblement cruel.

Cette première phase est appelée *sacking-out.* Elle dure environ quatre jours et elle est destinée à briser la volonté de l'animal et à diminuer sa capacité de résistance.

La phase suivante consistait à relever une jambe du cheval à hauteur de son ventre au moyen d'une corde attachée au paturon et liée à un collier placé autour de son encolure.

Ainsi handicapés, les six chevaux avaient droit à

une deuxième séance de *sacking-out* qui réduisait un peu plus leur faculté de résistance. Ils combattaient vaillamment, se tenant avec peine sur trois jambes et gémissant de douleur parce que la corde qui immobilisait leur quatrième membre tirait sur le collier qui leur enserrait l'encolure.

Les quatre jambes étaient attachées ainsi successivement, mais les séances de *sacking-out* devenaient de plus en plus courtes, car les malheureux animaux finissaient par perdre courage.

Ensuite, un postérieur toujours immobilisé, les chevaux étaient sellés. Ils résistaient encore, refusant de se laisser sangler. Une ultime séance de *sacking-out* avait raison de leurs derniers sursauts de refus. Quelques-uns continuaient à lutter pendant plusieurs heures, les autres cédaient plus rapidement, s'abandonnant au désarroi et s'attendant à souffrir plus encore.

Huit à dix jours s'étaient écoulés. Les chevaux avaient les paturons tachés de sang là où la corde avait entamé la peau. A d'autres endroits, les poils avaient été brûlés par la friction. Souvent, ils avaient des contusions aux jambes et parfois même des blessures plus sérieuses. Leurs relations avec les humains étaient désormais clairement définies : elles étaient basées sur la peur et non sur la bonne volonté.

Briser la bonne volonté d'un cheval est un comportement stupide et impardonnable. La disposition à bien faire, et de bon gré, est une des caractéristiques dominantes du cheval. Si elle est encouragée, elle peut devenir l'aspect le plus solide et le plus gratifiant de sa « vie professionnelle ». Ce que j'ai apprécié le plus chez les chevaux qui m'ont été le plus cher, c'est cette volonté de me donner satisfaction, encore et toujours.

Après avoir subi le traitement que leur réservait mon père, les six chevaux étaient enfin détachés, un par un, et on leur mettait un *hackamore* — bride sans mors avec une muserolle de cuir dur ou parfois de métal. Puis ils étaient attachés de nouveau, plus long cette fois, mais pour une semaine encore.

Lorsque mon père les montait pour la première fois, il leur immobilisait un postérieur pour les empêcher de ruer, se mettait en selle, descendait, puis remontait, et ainsi de suite. Il leur donnait des coups de pied dans le ventre et les poussait à se rebeller, de toutes les manières possibles et imaginables, et s'ils réagissaient, il les fouettait.

Quand il était enfin persuadé d'avoir brisé leur volonté, il les détachait et les montait dans l'enclos circulaire. Ceux qui se rebellaient encore étaient condamnés à passer une partie de la journée avec une jambe immobilisée. L'ensemble du processus durait au moins trois semaines.

Si, aujourd'hui, vous me confiez six chevaux semblables, je me fais fort de les convaincre de se laisser monter sans avoir besoin de les attacher, ni de leur infliger la moindre souffrance ou la moindre gêne. Je n'utilise jamais de fouet, je me sers principalement du « langage » de mon corps et, dans une moindre mesure, de ma voix. Je vous rendrai un cheval plein de bonne volonté qui s'efforcera de vous donner satisfaction pendant toute la durée de sa vie active. Pour parvenir à ce résultat, je n'aurai pas besoin de trois semaines, mais seulement de trois heures.

Mon père était en compagnie d'un étranger. Il m'a fait signe d'approcher.

— Monty, je te présente M. Don Page.

Don Page s'est penché vers moi et m'a tendu la main.

— Ravi de faire ta connaissance, Monty.

— Bonjour, monsieur.

C'était en 1940 et j'avais cinq ans. Larry et moi étions venus participer au Pickwick Riding Stables de Burbank, la ville où se trouvaient les studios de la MGM, de la Paramount et des Frères Warner.

— M. Page travaille pour un studio de cinéma, a poursuivi mon père.

Ils me regardaient tous les deux avec l'air d'espérer une réaction de ma part, mais j'attendais de connaître la suite. M. Page s'est accroupi pour se mettre à ma hauteur et me donner plus de détails :

— Tu sais, les films avec des chevaux sont très populaires en ce moment. Tu en as vu quelques-uns ?

— Oui, j'en ai déjà vu.

Tous les cinémas des États-Unis présentaient des films racontant l'histoire d'un cheval et d'un petit garçon ou d'une petite fille.

— Sais-tu que Mary O'Hara, l'auteur de *Mon ami Flicka,* est scénariste à la MGM ? m'a demandé Don Page.

Je l'ignorais, mais j'étais excusable : je n'avais que cinq ans. Don Page a continué :

— Les gens aiment bien les jolies histoires avec des chevaux et des enfants, ça les aide à oublier leurs ennuis, la crise, la guerre en Europe et tout le reste. Mais nous n'avons pas assez de petits garçons et de petites filles qui sachent monter à cheval.

Je l'ai regardé. Je commençais à comprendre où il voulait en venir. Et effectivement, il m'a fait une proposition que j'étais prêt à saisir au bond.

— Au studio, nous avons beaucoup de mal à trouver de jeunes cavaliers, et ton père m'a dit que tu montais très bien. Qu'est-ce que tu dirais de venir nous montrer ce que tu sais faire ?

M. Page nous a proposé de rester un jour de plus à Burbank et de nous rendre à l'endroit où les cascadeurs du studio logeaient leurs chevaux et répétaient leurs cascades. Mon père a accepté, et nous sommes allés nous préparer pour cette « audition ».

A l'heure dite, nous nous sommes rendus à l'annexe du studio réservée aux cascadeurs et à leurs montures, où nous avons été accueillis par tout un groupe de personnes qui semblaient impatientes de voir ce que j'étais capable de faire. Je ne sais pas qui étaient ces gens, mais j'imagine qu'il devait s'agir des chefs cascadeurs et des responsables du casting. Ils sont tous venus me dire bonjour et me serrer la main.

Ils m'avaient préparé un cheval solide et sans surprise qui devait être réservé pour ce genre d'occasion. C'était un hongre bai qui menait l'existence misérable des chevaux de cinéma à une époque où l'industrie cinématographique ne se souciait guère du bien-être des animaux qu'elle employait.

Un de ceux qui nous avaient reçus m'a demandé de passer au petit galop de gauche à droite. J'ai obéi.

— A présent, fais-le reculer... si c'est possible.

J'ai exécuté cette difficile manœuvre.

— Et maintenant, est-ce que tu pourrais t'arrêter net et sauter du cheval ?

Tout cela ne présentait pour moi aucune difficulté, je savais faire toutes ces choses depuis deux ans déjà.

Ensuite, mon père et les gens du studio ont discuté à voix basse. Celui qui venait de diriger l'audition s'est avancé vers moi et m'a demandé d'un ton très sérieux :

— Tu vois le sable, là-bas ?

J'ai fait oui de la tête.

— Si ça ne te fait pas peur, est-ce que tu pourrais galoper jusque-là et simuler... une chute ?

J'ai lancé le cheval au petit galop et je me suis laissé tomber du côté droit, dans le sable. Mon père, qui avait remarqué les voitures flambant neuves garées à l'entrée des installations, a donné le signal des applaudissements.

Je me suis relevé et j'ai brossé le sable qui collait à mes vêtements. Quelqu'un avait rattrapé le hongre et le ramenait par la bride.

Ça leur avait donné des idées et ils m'ont demandé d'exécuter toutes sortes d'acrobaties :

— Tu pourrais te laisser tomber en arrière ?

— Tu pourrais passer au petit galop devant nous en te cachant derrière les flancs du cheval ?

J'allais au cinéma avec mon frère tous les samedis matin, comme la plupart des enfants de notre âge, et, de retour à la maison, on essayait de refaire les cascades qu'on venait de voir. On avait même une selle truquée, que notre père avait trouvée dans une vieille sellerie, et à laquelle étaient fixées les poignées nécessaires à un spécialiste de la voltige.

Cette audition m'avait laissé complètement moulu, mais je venais de faire mon entrée dans l'industrie cinématographique.

Durant les années qui ont suivi, j'ai participé à plusieurs films. Une fois, j'ai doublé Roddy McDowell.

Les machinistes installaient l'énorme caméra que l'on utilisait à cette époque-là de façon que l'objectif grand angulaire puisse embrasser tout le corral.

Nous nous sommes approchés pour savoir ce qui allait se passer dans le plan suivant, et le réalisateur m'a donné ses instructions :

— O.K., Monty. Tu es dans le paddock et tu attaches le cheval. La jolie petite fille est assise sur la barrière et elle te regarde. Compris ?

— Oui.

— Le cheval t'envoie bouler, mais tu te cramponnes à la corde comme si ta vie en dépendait.

— Entendu.

Il a froncé les sourcils comme s'il était inquiet.

— Surtout, n'oublie pas de laisser le cheval te traîner tout autour du paddock pendant un bon moment, on a besoin de faire du minutage.

— Je ne lâcherai pas la corde tant que vous ne m'aurez pas dit d'arrêter.

Il a eu l'air rassuré.

— Très bien. Cette séquence viendra s'intercaler entre celle où Roddy McDowell arrive avec la petite fille et celle où il repart avec elle.

— J'ai compris.

— Tu vas donc aller aux costumes pour t'habiller comme Roddy McDowell.

Cette scène ne présentait pas de difficultés particulières, contrairement à ce que prétendait mon père qui faisait les cent pas derrière la caméra et secouait la tête en expliquant au producteur à quel point cette cascade était dangereuse, et en suggérant que le cachet de son fils devrait être à la mesure des risques encourus.

J'ai attaché ma monture et je me suis jeté en arrière pour faire croire qu'elle m'avait bousculé. J'ai littéralement mordu la poussière et le cheval m'a traîné derrière lui comme prévu.

Et puis, il y a eu ce bruit de tissu déchiré ! Personne n'avait prévu que le pantalon, qui était fait d'un tissu léger, semblable à du crêpe, ne résisterait pas à ce traitement de choc.

Je me suis relevé, mort de honte, et je suis resté planté au milieu du corral, en slip, attendant que quelqu'un se décide à venir à mon secours.

Le pire était qu'il n'y avait pas de pantalon de

rechange. La consternation se lisait sur tous les visages. Le réalisateur, le chef opérateur et leurs proches collaborateurs étaient d'accord pour penser qu'ils avaient besoin de beaucoup plus de minutage et qu'il fallait donc refaire une prise. Ils ont finalement décidé que je porterais mon propre blue-jean, et que le monteur se débrouillerait comme il pourrait avec les problèmes de raccords.

Lorsque nous avons vu le film terminé, Roddy McDowell portait un pantalon blanc dans la séquence où il arrivait en compagnie de la petite fille, un blue-jean tandis qu'il attachait dans le corral un cheval à l'air vraiment sauvage, puis de nouveau son pantalon blanc, sans qu'il ait eu le temps de se changer. C'est ce jour-là que j'ai compris qu'il ne fallait pas croire tout ce que l'on voit dans les films.

J'ai doublé ainsi un grand nombre de très jeunes comédiens. J'ai été Elizabeth Taylor dans *National Velvet*[1], Micky Rooney, Charlton Heston, Tab Hunter et beaucoup d'autres. Une belle carrière pour un gamin qui était encore à l'école primaire.

C'était mon père qui négociait avec les studios, prenait toutes les décisions et signait les contrats. Légalement, il n'était pas obligé de me consulter ni de me tenir informé de l'argent que je gagnais. A cette époque-là, il n'y avait pas de législation relative à l'emploi des mineurs dans l'industrie cinématographique ; aucune disposition concernant leur scolarité, pas de salaire minimum ni de règles de sécurité.

De nos jours, un comédien de six ans a un agent et un avocat, ses gains sont confiés à ses parents en fidéicommis, et les relations entre parents et enfant prodige doivent respecter un code de déontologie.

1. Le *Grand National* (1944), un film de Clarence Brown.

Mon programme de tournage était de plus en plus chargé, et mon père me félicitait souvent de ma réussite financière. Il m'expliquait qu'il plaçait tout cet argent pour moi, en attendant que j'atteigne l'âge où je serais assez raisonnable pour m'en servir avec discernement. Si je lui en demandais une petite partie pour acheter une nouvelle selle ou quelque chose dans ce genre-là, il secouait la tête et, d'un ton sévère, me faisait toujours la même réponse :

— Monty, je te l'ai déjà dit : je garde tout cet argent pour toi.

Je dois bien admettre que, d'une certaine façon, il a tenu parole : il a tellement bien gardé cet argent que je n'en ai jamais vu un sou.

J'aurais été incapable de dire s'il y avait plus de chevaux que d'hommes, ou le contraire, et qui faisait le plus de bruit. La foule menaçait de m'emporter, et je ne devais pas perdre mon père de vue si je ne voulais pas m'égarer. Tous ces gens criaient et s'interpellaient, le commissaire-priseur aboyait ses boniments, répétait les enchères d'une voix de stentor et martelait les adjudications. Des chevaux de toutes sortes étaient présentés sur la piste. Pour un petit garçon de sept ans, cette vente publique était un événement terriblement excitant.

Nous nous sommes faufilés à proximité de la piste de présentation, et mon père a laissé passer plusieurs chevaux sans manifester le moindre intérêt. Puis, une pouliche alezane ombrageuse, que le programme de la vente disait âgée de huit ans, a fait son entrée. Elle levait le nez et se donnait des airs importants, supportait difficilement la corde du licou et marchait derrière l'homme qui la conduisait comme si elle n'avait eu que deux ans. C'était de toute évidence une bête qui avait des problèmes. Personne ne s'intéressait à elle, mais c'était exactement ce que mon père attendait. Il a levé la main et a acheté la pouliche pour des clopinettes. Après avoir signé le bon d'achat, il a posé sa main sur mon épaule :

— Monty, il est temps de se mettre au travail. Suis-moi.

Et je me suis dit : « C'est reparti ! »

Mon père a contourné la piste de présentation et s'est dirigé vers les boxes, à la recherche de la pouliche. Je l'ai suivi comme son ombre.

Après l'avoir trouvée, nous l'avons emmenée hors de vue. Au passage, mon père a pris une selle, une bride, une longe et un fouet. Lorsque nous nous sommes retrouvés à bonne distance de la foule, il a sellé la pouliche, lui a passé la bride et a attaché la longe ; puis, pendant dix minutes, il l'a fait tourner autour de lui, dans les deux sens. Finalement, il l'a ramenée vers lui, a détaché la longe et a diagnostiqué, un peu hâtivement, les causes de son comportement peu sociable :

— Suralimentée et sous-utilisée. Fatigue-la bien pendant une heure, fais-lui faire une petite promenade et laisse-la se calmer. Puis force-la à marcher à reculons tous les quarts d'heure, pendant une heure, et bouchonne-la bien. On la ramènera sur la piste de présentation dans trois heures et on fera notre numéro habituel.

Après m'avoir donné ses instructions, il m'a laissé seul avec la pouliche alezane et s'en est retourné vers la vente aux enchères.

Mon intérêt pour les chevaux à problèmes — ou, comme je préfère les appeler, les chevaux en difficulté — date de l'époque où nous fréquentions les ventes aux enchères, mon père et moi, pour nous y livrer à des pratiques plutôt douteuses.

Il me confiait les chevaux dont les « problèmes »

étaient dus, pensait-il, aux mauvaises habitudes que leur donnaient de jeunes cavaliers. Il était persuadé que j'étais le mieux placé pour me charger d'un « cheval gâté par un enfant », le reprendre en main et faciliter la transition du jeune cavalier au cavalier adulte.

Je me suis occupé de la pouliche alezane selon ses instructions et, comme pour les autres chevaux auxquels j'avais eu affaire, j'ai essayé de comprendre quelles étaient les vraies raisons de son comportement.

Près de trois heures plus tard, mon père est revenu et m'a dit :

— Voyons ça.

Il m'a regardé enfourcher la pouliche alezane, puis décrire de grands cercles autour de lui en passant progressivement du pas au trot, puis au petit galop. A la fin de la démonstration, je suis descendu de ma monture, je me suis baissé et je suis passé plusieurs fois de suite sous son ventre.

— Très bien, a dit mon père. Allons-y.

Nous sommes revenus vers la piste de présentation et j'ai commencé à faire mon numéro. En voyant un enfant monter ce qui paraissait être un animal doux et bien dressé, et lui faire exécuter quelques figures difficiles, les acheteurs se sont approchés. Je suis descendu de la pouliche et je suis passé sous son ventre à plusieurs reprises. Très impressionnés, les acheteurs se sont attroupés.

J'ai entendu le commissaire-priseur répéter les premières offres, puis son débit s'est accéléré et sa voix est montée d'un ton tandis que les enchères atteignaient le double puis le triple du prix payé par mon père. En y réfléchissant, je suppose que le commissaire-priseur devait être de mèche avec lui. Bien sûr, le procédé n'avait rien d'illégal, mais il est évident que la méthode utilisée ne permettait pas de régler les difficultés du cheval, elle ne faisait que les masquer. Par contre, le simple fait d'avoir eu la possibilité de monter un si grand nombre de chevaux récalcitrants m'a permis d'acquérir une expérience unique en son genre, et de cultiver mon aptitude à déceler et comprendre leurs difficultés.

Durant toutes ces années, je me suis efforcé de déterminer ce qui troublait ou inquiétait les chevaux en observant leurs façons d'agir et de réagir. J'ai appris à ne jamais croire les gens de cheval, non qu'ils soient des menteurs, mais ils ne savent pas écouter. J'ai développé une sorte d'oreille intérieure. J'en suis arrivé à croire que les chevaux me parlaient.

Au fil des années, cette idée est devenue le fondement de ma pensée, à tel point qu'elle s'est transformée en une sorte de leitmotiv au fur et à mesure que mon expérience dans le domaine des rapports entre l'homme et le cheval confirmait inlassablement sa véracité : « Un bon entraîneur peut entendre un cheval lui parler. Un grand entraîneur peut l'entendre murmurer. »

Le dur soleil de Californie cognait sur la terre desséchée et mon père s'activait dans le corral qu'il avait fait aménager tout spécialement pour briser les chevaux. Une ombre d'un noir profond suivait le moindre de ses mouvements, comme un double auquel il n'aurait pu échapper. Il est venu s'appuyer contre l'un des six poteaux — presque aussi grands et aussi minces que lui — qui servaient à attacher les jeunes chevaux.

Il enroulait une corde pour l'accrocher soigneusement au poteau, dans l'attente du malheureux cheval qui danserait à l'une de ses extrémités, comme un poisson au bout d'une ligne.

— Il serait peut-être temps que tu apprennes à briser un cheval, a-t-il proposé.

J'avais sept ans. Je ne risque pas de me tromper de date car des événements se sont produits peu après, qui allaient changer notre vie. Je ne pouvais pas le deviner, mais c'était notre dernier été au Salinas Rodeo Competition Grounds, du moins pour quelque temps.

Je n'ai pas répondu à la proposition de mon père. Je ne voulais pas prendre part au *sacking-out.* J'y avais assisté et j'avais vu les blessures qui en résultaient. Et les six poteaux, qui se dressaient comme autant de sentinelles tout autour du corral, étaient là pour me rappeler la sinistre réputation du lieu et du terrible processus qui s'y déroulait.

— Même si tu n'es qu'un gosse, a ajouté mon père, tu devrais pouvoir y arriver.

Nous sommes allés jusqu'à un autre corral, tout proche. Mon père a cligné des yeux, à cause du soleil, et a désigné deux jeunes chevaux.

— Ces deux-là.

Je les ai observés un moment. Ils semblaient d'un naturel plutôt doux. Nous avons enjambé la barrière et nous nous sommes approchés d'eux. Ils se sont éloignés tranquillement. Ils réagissaient au son de nos voix. De toute évidence, ils avaient déjà été pris en main.

— Tu les briseras tous les deux ensemble. D'accord ?

J'aurais voulu répondre non. Je n'avais pas envie d'attacher un cheval et de le frapper à coups de sac. Je ne ferais jamais ça, si je pouvais l'éviter. Jamais de la vie !

Voyant que je demeurais silencieux, mon père a poursuivi :

— Dès que j'aurai un moment, je te montrerai comment il faut s'y prendre.

Je lui ai demandé :

— Est-ce que je pourrais avoir quelques jours ?...

Il n'a pas compris mon manque d'empressement. Pour lui, il était impensable de vouloir dresser un cheval d'une autre manière.

— Quelques jours ! Pour quoi faire ?

— Peut-être pour avoir le temps de les connaître un peu mieux avant...

— Avoir le temps de les connaître ?

— Peut-être.

Il était perplexe.

— Eh bien, d'accord, mais ne fais pas de bêtises et ne va pas t'imaginer des choses, un cheval est une machine dangereuse, tu aurais tort de l'oublier.

Je ne risquais rien car il y avait d'autres personnes à proximité qui s'occupaient de leurs propres chevaux et me surveillaient.

J'ai conduit les deux jeunes chevaux dans mon propre enclos pour essayer de faire plus ample connaissance avec eux. Je me contentais de les suivre dans leurs déplacements, m'efforçant de les amener à se laisser approcher. Je n'avais pas d'idées préconçues, mais le troisième jour, j'ai été surpris de voir l'un des deux, un hongre, me suivre pas à pas.

A mon grand étonnement, il m'a laissé l'approcher et, en me dressant sur la pointe des pieds, j'ai pu lui mettre une selle sur le dos. Cela semblait invraisemblable, et pourtant c'était vrai.

J'étais terriblement excité par ce que je venais d'accomplir et j'ai couru jusqu'à la maison pour appeler mon père et lui demander de venir voir.

Pendant que nous parcourions la distance qui séparait la maison de mon enclos — deux cents mètres environ —, il n'a cessé de répéter qu'il m'avait bien dit de ne pas faire de bêtises. Je ne parvenais pas à savoir ce qu'il pensait exactement. Peut-être craignait-il simplement de perdre son temps? Ou bien avait-il compris que je lui avais désobéi et était-il en colère?

Lorsque nous sommes arrivés à l'enclos, il n'a pas dit un mot. Il ne m'a pas demandé ce qu'il y avait à voir, ni ce que je pouvais bien fabriquer. Il s'est contenté de prendre place sur la plate-forme d'observation qui surplombait la barrière et il a attendu.

J'étais confiant en introduisant le hongre dans l'enclos. Nous avons marché ensemble de-ci, de-là, exécutant un étrange ballet dont nous improvisions les pas au fur et à mesure, et nous nous sommes finalement arrêtés tout près l'un de l'autre.

Alors, après m'être avancé lentement et calmement, je me suis dressé sur la pointe des pieds, j'ai tendu les bras et j'ai fait glisser une selle sur son dos. L'instant était magique.

Je me suis retourné et j'ai levé les yeux vers mon père. Il me regardait bouche bée. Je ne savais pas trop comment interpréter ce qu'il y avait dans son regard, mais j'espérais que c'était de l'étonnement, peut-être même de la fierté en voyant ce que j'avais réussi à faire en trois jours seulement.

Il s'est levé lentement, sans cesser de me fixer avec ce regard indéchiffrable, et il a articulé ces quelques mots :

— Qu'est-ce que j'ai bien pu faire au Bon Dieu pour avoir un fils pareil?

Il a sauté en bas de la plate-forme et j'ai vu qu'il avait à la main un bon mètre de chaîne, celle avec laquelle on attache les chevaux dans les boxes. Il a fait irruption dans l'enclos et m'a attrapé par un bras. Il ne cessait de répéter :

— Qu'est-ce que j'ai fait au Bon Dieu... ?

Je pense qu'il croyait sincèrement que j'avais mal agi. Il a levé la chaîne et m'a fouetté. J'ai senti tous les nerfs de mon corps vibrer sous les coups, et le sang couler de ma tête, et je me suis senti mal. En me frappant avec cette chaîne, il espérait sans doute briser toute velléité d'insoumission. Je sens encore sa main gauche me serrer le bras, rendant toute fuite impossible, pendant que sa main droite maniait la chaîne. La correction a duré plusieurs longues minutes, tandis que je me contorsionnais pour tenter d'échapper, sans succès, à son étreinte.

Il m'a laissé dans un état pitoyable et en larmes ; et, je peux le dire à présent, j'ai éprouvé toute ma vie un profond ressentiment à son égard. Il m'avait fait subir le traitement dont il se servait habituellement pour soumettre les chevaux à son autorité, et j'éprouvais la même colère et le même sentiment d'échec qu'eux. C'était bien la meilleure preuve que sa méthode ne pouvait pas servir à inspirer le respect, ou un sentiment d'allégeance, mais seulement à imposer l'obéissance et à insuffler la peur.

De cette masse confuse de souffrance et de désillusion, j'ai tiré une autre leçon : je me suis fait la promesse solennelle de ne plus jamais montrer à mon père les résultats de mon travail avec les jeunes chevaux.

En l'occurrence, j'ai tenu parole pendant quarante-quatre ans. Ce n'est qu'en 1986, peu de temps avant sa mort, à l'âge de soixante-dix-huit ans, que je l'ai invité de nouveau à prendre place sur la plateforme d'observation surplombant la barrière d'un enclos.

En septembre 1942, un étranger s'est présenté, sans s'être annoncé, à l'entrée du Salinas Rodeo Competition Grounds. C'était un homme trapu et plus petit que mon père. Il avait le physique athlétique d'un joueur de football américain et un centre de gravité plutôt bas. Il portait un costume et une cravate, et tenait une serviette à la main — une allure plutôt inhabituelle dans les parages. Mon père et ma mère l'ont accueilli, et ils sont restés à discuter un moment tous les trois.

De l'endroit où nous nous trouvions, mon frère et moi, nous avons vu mon père lever le bras et indiquer de la main différentes directions. Quand ils ont commencé à faire le tour des installations, nous les avons suivis à distance respectueuse, nous dissimulant derrière chaque bâtiment pour voir sans être vus.

Nous n'avons pas été longs à réaliser que cet étranger visitait des parties du Competition Grounds où personne ne mettait jamais les pieds. A six et sept ans, Larry et moi savions parfaitement où les habitués des lieux allaient et pourquoi, et nous avons compris qu'il se passait quelque chose d'anormal.

De temps en temps, l'étranger notait dans un carnet les dimensions d'un bâtiment qu'il évaluait grossièrement en marchant à grandes enjambées, le long des murs. Il a examiné la clôture du domaine et pris encore des notes.

Une lettre est arrivée un mois plus tard, et mon père nous l'a lue à haute voix : « ... il a été décidé que le Competition Grounds, propriété de la ville de Salinas, serait réquisitionné par le gouvernement des États-Unis afin d'être utilisé comme camp de concentration pour les Américains d'origine japonaise. »

Mon frère et moi étions abasourdis. Nous ne savions pas ce qu'était un « camp de concentration ». L'année précédente, à la suite de l'attaque contre Pearl Harbor, les États-Unis s'étaient jetés corps et âme dans la guerre, mais nous n'avions aucune idée de ce que cela signifiait.

Mon père et ma mère nous ont donné quelques explications : nous étions en guerre contre le Japon, donc les immigrants d'origine japonaise et leur famille étaient considérés comme des ennemis et devaient être internés pour la durée des hostilités.

Pourtant, ces gens étaient nos amis et nos voisins, et certains d'entre eux habitaient le secteur depuis aussi longtemps que nous pouvions nous le rappeler. Nous étions désorientés.

Nos parents ont ajouté que tout serait très différent tant que la guerre durerait, car les Américains d'origine japonaise qui se trouvaient dans la région allaient être regroupés au Competition Grounds. Ne comprenant pas comment cela était possible, j'ai demandé :

— Mais où est-ce qu'ils vont vivre ?

— Le gouvernement prévoit de les loger dans les écuries.

— Dans les écuries ! Mais que vont devenir les chevaux ?

Mon père a gardé le silence un instant, puis il a poursuivi sa lecture : « D'autres bâtiments seront construits pour abriter les équipements collectifs. »

J'étais persuadé que M. Sherwood n'avait pas prévu que les événements prendraient une telle tournure lorsqu'il avait fait don à la ville de Salinas des terrains sur lesquels nous habitions.

Larry et moi avons alors réalisé que la guerre n'allait pas seulement bouleverser l'existence de nos voisins d'origine japonaise, mais également la nôtre. Nous avions une foule de questions à poser à nos parents.

Mon père a replié la lettre et nous a expliqué la situation : on nous demandait de choisir entre deux maux. Si nous restions au Competition Grounds, il nous faudrait pratiquement réduire nos activités à zéro. Nous pouvions par contre décider de quitter les lieux.

La situation était cornélienne, non seulement pour mon jeune frère Larry et moi, mais aussi pour nos parents. Si nous demeurions chez nous, il nous faudrait vivre dans de mauvaises conditions et derrière des barbelés comme si nous étions nous aussi prisonniers. De plus, que nous restions ou que nous partions, il nous faudrait vendre la plupart des chevaux.

Ce qui rendait les choses encore plus compliquées, pour Larry et pour moi, c'est que nous ne parvenions pas à comprendre pourquoi nous étions en guerre. A l'école primaire que nous fréquentions, il y avait de nombreux élèves d'origine japonaise ; certains étaient des camarades de classe et des voisins dont les parents exploitaient des fermes florissantes. Et voilà qu'ils devaient être emprisonnés sur ce domaine que nous avions fini par considérer comme le nôtre.

Je me souviens que les arguments pour et contre fusaient de toutes parts ; mais, en réalité, nous n'avions pas le choix. Nous avons décidé de partir.

Ma vie s'est brutalement arrêtée. Je ne parvenais plus à dormir et je pleurais toutes les nuits. La majorité de mes préoccupations était égoïste, comme celles de beaucoup d'enfants. Je m'étais déjà imaginé en cavalier émérite, en champion de rodéo, et à présent nous devions vendre tous nos chevaux et tous les harnachements.

Les choses n'ont pas traîné. Battant la semelle devant la grille d'entrée, Larry et moi regardions le va-et-vient des camions. Certains apportaient le matériel nécessaire à la transformation des écuries en dortoirs de fortune et à la construction d'équipements collectifs rudimentaires. D'autres, au contraire, emportaient nos chevaux. La plupart d'entre eux étaient envoyés à l'abattoir de Crow's Landing. De pleins camions de chevaux au milieu desquels nous avions grandi et que nous ne reverrions plus jamais. Encore plus bouleversés que nous n'aurions pu l'imaginer, nous les avons vus franchir les grilles du Competition Grounds, dans des nuages de poussière, et partir vers la mort.

Pour nous aider à comprendre et à accepter cette décision, on nous a raconté que la viande de cheval était nécessaire à l'effort de guerre. Dans le monde entier, des soldats américains, qui n'étaient pas beaucoup plus âgés que nous, vivaient dans des conditions très difficiles. Afin que les forces de la liberté l'emportent sur celles de la tyrannie, il fallait pour garder ces jeunes soldats en bonne forme les nourrir le mieux possible. La viande produite par nos chevaux aiderait à sauver des vies et à gagner la guerre.

En vérité, il n'y avait pas d'autre solution. Personne n'avait offert de les acheter. L'essence était rationnée et il aurait été impossible de les faire transporter. Ginger était du nombre des condamnés.

Nous avons déménagé pour aller occuper une petite maison du centre-ville de Salinas. C'était la première fois que je vivais dans une maison donnant sur un trottoir cimenté avec un numéro sur la porte : 347 Church Street.

Il s'agissait d'une construction en bois datant des années vingt, avec un étage et trois chambres, et précédée d'une grande véranda qui servait d'entrée. Il y avait une cour à l'arrière avec un grand magnolia — j'allais me révéler allergique à ses fleurs — et nous étions entourés de voisins. C'était très différent de tout ce que j'avais connu jusque-là, et je n'aimais pas beaucoup ça.

Ma mère s'efforçait de me consoler. Un jour, elle est allée chercher notre globe terrestre, l'a apporté dans ma chambre et m'a demandé de lui montrer le Japon. Après quelques tâtonnements, j'ai fini par trouver le bon endroit. Ensuite, elle m'a demandé de lui montrer les États-Unis.

— Ici.

— A présent, Monty, regarde bien. Le Japon n'est qu'une guirlande de petites îles, alors que l'Amérique est un énorme pays. Si tu compares le Japon et les États-Unis, tu comprendras très vite pourquoi la guerre sera terminée dans quelques mois, et pourquoi on ne tardera pas à retourner au Competition Grounds.

Ça m'a soulagé sur le coup, mais il y avait tellement de preuves du contraire que je n'ai pas tardé à avoir des doutes. Si la guerre devait se terminer bientôt, pourquoi les gens collaient-ils sur la vitre arrière de leur voiture des autocollants qui disaient : « Ce déplacement est-il vraiment nécessaire ? »

Mon père a été enrôlé dans la police. Il avait trente-quatre ans et n'était cependant pas mobilisable dans les forces armées, mais le manque d'hommes jeunes et le fait qu'il ait été garde forestier faisaient de lui une excellente recrue pour les forces de police de Salinas.

Lorsque j'ai appris la nouvelle, j'ai pensé que le bouleversement qui venait de se produire dans notre vie était définitif et que nous ne retournerions plus jamais au Competition Grounds.

Pourtant, il s'est produit peu après un événement qui devait permettre à ma vie de ne pas trop s'écarter de la direction que je lui avais fixée. Mon père a trouvé le moyen de louer une petite propriété à la périphérie de la ville. Il s'agissait seulement d'une écurie et de quelques acres de terrain — presque rien en comparaison de ce à quoi nous avions été habitués —, mais c'était suffisant pour nous permettre de loger et d'entraîner une douzaine de chevaux.

La première fois, nous sommes allés sur place avec un tuyau d'arrosage afin de tout nettoyer très soigneusement. Par la suite, nous avons construit des boxes, réparé les portes de l'écurie et briqué le sol en ciment jusqu'à ce qu'il miroite. Nous avons passé le terrain au peigne fin pour le débarrasser de tous les clous et bouts de fil de fer qui auraient pu blesser les pieds des chevaux. Nous avons refait l'installation d'eau, fabriqué des râteliers et préparé le grenier à recevoir la paille et le foin. Nous avons, en somme, fait tout notre possible pour rendre l'endroit digne de la gent équine.

J'avais de nouveau dans les narines l'odeur des chevaux et j'étais heureux.

Mon père était cruel et terrifiant, mais il m'avait redonné ce qui m'importait le plus au monde : l'espoir d'un avenir consacré aux chevaux.

Mon avenir immédiat ressemblait à un petit hongre alezan nommé Brownie qui a été l'un des premiers occupants de l'écurie de Villa Street.

Brownie mesurait environ un mètre cinquante au garrot, sa mère était une jument mustang et son père un pur-sang, un étalon de remonte de l'armée. La cavalerie américaine avait mis sur pied un projet consistant à lâcher dans la nature des étalons pur-sang dans des secteurs où vivaient des mustangs. Les éleveurs de la région recevaient des primes s'ils parvenaient à abattre des étalons mustangs pour permettre aux pur-sang de couvrir les femelles et de produire le genre de chevaux qui correspondent aux besoins de la cavalerie. Celle-ci se réservait le droit de capturer les jeunes mâles, laissant les pouliches aux éleveurs en guise de rémunération pour leur participation à l'opération.

Comme son nom l'indique, Brownie [1] était alezan moyen, exception faite de son museau qui était plus clair — rappelant la couleur de la peau de daim — et d'une toute petite étoile blanche sur le chanfrein qui lui donnait un regard expressif et intense. Il avait les pieds bien faits et la corne de ses sabots était dure comme le silex — un héritage de sa mère mustang.

A la minute où j'ai vu Brownie, j'ai su qu'il serait à moi. J'avais envie de me lier d'amitié avec lui.

— O.K., a dit mon père, on va le briser.

Mon cœur a cessé de battre. Comment pourrais-je devenir le meilleur ami de cet animal si sa confiance dans les êtres humains venait à être trahie ? Mais j'avais trop peur de mon père pour tenter quoi que ce fût.

Je l'ai regardé se préparer pour le *sacking-out.* Tandis que Brownie attendait dans son box, il a fouillé parmi de vieux cageots à légumes qui étaient empilés en attendant d'être brûlés. Il a fini par trouver ce qu'il cherchait : un morceau de papier épais qui avait dû servir à garnir le fond d'un cageot pour protéger les légumes. Il a tortillé une des extrémités qu'il a fixée au bout d'une corde.

Brownie a été tiré de son box et attaché à un poteau qui avait été enfoncé profondément dans le sol pour résister à l'épreuve du *sacking-out.* Il a attendu patiemment tandis que mon père allait et

1. *Brownie :* gâteau au chocolat, mais aussi lutin bienveillant.

venait derrière lui, tout en roulant la corde à laquelle était fixé le papier.

Lorsque mon père l'a frappé, Brownie a sauté de côté comme si sa vie était en jeu — et, à ses yeux, elle l'était. Il a secoué vigoureusement la tête, tirant sur la corde qui le retenait attaché haut et court. Ce n'était qu'un début.

J'ai vu la peur agrandir démesurément ses yeux. J'étais partagé entre la terreur et la compassion. Je désirais ardemment dénouer cette corde, et, en mon for intérieur, je maudissais mon père. Je me suis demandé comment je pourrais lui revaloir ça, sans parvenir à trouver de solution.

Le *sacking-out* continuait et j'étais de plus en plus déterminé à en tirer vengeance. J'étais écœuré et épouvantablement malheureux, mais totalement impuissant.

Mon père n'était pas le seul à agir ainsi, c'était la méthode habituelle, une méthode jugée acceptable, aujourd'hui encore, par un grand nombre de gens de par le monde. La suite des événements devait démontrer l'effet désastreux qu'elle avait eu sur Brownie. Sa vie durant, il a gardé la phobie du papier. Tout bruit semblable à celui produit par du papier que l'on froisse, déchire ou fait claquer, lui causait une peur panique qui le rendait dangereux pour les autres et pour lui-même. Il s'emballait, comme pris de folie, et personne ne parvenait à lui faire comprendre que ce n'était que du papier et qu'il n'y avait pas de raison d'en avoir peur. Je n'ai jamais pu lui tenir rigueur de ce point faible car c'était la conséquence de notre faute, du crime que nous avions commis contre lui.

Lorsque mon père est entré dans la police, notre voiture est devenue une voiture de police.

Durant la guerre, les automobiles étaient une denrée rare. Au moment de son recrutement, on a expliqué à mon père qu'il serait mieux payé s'il utilisait sa propre voiture comme véhicule de service.

Un tas de voitures appartenant à des policiers ont été ainsi équipées de feux clignotants rouges, de sirènes, de postes de radio émetteurs-récepteurs et d'un éclairage spécial pour pouvoir rouler durant le black-out. La côte Ouest étant à portée d'une attaque ennemie, le black-out était fréquent.

Notre voiture était d'un modèle peu commun. Je me rappelle qu'un jour mon père était rentré à la maison — c'était du temps où nous vivions encore au Competition Grounds — en disant que nous avions besoin d'un véhicule plus grand pour pouvoir procéder au ramassage des élèves de l'école d'équitation. Il avait ajouté que les Muller, qui possédaient une entreprise de pompes funèbres à Salinas, avaient justement la voiture qu'il nous fallait.

Ce n'était pas un corbillard, mais la limousine destinée à transporter les proches du défunt. Une énorme Cadillac de 1932, flanquée d'immenses marchepieds et dotée de toutes les options possibles et imaginables. Le genre de voiture qu'avait dû utiliser Al Capone; avec suffisamment de place pour transporter deux fois plus d'élèves que n'importe quelle voiture neuve d'un prix équivalent.

Comme beaucoup d'automobiles de cette époque, elle n'avait pas de coffre, mais une malle semblable à une cantine, ou à un casier métallique, boulonnée à l'arrière.

Elle était impeccable, mais les élèves de l'école d'équitation ont eu vite fait de la transformer en une écurie sur roues.

Quand nous nous sommes installés en ville, nous l'avons tout de même gardée, et elle a été aménagée peu après en véhicule de police. Je me souviens de m'être trouvé en voiture avec mon père au moment où il recevait un appel radio, ou relevait une infraction au code de la route. Il allumait les feux clignotants rouges, mettait la sirène en marche et se hâtait de répondre à l'appel, ou se lançait à la poursuite du contrevenant. Il avait toujours sa plaque de police sur lui, un carnet de contraventions, une paire de menottes et un revolver dans la boîte à gants.

C'était un soir du printemps 1943, et nous rentrions en voiture à la maison, mon père et moi. Nous avions passé la journée à la propriété de Villa Street pour prendre soin de nos chevaux et les monter. La nuit tombait.

Au moment où nous sommes arrivés en ville, nous avons reçu un appel radio annonçant qu'une attaque à main armée se déroulait au Golden Dragon Saloon de Soledad Street, à Chinatown.

Mon père a décroché le microphone :

— Je me trouve à deux pas de Chinatown, je vais répondre à cet appel.

L'opérateur-radio lui a demandé :

— Êtes-vous armé ?

— Oui.

De tous les appels radio que j'avais entendus, c'était le premier qui précisait que mon père aurait peut-être à faire usage de son arme. Un frisson de peur m'a parcouru de la tête aux pieds.

Mon père a abaissé les commutateurs commandant la sirène et les feux clignotants, et l'aiguille du compteur de la Cadillac a grimpé rapidement jusqu'à cent kilomètres à l'heure.

La voiture tanguait dangereusement tandis que nous parcourions à tombeau ouvert la distance qui nous séparait de Chinatown. Les feux clignotants éclairaient au passage le visage des gens qui s'écartaient précipitamment pour nous laisser la voie libre.

Mon père a aboyé :
— Couche-toi par terre !

Lorsque j'ai réalisé le sérieux de la situation, j'en ai eu les jambes coupées. Je me suis laissé glisser de mon siège sur le tapis de sol, puis sous le tableau de bord, et j'ai attendu.

J'étais sur le point d'être le témoin d'un drame qui allait me changer pour toujours et que je devais par la suite ranger dans le coin le plus sombre de mon cerveau. Dans ce coin sombre, il est demeuré aussi précis que s'il s'était déroulé la veille.

Quand je me suis assis à ma table de travail pour écrire le récit de ma vie, je me suis demandé si je devais inclure cette péripétie. J'ai posé la question à quelques membres de ma famille qui m'ont recommandé de n'en rien faire.

Pourtant, aucun autre épisode de ma vie n'a exercé sur moi une influence aussi forte. La façon dont je me comporte avec les chevaux a été déterminée par ce que j'ai vu ce fameux soir du printemps 1943, même si aucun cheval ne figure dans cet épisode.

On pourrait dire que je suis né en 1943, à l'âge de huit ans. Auparavant, j'étais totalement différent.

Mais avant d'en venir aux faits, je dois souligner que mon intention n'est pas de diffamer mon père. Il avait été élevé dans l'univers très dur, et parfois cruel, des pionniers. L'éducation qu'il avait reçue et les expériences qu'il avait vécues avaient fait de lui l'homme qu'il était. Il n'y avait entre nous que le temps d'une génération, mais il s'était passé tant de choses en Amérique entre sa naissance et la mienne que les trois décennies qui nous séparaient équivalaient à un siècle.

Durant son enfance, il avait dû être confronté presque quotidiennement à la loi de la nature : tuer ou être tué. Bien sûr, il s'était adouci avec les années. Lorsque ma femme et mes enfants l'ont connu, il n'était plus l'homme froid et rigide qui avait marqué mon enfance, et il avait réprimé son goût pour la violence.

Il m'est également très difficile de parler du racisme de mon père. Il était à moitié indien cherokee, et avait lui-même souffert du racisme durant sa jeunesse. Pourtant, cela ne l'a pas empêché d'être révolté quand la guerre a introduit des Noirs dans notre communauté, jusque-là uniquement blanche. Les installations militaires de Fort Ord n'étaient qu'à vingt minutes de voiture de chez nous, et de nombreux soldats noirs y étaient cantonnés. On dit que les victimes du racisme ont tendance à se montrer elles-mêmes racistes si l'occasion leur en est offerte.

Je ne cherche pas d'excuses à mon père, j'essaie simplement de mieux comprendre son comportement. J'ai plus souvent appris de lui ce que je ne *voulais pas être* que le contraire.

Tandis que nous nous précipitions vers le Golden Dragon Saloon, mon père m'a lancé un nouvel ordre :

— Passe-moi le revolver et les menottes !

J'ai tendu le bras et fait jouer la fermeture de la boîte à gants. J'en ai tiré les menottes, mais je ne trouvais pas le revolver. Mes doigts fouillaient désespérément parmi les cartes et les stylos, en vain. Mon père me maudissait, et me hurlait de me dépêcher. Lorsqu'il a compris que le revolver n'était pas à sa place, il a seulement dit :

— Mince, j'étais sûr de l'avoir pris.

Il avait déjà mis les menottes dans sa poche. Il a arrêté la Cadillac à peu de distance du Golden Dragon et a sauté de la voiture. Avant de claquer la portière, il m'a crié :

— Reste là, par terre !

J'étais tapi sous le tableau de bord. Les lumières rouges, jaunes et vertes du Golden Dragon emplissaient la voiture de lueurs clignotantes et inquiétantes. J'étais à l'étroit et les odeurs de cheval, de crottin, de sueur et de laine humide étaient insupportables. Je n'ai pas pu résister à l'envie de m'asseoir, en partie pour fuir les mauvaises odeurs, mais surtout pour voir ce qui se passait.

J'ai grimpé sur le siège. Mes yeux arrivaient au niveau de la vitre de la portière et je pouvais voir l'entrée du bar, à une vingtaine de mètres. La rue était pleine de gens agités qui se parlaient à voix basse. Certains d'entre eux discutaient avec mon père en lui montrant le saloon.

Luttant contre la panique qui me paralysait, j'ai réussi à atteindre la poignée et à ouvrir la portière. Tandis que mon père s'avançait vers le Golden Dragon, je me suis glissé à l'extérieur de la voiture et, profitant de ce que personne ne faisait attention à moi, je me suis faufilé parmi la foule. En me déplaçant en crabe, j'ai fini par me retrouver à proximité de l'entrée du bar. Le silence était tel que je pouvais entendre les battements de mon cœur. J'ai jeté un œil à l'intérieur.

A moins de deux mètres de moi, mon père se tenait immobile et me tournait le dos. Je me suis dressé sur la pointe des pieds pour mieux voir. Alignés contre le mur du fond, les clients du Golden Dragon se serraient les uns contre les autres. Un grand Noir très costaud s'est avancé vers le barman et l'a menacé avec un couteau qui paraissait grand comme une épée, en criant :

— Mets le fric sur le bar !

Terrorisé, le barman a sorti des billets du tiroir-caisse, faisant dans sa précipitation tomber des pièces sur le sol. Le Noir avait étalé son pardessus sur le bar et y avait déjà déposé les montres, les bagues, les gourmettes et les portefeuilles pris aux clients. Il n'attendait plus que l'argent de la caisse pour faire un baluchon et prendre la fuite.

C'est à ce moment-là que mon père a brandi sa plaque de police, afin que tout le monde sache bien qui il était.

— Police ! Reste où tu es, pose ton couteau et mets tes mains sur le bar !

Pendant quelques secondes, le Noir est resté pétrifié ; puis, au lieu d'obéir à mon père, il s'est retourné pour lui faire face et pointer le couteau dans sa direction.

Dans mon for intérieur, j'ai supplié mon père de ne pas insister, mais il ne m'a pas entendu et a continué d'avancer. C'était un acte de bravoure, car il n'avait pas d'arme pour se défendre et risquait d'être blessé ou même tué. La terreur s'est emparée de moi. Durant quelques secondes, je me suis vu orphelin.

A présent, mon père était tout proche du Noir. Il lui a dit :

— N'aggrave pas ton cas. Pose le couteau sur le bar, tourne-toi et mets les mains en l'air.

Ils n'étaient plus qu'à quelques centimètres l'un de l'autre, les yeux dans les yeux. Au moment où j'ai pensé que le Noir allait finalement céder, il a porté son attaque, cherchant à frapper mon père au niveau des côtes ; mais celui-ci s'est écarté vivement, a saisi le poignet droit de son adversaire et l'a tordu avant de le ramener en arrière, l'obligeant à lâcher son arme et le faisant tomber à la renverse. La tête du Noir a heurté le bord du bar sur lequel elle a rebondi. Puis il a glissé le long du comptoir de bois, jusqu'à la barre de cuivre qui servait de repose-pieds.

Il est resté là, recroquevillé et immobile. C'était terminé.

J'ai été submergé par un torrent d'émotions. Mon père était vivant et avait eu raison d'un voleur armé sans avoir besoin de faire usage d'une arme. De simple policier sans défense, il était devenu un héros.

Il se tenait debout au-dessus du Noir qui gisait, inerte. Soudain, il s'est laissé tomber de tout son poids — une centaine de kilos — les genoux en avant sur la poitrine du Noir, lui enfonçant à coup sûr quelques côtes.

Je ne savais plus que penser. Mon père venait de frapper sauvagement un homme à terre. Il avait peut-être même commis un meurtre, et il passait calmement les menottes à sa victime. Les clients du Golden Dragon et tous ceux qui observaient la scène depuis la rue avaient compris que la situation venait de changer du tout au tout. Ils n'étaient plus des victimes terrorisées, ils étaient du côté du vainqueur.

Mon père est allé ramasser le couteau et, le tenant par la pointe de la lame, il l'a confié au barman. Puis il a attrapé la chaîne qui reliait les menottes et a traîné le Noir sur le sol comme une botte de foin.

Quand il s'est tourné dans ma direction, j'ai réalisé brusquement que je n'aurais pas dû me trouver là. J'ai fait demi-tour et j'ai couru jusqu'à la voiture. Au moment où je refermais la portière du conducteur, mon père est apparu sur le pas de la porte du saloon, accompagné par le barman. Il a soulevé son prisonnier à bout de bras puis, lâchant la chaîne des menottes, il l'a laissé retomber et la tête du Noir a heurté violemment le trottoir.

Prenant le couteau des mains du barman, en le tenant toujours par la pointe de la lame, il est venu le déposer soigneusement sur le siège du passager. Après quoi, il a pris des sacs vides dans la malle et les a étalés au pied de la banquette arrière pour que le sang ne tache pas le tapis de sol. Puis il est allé chercher le Noir et l'a allongé sur les sacs.

Il m'a demandé de me pousser et a repris sa place au volant mais, à cause du couteau, j'étais obligé de me serrer contre lui. Il m'a conseillé de prendre l'arme par la lame, de la mettre dans la boîte à gants et de m'asseoir correctement.

Au moment où nous avons démarré, j'ai entendu le Noir qui râlait, mais mon père ne s'en est pas soucié, disant :

— Il fait semblant d'être blessé. Il sera bientôt sur pied.

D'autres voitures de patrouille nous ont rejoints pour nous faire escorte, et les hurlements de toutes ces sirènes s'accordaient parfaitement avec les sentiments que j'éprouvais.

Mon père a expliqué par radio, avec arrogance et vantardise, comment s'était déroulée l'arrestation et comment l'agresseur avait tenté de le frapper avec son couteau.

Inquiet, je me suis retourné pour voir si le Noir vivait encore. Il respirait faiblement. J'ai prié pour que nous arrivions rapidement au poste de police, car je pensais qu'une fois là-bas, il serait en sécurité.

A notre arrivée, mon père a ouvert une des portières arrière et a tiré le Noir sur le trottoir. Pour faire bonne mesure et achever de briser toute velléité de résistance, il l'a soulevé par les épaules et l'a laissé retomber ; la tête a frappé le ciment avec un bruit sinistre. Les agents de police qui descendaient des autres voitures ou sortaient du poste ont éclaté de rire et poussé des hourras.

Mon père a saisi la chaîne des menottes et a traîné le Noir sur le trottoir puis dans l'escalier en ciment du poste de police. Personne ne l'a aidé. Personne n'est allé cherché une civière. C'était son trophée. Il avait mis le grappin dessus et, à présent, il le ramenait au poste pour le montrer à ses collègues. Ceux-ci le suivaient en riant, en braillant et en évitant de marcher dans la traînée de sang qui barbouillait l'escalier.

Une fois à l'intérieur du poste, mon père a déposé le corps inerte sur le sol en ciment, face au bureau du brigadier.

— J'ai trouvé son permis de conduire dans sa poche. Voilà son nom. Relevez son identité et envoyez quelqu'un pour prendre ses empreintes. Je vais vous expliquer comment ça s'est passé.

Un formulaire a été introduit dans la machine à écrire qui s'est mise à crépiter pour remplir les blancs avec les informations portées sur le permis de conduire.

Les agents de police ont allumé des cigarettes, et ils se sont esclaffés en entendant mon père raconter l'arrestation du Noir pour la seconde fois, avec encore un peu plus de violence et d'excitation.

J'ai supplié mon père de faire quelque chose pour cet homme qui allait mourir. Il a baissé les yeux vers moi et a crié :

— Ferme-la et file dans la voiture ! C'est un simulateur, il n'a absolument rien.

A ce moment-là, le Noir a repris connaissance et a fait un effort surhumain pour se remettre debout. Personne n'a tenté de l'en empêcher. Il s'est dirigé vers la porte en chancelant comme un animal blessé. Mon père a crié de nouveau :

— File dans la voiture, Monty !

Et il a suivi le Noir. Celui-ci n'est pas allé bien

loin. Il a manqué la première marche et a dévalé l'escalier la tête la première, achevant brutalement sa course contre un arbre qui se trouvait là. J'ai éclaté en sanglots et mon père a hurlé :

— File dans la voiture !

J'ai couru comme un dératé jusqu'à la Cadillac, j'ai enfoui mon visage dans le dossier du siège et j'ai pleuré tout mon saoul.

Au bout d'un moment, j'ai entendu la portière du conducteur s'ouvrir, puis se refermer, et la clé de contact tourner. La voiture a démarré et nous sommes rentrés chez nous.

Quatre jours plus tard, j'ai demandé à mon père ce qu'était devenu l'homme qu'il avait arrêté au Golden Dragon Saloon, et il m'a répondu :

— Oh ! Il est mort.

Il a dû sentir que j'étais bouleversé, car il a rapidement inventé une histoire :

— Il n'est pas mort de ses blessures mais d'une pneumonie. Il a refusé de se couvrir pendant la nuit, il a attrapé froid et il en est mort.

Sur le coup, je l'ai cru. A partir de ce jour, et pendant tout le reste de mon enfance, j'ai pris soin, chaque nuit, de bien remonter mes couvertures jusqu'au menton pour ne pas prendre froid.

Des années plus tard, j'ai su que le Noir était resté allongé dans sa cellule, les côtes brisées, les poumons perforés, le crâne fracassé, jusqu'à ce que mort s'ensuive.

Plus tard encore, en cours de psychologie, j'ai appris que les kidnappeurs et les bourreaux d'enfants tuent de petits animaux sous les yeux de leurs victimes pour les traumatiser et leur inspirer une terreur telle qu'ils deviennent incapables de se défendre. En ce sens, je comprends maintenant que j'ai été la victime de l'agressivité de mon père.

A l'époque, je voyais les choses différemment. Tout ce que je savais, c'était qu'il me terrorisait. Dès lors, je me suis efforcé de donner à ma vie une orientation qui m'éloigne de lui le plus possible.

Il y a un post-scriptum à ce drame. Un soir, deux mois plus tard, mon père m'a demandé de l'accompagner.

— Je t'emmène à la réunion de boxe. Je vais te présenter un homme vraiment extraordinaire.

Nous sommes allés en voiture jusqu'à la National Guard Armoury. Plus nous approchions et plus la foule se faisait dense.

Nous avons pénétré dans le bâtiment par l'arrière et nous sommes entrés dans une pièce où un grand Noir se tenait assis sur une table. Mon cœur s'est mis à battre très fort. C'était le premier Noir que je voyais depuis les événements du Golden Dragon Saloon. Mon père m'a poussé vers lui en me disant :

— Viens, Monty, que je te présente Joe Louis, le champion du monde des poids lourds.

Joe Louis a salué mon père :

— Salut, Marvin.

— Salut. Je te présente mon fils, Monty.

J'ai d'abord refusé de m'avancer.

— Approche, a dit le champion. Je ne vais pas te faire de mal.

Je lui ai serré la main, mais je n'ai pas pu le regarder en face. Espérant triompher de ma timidité, Joe Louis m'a désigné son épaule en me disant :

— Tiens, petit bonhomme, frappe-moi ! Chiche !

Je ne pouvais pas jouer à ce jeu-là avec lui. Au bout d'un moment, il m'a pris la main, m'a obligé à serrer le poing, s'est tapoté l'épaule avec, et a grimacé comme si ça lui avait fait mal.

— Maintenant, tu pourras dire que tu as mis le champion du monde KO.

Au fond de la pièce, il y avait une autre personne que je n'avais pas remarquée tout d'abord : un photographe de presse qui tenait son appareil à la main. Il a fait savoir qu'il était prêt. Mon père a passé amicalement son bras autour des épaules de Joe Louis et a posé pour la postérité.

Il existe une race de chevaux connue à l'origine sous le nom de Copper Bottom et un peu plus tard sous celui de Steel Dust. Ces curieux noms sont ceux des deux géniteurs qui, dans les années trente, ont engendré cette race alors peu répandue et très spécialisée.

Ces chevaux étaient robustes, calmes, faciles à nourrir et à dresser ; et ils avaient le pied bien fait. Ils étaient assez petits, leur conformation était du genre bouledogue ; ils avaient une arrière-main musculeuse, et un cœur gros comme ça.

Ils étaient destinés à la garde et à la conduite du bétail à cause de leurs formidables accélérations qui faisaient d'eux les montures idéales pour attraper une bête au lasso ou l'isoler du reste du troupeau.

Dans la semaine, ils travaillaient sur les ranchs, et les week-ends, ils participaient aux rodéos dans les épreuves de maniement du lasso et de capture de bouvillons.

Lorsqu'ils en avaient terminé avec ces amusements, on leur accordait quelques minutes de repos durant lesquelles on remplaçait la selle western par la selle « timbre-poste » des jockeys, et on leur faisait disputer des courses sur les pistes rudimentaires qui avoisinaient les arènes de rodéo.

Sur des distances très courtes — maximum quatre cents mètres — ils étaient imbattables. Ils jaillissaient des stalles de départ comme une balle du canon d'un fusil. En fait, beaucoup d'entre eux retenaient leur souffle pendant toute la durée de la course, et ce n'est qu'après avoir franchi la ligne d'arrivée et ralenti l'allure qu'ils réalisaient que leurs poumons avaient besoin d'air frais.

Ce sont les équivalents équins des dragsters et, à cause de la distance sur laquelle ils courent habituellement — un quart de mile —, ils sont devenus célèbres sous le nom de Quarter-Horse.

Mon père s'est très vite intéressé à ces nouvelles compétitions, ces sprints pour chevaux. Quant à moi, j'adorais l'excitation qu'ils me procuraient. Bien sûr, pour réduire le poids porté par la monture, les jockeys les plus légers, en particulier les jeunes garçons comme moi, étaient les plus recherchés. A cette époque-là, j'étais payé cinq dollars par course ; dix en cas de victoire.

Plusieurs petites villes du nord et du sud de la Californie — Salinas, King City, Fresno, Victorville, Stockton — organisaient ces courses de Quarter-Horse ou *short-horses*[1] dont l'enjeu était constitué par un « pot » ; chaque propriétaire misant une certaine somme, et le vainqueur empochant l'ensemble des mises.

Des sommes d'argent beaucoup plus importantes changeaient de main à l'occasion de ces courses du fait des paris engagés entre spectateurs et propriétaires. Ces compétitions n'étant contrôlées par aucune association, les paris n'étaient pas réglementés, ce qui les rendait d'autant plus attrayants et acharnés, et donnait lieu à de violentes contestations, créant autour de ces manifestations une atmosphère électrique propre à satisfaire les vrais joueurs.

Les jockeys ne possédaient pas de licence et personne ne se souciait de leur sécurité. Personnelle-

1. Chevaux courts.

ment, j'ai participé à un grand nombre de courses sans porter de casque protecteur.

M. Frank Vessels était l'un des principaux propriétaires de Quarter-Horse, et son entraîneur s'appelait Farell Jones.

Un jour, je suis allé voir Farell Jones travailler sur la piste de Vessels. Je dis « piste » mais ce n'était rien de plus qu'un long rectangle de pré délimité par des gradins faits de bottes de paille et de foin. M. Vessels avait besoin de cette paille et de ce foin pour ses chevaux, et il avait eu l'idée de les empiler de part et d'autre d'une piste rudimentaire, pour que les spectateurs puissent s'asseoir.

Ce jour-là, Farell Jones s'occupait d'un jeune Quarter-Horse qui rechignait à se laisser emmener vers une stalle de départ, regardant tour à tour l'engin de bois, comme s'il s'était agi de la gueule grande ouverte d'un crocodile, et la piste qui lui semblait avoir été aménagée spécialement pour l'effrayer, avec toutes ces bottes de paille et de foin qui menaçaient de s'effondrer sur lui, le sol prêt à s'ouvrir sous ses pieds, et le ciel plutôt menaçant, lui aussi.

Ce jeune cheval était flanqué d'une compagne d'écurie plus âgée qui savait, elle, à quoi servaient ces installations de fortune, et qui aurait pu lui raconter un tas d'histoires d'anciens combattants, notamment à propos d'une course où elle était venue voler la victoire au favori dans la dernière foulée d'un sprint qui n'avait duré qu'une poignée de secondes.

— C'est bon, a dit Farell, essayons de le faire entrer dans cette stalle.

Pour entraîner les Quarter-Horse à prendre un départ fulgurant, il était courant à cette époque-là d'enfermer les chevaux novices dans une stalle et de les fouetter jusqu'à ce qu'ils soient pris de frénésie et ne pensent plus qu'à s'échapper au plus vite dès que le portillon avant s'ouvrait. Et ainsi, espérait-on, chaque fois qu'ils se retrouveraient enfermés dans une stalle de départ, la peur et l'envie de fuir garantiraient des performances optimales. Il arrivait même que l'on se serve de décharges électriques en guise de fouet pour parvenir au même résultat.

Farell Jones a pris le jeune animal par la bride et lui a fait traverser la stalle sans chercher à l'y enfermer, tandis que l'un de ses aides tenait la jument à proximité. Puis il a recommencé, et recommencé encore, et encore, jusqu'à donner le tournis à tous ceux qui étaient présents. Quant au cheval, je pense qu'il devait en avoir plus qu'assez de tourner en rond.

Enfin, il l'a fait entrer dans la stalle, lui a offert une poignée de nourriture pour qu'il se sente comme à l'écurie, a refermé le portillon avant et a fait approcher la jument pour qu'il ne la perde pas de vue.

Je commençais à me demander s'il s'agissait bien d'une séance de travail destinée à entraîner ce cheval à prendre un bon départ lors d'une course ou si cette stalle allait devenir son box.

Farell Jones a attendu que le novice se sente bien à l'aise entre les deux portillons fermés, avant de les rouvrir ; mais il ne l'a pas fait sortir. Oh, non ! Surtout pas ! Il l'a laissé prendre son temps et décider seul du moment où il quitterait la stalle. Ainsi cette sortie a-t-elle été pour lui un moment très excitant.

En fait, Farell Jones s'efforçait de rendre le processus d'apprentissage aussi peu stressant que possible.

Après ça, j'ai pu constater qu'il y avait une raison

supplémentaire à la présence de la jument. Le jeune cheval étant dans la stalle, portillons fermés, l'un des aides a fait passer sa compagne d'écurie devant lui, puis l'a emmenée vers l'autre extrémité de la piste. Le portillon avant a été ouvert et le novice est sorti avec grâce, a suivi la piste sans se presser et a rejoint sa petite amie.

Un moment plus tard, l'expérience a été renouvelée, mais en faisant marcher la jument plus vite et en lui accordant une avance plus conséquente, ce qui a incité le cheval à sortir de la stalle plus rapidement et à trotter pour rejoindre sa compagne d'écurie.

Quelques heures plus tard, Farell Jones avait réussi à obtenir du jeune Quarter-Horse qu'il pénètre dans la stalle sans faire d'histoires et ne pense plus qu'à aller de l'avant, pressant le bout de son nez contre le portillon qui tardait à s'ouvrir, impatient de s'échapper de la stalle pour s'élancer au galop à la poursuite de la jument. Bien sûr, l'aide qui montait cette dernière la retenait afin que le novice puisse toujours « gagner la course » et s'amuser comme un petit fou.

Ce à quoi je venais d'assister m'avait terriblement impressionné. J'avais envie d'en savoir plus sur la méthode utilisée par Farell Jones, et sur la façon dont il l'avait élaborée.

Il est allé chercher avec sa langue la chique de tabac qu'il avait rangée derrière sa dernière molaire et l'a mâchonnée un moment avant de m'expliquer :

— Tu sais, j'ai assisté à des tas de courses de ce genre, j'ai observé les chevaux très attentivement — comme tous ceux qui savent qu'ils peuvent empocher la grosse somme si jamais ils font le bon choix — et j'ai découvert une chose intéressante : ce ne sont pas les chevaux les plus excités qui démarrent le plus vite. Ils sont bien trop occupés à se cogner à droite et à gauche, à piétiner et à penser au méchant diable qui se tient derrière eux. Non, ce sont les bêtes les plus décontractées qui prennent les meilleurs départs.

Farell Jones m'a fait comprendre que la cruauté — par exemple le fait de fouetter un cheval enfermé dans une stalle de départ pour le terroriser et lui donner envie de s'en échapper — était non seulement inutile, mais allait à l'encontre du but recherché. Dans le cas présent, elle rendait les chevaux plus lents au démarrage.

Tirant la leçon de cette expérience, j'en suis arrivé à penser qu'un homme ne devrait jamais dire à un cheval : « Tu dois faire ça », mais devrait plutôt l'inviter à faire telle ou telle chose en lui disant : « J'aimerais que tu fasses ça. »

En poussant ce raisonnement un peu plus loin, on peut affirmer qu'il est plus astucieux d'amener un cheval à avoir envie de faire, plutôt que d'exiger qu'il fasse.

Les chevaux aiment courir, c'est dans leur nature. Ils prennent autant de plaisir à courir que nous à les regarder faire. En les entraînant convenablement, il est possible d'exploiter cette volonté qu'ils ont d'aller le plus vite qu'ils peuvent. J'ai été amené à travailler durant la plus grande partie de ma vie dans le monde du turf, et je n'ai jamais cessé de penser qu'il faudrait interdire l'usage de la cravache. Elle est totalement inutile si l'on sait tirer parti de l'irrésistible envie de courir qui habite tout pur-sang. En tout cas, il n'y aura certainement jamais de fouet ni de cravache chez moi.

Entre huit et douze ans, j'ai probablement participé à deux cents épreuves de sprint, pour la plupart des courses de Quarter-Horse. Même si j'ai fait une ou deux chutes, je n'ai jamais été blessé sérieusement.

Frank Vessels a fondé la Quarter Racing Association en 1945, et construit un hippodrome réservé aux Quarter-Horse, quelque chose de très différent de l'endroit où il avait fait ses débuts, cette simple allée entre deux piles de bottes de foin.

C'est à lui que revient le mérite d'avoir élevé les courses de sprint au-dessus de leurs origines campagnardes et de les avoir placées sur un pied d'égalité avec les courses de pur-sang.

L'American Quarter-Horse Association a vu le jour en 1946, et une équipe d'inspecteurs a fait le tour des États-Unis cette année-là pour enregistrer tous les chevaux qui présentaient les caractéristiques de la race.

J'ai disputé ma dernière course en 1949, à King City, Californie. Ce n'était qu'une petite ville agricole, mais il y avait là trois propriétaires qui étaient devenus très importants dans le monde des courses de Quarter-Horse : Gyle Norris et les frères McKensie. Ces derniers possédaient une jument exceptionnelle nommée Lady Lee, que j'ai eu l'honneur de monter à deux reprises. Ils étaient également propriétaires d'un cheval appelé Dee Dee, qui avait été, en 1946, le premier champion de sa race.

A partir de 1949, j'ai été incapable de me maintenir au-dessous de la barre fatidique des 59 kilos, contrairement à Tucker Slender qui avait trois ou quatre ans de plus que moi et était un bien meilleur jockey. Tucker fut promu par la suite juge au départ de la plupart des principales pistes de Californie du Sud, et il l'est encore aujourd'hui à Santa Anita et à Del Mar.

Farell Jones allait devenir le meilleur entraîneur de pur-sang des États-Unis, et le rester pendant plusieurs années. Depuis ce jour où il m'a donné ma première leçon, sa méthode et sa pensée n'ont cessé de m'inspirer. Son fils Gary Jones est actuellement l'un des meilleurs entraîneurs de ce pays.

En nous accrochant à l'encolure de ces chevaux bien particuliers, tandis qu'ils parcouraient en trombe des pistes de fortune, nous avons contribué à la création et au développement des courses de Quarter-Horse.

Alors que j'avais neuf ans, mon oncle Ray m'a raconté une histoire de l'ancien temps qui parlait de nos ancêtres, les Indiens Cherokees.

Mon grand-père était né au pays de Galles, en Grande-Bretagne, en 1870. Il se pourrait que je tienne de lui mon amour des chevaux, car il labourait avec des Clydesdale, chassait le renard à courre, et montait également pour son plaisir. Il s'appelait Earl Roberts et émigra aux États-Unis à l'âge de dix-sept ans.

Il fut très vite attiré vers l'Ouest par la promesse d'un emploi stable : participer à la construction de routes à travers la Sierra Nevada.

Le nom espagnol, qui signifie chaîne de montagnes enneigées, décrit bien la massive barrière naturelle qui sert de frontière entre la Californie et le Nevada. Seules les Rocheuses sont plus hautes et plus énormes encore.

A l'époque où mon grand-père Earl se trouvait dans la Sierra Nevada, les équipes de construction ne pouvaient travailler que six mois par an. Le reste du temps, les cols étaient fermés. On imagine l'énormité du travail à effectuer pour tracer des routes à travers ces montagnes par la seule force des hommes et des chevaux.

Earl avait été engagé pour s'occuper des chevaux de trait, et des chevaux de selle destinés aux chefs d'équipe. La plupart des ouvriers étaient des immigrants, comme lui, mais il y avait aussi des Indiens, des membres de la nation cherokee que le gouvernement fédéral avait transportés de leur réserve de l'Oklahoma jusqu'au Nevada. Et parmi eux, l'adolescente qui allait devenir ma grand-mère, une jeune fille cherokee qui avait environ dix-huit ans. On l'appelait Sweeney, du nom de l'agent des Affaires indiennes qui avait amené sa famille au Nevada. Ses parents avaient trouvé le nom de celui-ci sur leur contrat de travail et l'avaient donné à ma grand-mère en guise de prénom.

Parmi ses affaires personnelles se trouvaient des documents qui la déclaraient « Cherokee de race pure », et à ce titre bénéficiant des droits spécifiques accordés aux autochtones.

Earl demanda sa main à ses parents et l'épousa. Elle lui donna neuf enfants, à peu d'intervalle, dont cinq seulement survécurent, au nombre desquels mon père et mon oncle Ray.

Lorsque Ray, le dernier des neuf, eut onze ans, Sweeney décida qu'elle s'était acquittée de ses obligations vis-à-vis d'Earl, et un matin, lorsqu'il se réveilla, elle avait disparu.

Il la chercha pendant des mois, pour découvrir finalement qu'elle était retournée en Oklahoma, parcourant à pied la distance séparant Tulare (Californie) de la réserve cherokee, soit près d'un millier de kilomètres.

Peu après, Ray contracta une pneumonie et Earl décida de conduire l'enfant auprès de sa mère, sur la réserve. Ray fut adopté par la tribu cherokee qui se chargea de son éducation, et il eut ainsi la chance d'apprendre les manières de faire, de voir et de penser des Indiens et des Blancs.

Il m'a raconté que lorsque les Cherokees voulaient capturer des chevaux sauvages, ils se trouvaient confrontés à une grave difficulté : comment s'approcher d'eux assez près pour pouvoir les attraper au lasso ? Ils avaient réussi à surmonter l'obstacle d'une façon remarquable.

Au lieu de les acculer au fond d'une vallée, de les pousser vers un défilé barré par une sorte de nasse, ou de construire un autre type de piège, toutes choses difficiles étant donné la configuration du terrain, ils utilisaient une méthode plus simple et plus rapide.

Ils commençaient par localiser un troupeau et par le suivre dans tous ses déplacements. Ils se gardaient bien de presser les chevaux, de les pousser ou de les harceler. Ils se contentaient de les suivre de près pendant un jour ou deux. Puis, quand ils jugeaient le moment venu, ils rebroussaient chemin et s'éloignaient du troupeau. Alors, immanquablement, les chevaux faisaient eux aussi demi-tour et leur emboîtaient le pas. Il se produisait un « effet de yo-yo », et il ne restait plus aux Cherokees qu'à conduire les mustangs jusqu'à d'immenses corrals de un à deux hectares de superficie.

Apparemment, les Cherokees avaient utilisé auparavant une technique similaire pour s'approcher de certains gibiers particulièrement mobiles. Leurs arcs et leurs flèches n'étant efficaces qu'à moins d'une vingtaine de mètres, ils tiraient parti de l'effet de yo-yo pour chasser les cervidés. Ils suivaient une harde pendant un moment, puis faisaient volte-face et partaient dans la direction opposée ; et là encore, immanquablement, la harde leur emboîtait le pas. Il suffisait de répéter la manœuvre plusieurs fois pour que les animaux finissent par se trouver à portée de tir.

Plus tard, lorsque j'ai eu la possibilité de les

observer à l'état sauvage, j'ai compris pourquoi les chevaux avaient curieusement tendance à revenir sur leurs pas et à chercher le contact avec leurs poursuivants dès que ces derniers cessaient de leur donner la chasse. J'ai donné un nom à ce phénomène : « avance et recul », et il est à la base de ma méthode de travail.

Mais pour le petit garçon de neuf ans que j'étais à l'époque où mon oncle Ray m'a raconté ces histoires, tout cela était encore très mystérieux.

La guerre m'avait apporté, comme à beaucoup d'autres, la fin de pas mal de choses. La fin de mes rêves, lorsque nous avions dû quitter le Competition Grounds, et la fin de mes illusions, quand j'avais vu mes camarades de classe d'origine japonaise regroupés et internés dans un camp de prisonniers situé à l'emplacement de notre ancienne maison.

J'avais perdu tout respect pour mon père à la suite du décès du Noir qu'il avait arrêté au Golden Dragon Saloon et dont il avait causé la mort.

Au moment où je m'efforçais de dissocier ma vie de la sienne, il m'a redonné ce que je désirais plus que tout : une vie consacrée aux chevaux.

A présent que la guerre était terminée, tout le monde se hâtait de revenir à la normale. Pour mon père, cela signifiait retourner au Competition Grounds et m'inscrire au plus grand nombre possible de compétitions. Bien qu'un peu affolant, c'était exactement ce dont j'avais envie.

Le retour a tenu du cirque et de la fête au village. Les « Japonais » étaient partis, mais le domaine était dans un état lamentable. Nous avons été obligés de traîner des aimants sur le sol pendant des semaines parce que les ouvriers qui avaient démonté les dortoirs et les équipements collectifs provisoires avaient laissé par terre quantité de clous, de pointes et de vis qui représentaient une menace pour les pieds des chevaux.

Il a fallu réaménager les écuries, reconstruire des râteliers, réparer les sols et les toits. Toute la famille de ma mère est venue nous prêter main-forte.

On avait scié l'arrière de la Cadillac pour la transformer en pick-up, et elle n'arrêtait pas de faire des allers et retours entre le Competition Grounds et la décharge municipale pour évacuer les gravats.

Je me rappelle le jour où les nouvelles selles sont arrivées, vingt ou trente d'un coup. Elles étaient entassées dans la cour et je déchirais les emballages pour les dégager au plus vite et les équiper de tous les accessoires nécessaires afin qu'elles soient prêtes pour le redémarrage des leçons d'équitation, le lendemain.

Pour payer les travaux, acheter les chevaux et les harnachements, et remettre leur affaire sur les rails, mes parents se sont couverts de dettes.

Plusieurs réunions de famille se sont déroulées autour de la table de notre vieille maison. Il a finalement été décidé que mon père resterait dans la police. Il venait d'être nommé inspecteur et son salaire nous aiderait à rembourser les emprunts.

Il nous a expliqué que si nous voulions réussir, il fallait nous en sortir par nos propres moyens, c'est-à-dire sans engager trop de personnel. En fait, nous ne pouvions nous permettre qu'un seul salarié : un nommé Wendell Gillott qui travaillait chez nous avant la guerre et venait de rentrer de Hawaï. C'était un brave type qui ne possédait pas un QI très élevé, mais était drôle et dur à l'ouvrage.

On nous a fait comprendre, à Larry et à moi, que nous serions obligés de manquer l'école pour prendre part au travail familial et aider Wendell. Nous étions de retour à la maison, mais il ne fallait surtout pas espérer se la couler douce.

Wendell embauchait le matin à quatre heures et demie, et commençait par nourrir les chevaux ; les nôtres et ceux que nous avions en pension, soixante au total.

Je me levais un peu avant cinq heures et je renfilais les vêtements de travail que j'avais laissés en tas auprès de mon lit, la veille au soir. Je ne devais pas traîner. J'avais vingt-deux boxes à curer avant le petit déjeuner. Larry se levait un peu après moi et ne s'occupait que de dix boxes seulement parce qu'il était plus jeune et moins costaud.

J'avais à peine le temps de dire bonjour à Wendell avant de me mettre au travail. Il me fallait nettoyer entièrement chaque box, aérer la litière, conserver la partie qui était encore bonne, sans tricher, et ajouter juste la quantité de paille fraîche nécessaire, avant de passer au box suivant.

Tout en travaillant, je comptais les secondes qui s'écoulaient. Je devais mettre moins de trois minutes et demie par box pour pouvoir m'occuper des vingt-deux en un peu moins d'une heure et demie. Je considérais cela comme une course. Dès que j'avais reposé la fourche contre le mur de l'écurie, je levais les mains en l'air, comme font les *calf-ropers* [1] dans les rodéos pour arrêter la pendule dès que le veau est couché sur le flanc, les quatre pattes liées.

De six heures et demie à sept heures, nous prenions le petit déjeuner. Tandis que nous mangions, mon père nous donnait ses instructions, nous disant quels chevaux il faudrait monter ce jour-là, et quels exercices leur faire faire.

1. Participants à l'épreuve qui consiste à attraper un veau — *calf* — au lasso — *rope* — et à l'immobiliser en le ligotant avec ce même lasso.

Après le petit déjeuner, Wendell nettoyait le reste des boxes tandis que Larry et moi appliquions les consignes de notre père. Entre sept et neuf, je montais environ six chevaux qui avaient chacun un programme d'entraînement différent.

A neuf heures, nous revenions en courant à la maison pour nous doucher et nous changer avant de nous rendre à l'école où nous arrivions à neuf heures et demie.

A treize heures trente, nous étions de retour au Competition Grounds, et nous nous remettions en selle pour deux heures, montant à nouveau une demi-douzaine de chevaux chacun ; ce qui fait qu'à quinze heures trente j'avais déjà quatre heures de cheval derrière moi.

Ensuite, toute la famille — mon père, ma mère, Larry et moi — donnait des leçons d'équitation. Les différentes classes comptaient de six à douze élèves qui allaient du débutant au cavalier confirmé. Certains se tenaient raides parce qu'ils avaient peur des chevaux, d'autres prenaient des airs supérieurs, d'autres encore se montraient attentifs aux remarques et aux conseils. Quant à nous, nous faisions de notre mieux.

A dix-sept heures trente, ma mère faisait la tournée du voisinage, ramenant nos élèves chez eux.

Larry, Wendell et moi rentrions les chevaux à l'écurie, rangions la sellerie et garnissions les râteliers.

Vers dix-huit heures trente, ma mère préparait le repas du soir et je l'aidais — c'est de là que me vient mon goût pour la cuisine. Après dîner, nous consacrions toujours un certain temps au travail scolaire.

Même si je ne pouvais pas être très assidu à l'école, mon père a toujours exigé que je poursuive mes études le plus loin possible. C'était incontestablement un tyran.

Les capacités d'un enfant sont élastiques et il a étiré les miennes au maximum, mais le mérite en revient tout autant à Miss Parsons qui m'a donné des leçons particulières et m'a encouragé à passer mes examens. Sa gentillesse et sa compréhension m'ont permis d'obtenir de très bonnes notes en classe en dépit de mes absences prolongées.

J'avais une carotte devant moi et un bâton derrière, comme dans les dessins animés.

La fin des hostilités avait mis sur le marché des stocks de matériel militaire. C'était la mode chez les propriétaires de ranchs de la région de se balader dans des Jeep ou des automitrailleuses presque neuves qui se vendaient pour une bouchée de pain — je suppose qu'il a dû se passer la même chose avec les armes.

Mon père a été gagné par cette lubie, mais à sa manière toute personnelle : il a décidé de louer, pour plusieurs années, et pour une somme minime, un ancien wagon de la cavalerie des États-Unis. Cela peut paraître incroyable aujourd'hui, mais c'est pourtant vrai : nous avions notre propre wagon de chemin de fer. Il avait été conçu pour transporter les chevaux des officiers d'un bout à l'autre du pays sur tout le réseau ferré, et contenait quinze stalles.

Les compétitions étant plus rares, mon père pensait qu'il fallait aller de plus en plus loin, et que le wagon nous le permettrait. Et puis, avec la fin de la guerre, le nombre de compétitions ne tarderait pas à augmenter, et il voulait être capable de tirer le meilleur parti possible du retour à la normale.

Il demanda à une entreprise d'enlever six des quinze stalles et de construire à la place une kitchenette — avec réchaud et machine à café —, des couchettes, une réserve d'eau et une autre de grain.

Ce wagon allait parcourir les États-Unis dans tous les sens, et servir les ambitions de mon père... et les miennes : pendant presque dix ans, il serait ma seconde maison durant les mois d'été.

Mon père et moi consultions le calendrier des compétitions programmées d'un bout à l'autre de la Californie, choisissant celles qui nous paraissaient les plus intéressantes et les plus faciles d'accès par le rail. Puis, nous soumettions notre projet d'itinéraire à la compagnie de chemins de fer Southern Pacific et faisions les réservations nécessaires. En retour, nous recevions une liste d'horaires et de numéros de voies de garage. A l'heure dite, une machine de manœuvre venait prendre notre wagon sur la voie de garage prévue, et le conduisait sur la voie principale où il était accroché au train en formation ; le voyage pouvait commencer.

Mon père restait à Salinas où le retenaient son travail de policier et l'école d'équitation. Je voyageais en compagnie de Brownie, mon cheval favori, de huit autres chevaux, d'un palefrenier et de Miss Marguerite Parsons.

Marguerite Parsons occupe une place de première importance dans mes souvenirs. Elle était notre nounou depuis que j'avais deux ou trois ans, et elle était devenue ma préceptrice. Elle était soignée, propre, et solide comme un roc. Elle me lisait des histoires et, avec elle, étudier devenait un plaisir. C'était une excellente pédagogue.

Elle me comprenait beaucoup mieux que mes parents et compatissait à mes problèmes. Elle m'a appris à communiquer avec les autres et à me détendre ; elle m'expliquait qu'étant donné l'âge auquel j'avais commencé ma carrière de cavalier, et l'acharnement avec lequel je la conduisais, il était nécessaire que je me calme si je ne voulais pas m'épuiser avant l'âge.

Elle était encore très jeune, mais semblait avoir toujours raison. Elle devait rester avec nous jusqu'en 1949.

Dans le compartiment-couchettes de notre wagon, elle dormait derrière un rideau qui coulissait sur une tringle. Je me souviens encore du bruit qui me parvenait depuis l'autre côté de ce rideau au moment où nous allions nous coucher. Je ne comprenais pas ce que cela pouvait bien être. C'était comme un murmure. Je n'avais jamais entendu un cheval faire ce genre de bruit, il ne pouvait donc s'agir que de Miss Parsons.

Quelques années plus tard, j'ai découvert que ce bruit était celui des sous-vêtements féminins que l'on enlève, mais, à cette époque-là, ce mystère ajoutait encore aux charmes de Miss Parsons.

L'une des premières fois où nous avons utilisé le wagon, nous nous sommes rendus à Pomona, dans le sud de la Californie. J'étais tout excité par les préparatifs. Selles et harnais avaient été nettoyés, triés et rangés dans des caisses que nous avions accrochées à l'une des parois du wagon. A l'arrivée, il suffirait de les décrocher et de les empiler dans le camion qui les transporterait jusqu'à l'endroit où devaient se dérouler les compétitions. Ainsi, nos harnachements ne risquaient pas d'être endommagés ou salis durant le transport.

De son côté, Miss Parsons triait les livres et les cahiers qu'elle voulait emporter afin que mon absence de l'école ne me soit pas préjudiciable.

Wendell devait m'accompagner comme palefrenier. Nous avons fait monter les chevaux dans le wagon car l'heure de notre rendez-vous avec la machine de manœuvre de la Southern Pacific approchait.

— Relevez la rampe d'accès ! a crié Miss Parsons dès que nous nous sommes retrouvés tous les trois dans le wagon.

Elle redoutait et détestait les souris qui pullulaient dans toutes les gares de triage à cause des grains qui tombaient des wagons de céréales. Elle avait mis au point un programme complet d'extermination, et n'a jamais cessé de monter une garde vigilante.

A l'heure pile, la machine de manœuvre est venue chercher notre wagon pour le conduire sur la voie principale. Un peu plus tard, une légère secousse et le tintement du crochet d'attelage nous ont fait savoir que nous n'étions plus que l'un des nombreux wagons du train dont la locomotive haletait au loin, impatiente de nous entraîner à toute vapeur vers San Luis Obispo, Santa Barbara, Ventura et Los Angeles.

En regardant par les fenêtres grillagées, nous avons profité de l'extraordinaire spectacle de la traversée des montagnes, comptant jusqu'à quatorze tunnels. Longer la côte a été l'occasion d'une expérience totalement différente, celle de la beauté tranquille. Ensuite, bercés par le bruit rythmé des roues sur les voies, nous avons vaqué à nos occupations.

Wendell a vérifié le fer du pied antérieur gauche de Brownie, puis il s'est occupé des harnachements.

Miss Parsons était une perfectionniste. Elle affichait un peu partout des listes de règles et des règlements qu'elle nous demandait de relire chaque matin. Elle organisait mon emploi du temps de la journée et rédigeait elle-même des exercices supplémentaires. J'étudiais sur un petit bureau qu'elle avait installé, profitant généralement des arrêts, fréquents et prolongés, car elle craignait que le fait de lire et d'écrire pendant que le train roulait ne nous donne le mal des transports. Je travaillais souvent la nuit, et le lendemain Miss Parsons corrigeait mes devoirs et m'en préparait d'autres.

Lorsqu'elle ne chassait pas les souris, Miss Parsons partait en croisade contre la poussière ; mais à peine avait-elle fini d'essuyer que la poussière se redéposait sous ses yeux, comme pour la narguer.

Après avoir suivi le bord de mer à petite vitesse, nous avons atteint Los Angeles. Je n'en croyais pas mes yeux. Je n'avais jamais vu autant de gens entassés au même endroit. Toutes ces voitures et tous ces immeubles les uns à côté des autres me donnaient l'impression d'être sur une autre planète.

Nous sommes finalement arrivés à destination. Les compétitions qui se déroulaient à Pomona étaient toujours de premier ordre, très relevées et âprement disputées, et j'éprouvais une vive inquiétude. Parfois, je pouvais raisonnablement espérer emporter les épreuves auxquelles je participais, mais ici, à Pomona, c'était différent.

Le propriétaire des installations — M. Kellogg, dont le nom a été rendu célèbre par les corn-flakes Kellogg's — avait fait construire un embranchement qui les reliait directement au réseau de la Southern Pacific. Nous n'avons donc pas eu besoin de laisser notre wagon sur une voie de garage et de transporter chevaux et harnachements à pied d'œuvre. Une machine de manœuvre nous a poussés jusqu'à l'extrémité de l'embranchement, et nous nous sommes retrouvés au premier rang, juste en face de l'arène principale ; impossible de rêver mieux.

Les autres concurrents, qui avaient dû s'installer à plus d'un kilomètre de là, ont été stupéfaits de voir un gamin arriver, à bord de son propre wagon, au cœur des installations. L'effet psychologique a été très important. J'avais d'ores et déjà pris la *pole position.*

Au moment où nous avons abaissé la rampe d'accès, j'ai découvert du même coup l'arène de deux mille places et mes futurs adversaires, montés sur des chevaux de prix superbement harnachés. J'ai compris que ce serait difficile et qu'il me faudrait apporter à Brownie toute l'aide possible si nous voulions figurer parmi les premiers.

Brownie, lui aussi, a senti l'importance de l'événement. Un frisson lui a parcouru l'échine. Il était aussi tendu que moi. Grâce à ses origines — moitié aristocrate, moitié mustang —, il savait toujours se montrer à la hauteur de la situation.

Tandis que j'aidais Wendell à faire descendre les autres chevaux, des enfants se sont attroupés pour nous regarder. Ils ont continué à nous observer, impassibles, tandis que j'imposais à Brownie les mêmes exercices qu'à un athlète pour échauffer ses ligaments et ses tendons, faire circuler son sang un peu plus vite et recharger ses batteries après le confinement du long voyage.

J'ai senti qu'aux yeux de notre petit public, Brownie et moi étions « l'équipe visiteuse », l'adversaire.

A ce moment-là, mon attention a été attirée par ce qui se passait sur une piste voisine. Un cheval lancé au galop s'est arrêté dans un nuage de poussière soulevé par ses pieds postérieurs ramenés sous lui pour supporter tout l'effort de cet arrêt glissé. J'étais impressionné, mais également déprimé en pensant que c'était certainement là le futur vainqueur de la catégorie junior.

Je me suis avancé et j'ai constaté, avec soulagement, qu'il s'agissait d'un adulte et que nous ne concourrions donc pas dans la même catégorie. M'approchant plus près encore, j'ai reconnu Clyde Kennedy montant Rango, le cheval qui était alors champion de Californie du Sud des *reined cow horses*[1]. Je comprenais mieux pourquoi j'avais été impressionné. J'étais bien décidé à faire la connaissance de Clyde Kennedy.

J'ai reconduit Brownie dans le wagon en attendant le début de la *junior stock-horse class*. Confronté à des adversaires de ce calibre et impressionné par l'ambiance très professionnelle, je commençais à douter de nos possibilités. D'une certaine manière, la présence voyante du wagon, le fait que nous habitions sur les lieux rendraient tout échec d'autant plus cuisant. J'étais très inquiet.

Lorsque l'heure est arrivée, Wendell m'a amené Brownie. En le regardant venir vers moi à grandes enjambées, de sa démarche ferme et assurée, en voyant la petite étoile blanche sur son chanfrein, comme un troisième œil, j'ai su tout à coup que j'avais le meilleur cheval. Lorsque je me suis retrouvé en selle, j'ai posé ma main sur son encolure et senti son pouls lent et régulier. Pour me calmer, j'ai adopté son attitude confiante. J'avais douté de lui, mais à présent je ne doutais plus. Nous étions deux professionnels et nous étions là pour faire notre travail. Nous sommes entrés sur la piste.

Brownie avait un point faible : les huit, mais cette fois-là il a réussi exceptionnellement bien les changements de pied à la volée. C'était un bon début et je savais que Clyde Kennedy me regardait. J'avais une nouvelle idole et je voulais l'impressionner.

1. Sur les ranchs, chevaux de selle employés pour garder les troupeaux ; en compétition, chevaux de travail participant à des épreuves d'équitation western.

Lorsque nous en sommes arrivés aux arrêts glissés, Brownie a accompli les deux premiers sur une distance assez courte, mais la foule n'a pas réagi. Je n'oublierai jamais le troisième arrêt. Nous galopions au beau milieu de la piste lorsque j'ai demandé à Brownie de stopper :

— Holà !

Il a réussi un arrêt glissé parfait sur moins de trente mètres. Tandis que nous restions figés au milieu d'un nuage de poussière, la foule s'est levée en hurlant, comme pour saluer un essai lors d'un match de football américain. Il nous restait encore à effectuer le reculer et les déplacements latéraux, mais je savais que désormais tout se passerait très bien.

Clyde Kennedy nous attendait à la sortie pour féliciter Brownie de sa performance et pour me demander si j'avais un entraîneur. Je lui ai répondu que non, mais que je l'avais vu monter Rango un peu plus tôt et que je serais très heureux de prendre des leçons avec lui. Il m'a accompagné jusqu'au wagon et a jeté un œil à l'intérieur, surpris de voir les aménagements que nous avions réalisés.

Ce soir-là, Clyde Kennedy, Miss Parsons et moi sommes allés dîner à la cafétéria des employés du chemin de fer. A table, j'ai appris la rivalité existant entre Jimmy Williams, le champion local, et Clyde. Une rivalité qui devait se régler le lendemain ou le surlendemain.

Clyde a continué à me poser des questions au sujet du wagon. Miss Parsons était fière de lui expliquer que nous étions tenus de respecter strictement un petit budget, que le jeune Monty Roberts n'avait droit ni aux bonbons ni aux sodas, non monsieur, mais qu'il était autorisé, lorsqu'il avait été sage, à ouvrir la boîte dans laquelle étaient rangés les morceaux de cuir de récupération et à réparer une pièce de harnachement ; à condition que la collecte des bouteilles de Coca-Cola vides, dans le but de récupérer l'argent des consignes, lui laisse quelques loisirs. Clyde a secoué la tête, amusé.

Cette nuit-là, je n'ai pas réussi à fermer l'œil. Brownie était devenu l'idole du jeune public. Allongé sur ma couchette, j'entendais quelques-uns de ses admirateurs rôder autour du wagon en chuchotant, cherchant à l'apercevoir. Le lendemain, ils faisaient la queue pour lui rendre visite. Certains demandaient :

— Je peux donner une carotte à Brownie ?

Et d'autres :

— Je peux lui caresser le bout du nez ?

Par la suite, nous avons accumulé les rosettes, les éperons, les boucles de ceinture et toutes sortes de prix, mais Brownie ne paraissait pas étonné par cette célébrité, il semblait la considérer comme allant de soi. Ce n'était pas un cheval arrogant, bien au contraire ; mais il avait du caractère et ne se laissait pas impressionner facilement... sinon par un bout de papier.

La dernière journée de compétitions à Pomona a décidé de l'issue de la lutte pour la suprématie qui opposait Jimmy Williams et Clyde Kennedy. Devant deux mille spectateurs, ils se sont disputé le titre toutes catégories.

Jimmy a été très bien. Je ne me souviens plus du nom de son cheval, mais je me rappelle qu'il voltait dans un mouchoir de poche, isolait une bête d'un troupeau avec la rapidité et l'agilité d'un chien de berger, et s'arrêtait en soulevant des nuages de poussière que l'on pouvait voir à des kilomètres à la ronde, comme les signaux de fumée des Indiens. Et puis, le public était de son côté, ce qui ne gâtait rien.

Clyde Kennedy et Rango ont été superbes. Miss Parsons, Wendell et moi étions pratiquement leurs seuls supporters, mais Rango a exécuté les huit avec beaucoup de style, attaquant aussi aisément du pied droit que du gauche. Ses pirouettes étaient parfaites. Il tenait la tête et l'encolure bien droites, et ne croisait pas les antérieurs tandis qu'il pivotait dans les deux directions sur l'un de ses pieds postérieurs. Quant à ses arrêts glissés, j'avais déjà eu l'occasion de les admirer. Je n'ai pas été surpris que la victoire finale revienne à Clyde et Rango, mais je n'en étais pas moins excité. Nos applaudissements ont retenti au milieu du silence de la foule désappointée par la défaite de son favori.

Les compétitions terminées, nous avons fait remonter les chevaux dans le wagon et, après avoir relevé la rampe d'accès, nous avons attendu que la machine de manœuvre nous ramène sur la voie principale. Prochain arrêt : Tucson, Arizona. Plus de huit heures de voyage en perspective.

J'avais ma vie devant moi, et elle me semblait toute tracée, aussi simple et droite qu'une voie de chemin de fer.

J'ai eu, très récemment, l'occasion de revenir à Pomona. A soixante ans, vétéran des pistes de présentation, des arènes de rodéo et des champs de courses, je me suis retrouvé au beau milieu d'une étendue herbeuse. Ma femme m'accompagnait. Comme elle s'impatientait, je lui ai expliqué.

— Attends, je suis déjà venu dans le coin.

— Que veux-tu dire ?

— Je vais te montrer.

J'ai frayé un chemin à travers les broussailles et nous avons remonté la vallée sur quelques centaines de mètres. J'ai dit à ma femme :

— Je te parie qu'il y a par là une voie de chemin de fer désaffectée.

Elle m'a regardé comme si j'étais devenu fou, mais elle m'a tout de même emboîté le pas. Un peu plus loin, j'ai trouvé les rails. En donnant un coup de pied dedans, je me suis exclamé :

— Tiens, la voilà !

Nous sommes restés plantés là, regardant la ferraille rouillée que je venais de découvrir.

— Tu vois, je suis venu ici quand j'étais môme, et je suis arrivé par cette voie de chemin de fer.

Nous avons suivi les rails jusqu'à l'endroit où se situait autrefois l'arène principale. J'ai montré à ma femme l'emplacement de la grande tribune qui avait été démantelée. On pouvait encore discerner l'ovale de la piste car si la végétation avait recouvert et dévoré les barrières, elle n'avait pas réussi à les faire disparaître totalement.

Soudain, ces journées, vieilles d'un demi-siècle, me sont revenues à l'esprit très clairement, et j'ai revécu les moments de triomphe et d'excitation que j'avais connus. Les installations avaient peu à peu disparu, les événements qui s'y étaient déroulés ne vivaient plus que dans la mémoire de ceux qui y avaient pris part. Avant peu, il ne resterait plus rien de tout cela.

Nous nous tenions là tous les deux, mari et femme depuis quarante ans ; nous avions eu des enfants, ils avaient grandi et avaient eu des enfants à leur tour, et nos vies ne s'étaient pas déroulées en ligne droite. Nous étions heureux d'avoir atteint notre plein épanouissement, et fiers de nos souvenirs.

Lors des compétitions, Larry et moi étions habitués à ramasser les bouteilles de Coca-Cola vides et à les stocker dans le wagon pour récupérer ensuite l'argent des consignes. Mais, cette fois-là, je pensais avoir trouvé le moyen d'en collecter un grand nombre, et sans concurrence.

A Salinas, le premier rodéo de l'après-guerre s'est déroulé en 1947 au Competition Grounds. Cet événement colossal, étalé sur quatre jours, a probablement été la deuxième ou troisième manifestation équestre des États-Unis cette année-là.

La grande tribune pouvait accueillir vingt-cinq mille spectateurs. C'était une énorme structure avec un mur en béton sur trois côtés. Les gradins en bois s'appuyaient sur le haut du mur arrière et descendaient en pente douce jusqu'au sol, créant un vaste espace prismatique dont l'accès était interdit au public. Les grandes portes métalliques qui se trouvaient sur le mur du fond étaient toujours soigneusement fermées.

Peu de temps avant le rodéo, je suis allé trouver Doc Leach pour lui faire une proposition. Doc Leach était notre dentiste, mais, à cette époque-là, il remplissait également les fonctions de président de l'association chargée de la gestion du Competition Grounds. C'était un des membres les plus éminents de notre communauté. Il était petit, portait des lunettes et avait un sens de l'humour très développé. De plus, il avait toujours été très gentil avec nous, les frères Roberts. Il nous avait souvent proposé un dollar pour nous occuper de son cheval, puis nous en avait donné deux en voyant que nous avions fait du si bon travail. Cette escalade de la perfection était devenue un sujet de plaisanterie entre nous, et nous étions curieux de voir jusqu'où elle pourrait aller.

Cette fois-ci, j'avais un projet plus élaboré à lui soumettre. Je suis allé le trouver en sa qualité de président de l'association gestionnaire du Competition Grounds et je lui ai demandé :

— Docteur, qui doit nettoyer sous les gradins de la grande tribune après le rodéo ?

Il n'y avait pas vraiment réfléchi.

— Nous avons une équipe de nettoyage, mais personne n'a évoqué ce problème.

M'efforçant de parler d'une voix ferme, je lui ai proposé nos services :

— On le fera, Larry et moi. On ne demande pas à être payés, seulement à pouvoir garder les pièces de monnaie et tout ce qu'on récupérera.

Il n'était pas convaincu.

— Il va vous falloir beaucoup trop de temps.

— Je vous promets qu'on fera ça vite et bien, et qu'on ratissera le sol pour qu'il ne reste ni papiers gras, ni verre cassé.

Il semblait sceptique et se demandait bien pourquoi nous étions prêts à faire un tel travail pour quelques pièces de monnaie, mais il a fini par accepter :

— Eh bien, si vous le désirez, allez-y, c'est d'accord.

Doc Leach ne pouvait pas deviner que j'étais intéressé par les bouteilles de Coca-Cola qui tomberaient entre les gradins. Il n'était pas au courant du système de la consigne, qui n'existait pas avant la guerre, et, de toute manière, il n'était certainement pas du genre à boire du Coca-Cola, c'était quelque chose de beaucoup trop nouveau pour lui.

Le lendemain du rodéo, j'ai commencé à douter de la réussite de l'opération. Nous n'avions pas encore ouvert les portes et nous ignorions donc le montant de notre butin. J'avais demandé à mon père de me mettre en contact avec un représentant de l'usine d'embouteillage Coca-Cola la plus proche, parce que j'avais prévu que nous aurions besoin d'un grand nombre de casiers en bois et d'une file de camions pour les emporter. J'avais imaginé une activité de fourmilière supervisée par Larry et moi.

L'envoyé de Coca-Cola, un certain M. Carlson, nous a expliqué que leur clientèle avait très vite assimilé le principe de la consigne et parfaitement compris quel était son intérêt. Il pensait que nous ne trouverions pas beaucoup de bouteilles sous les gradins. La plupart des gens avaient dû emmener un sac avec eux pour y placer leurs bouteilles vides et récupérer ainsi l'argent de la consigne. Il craignait que nous ne nous donnions beaucoup de mal pour pas grand-chose.

Lorsque nous avons ouvert les portes, nous avons découvert un spectacle ahurissant. Le sol était couvert d'ordures jusqu'à hauteur de cheville, et les rayons du soleil, filtrant à travers les gradins, projetaient de larges bandes de lumière sur cette accumulation d'immondices.

Nous avons pataugé dans une mer de papiers gras, impatients de trouver notre première bouteille et de la placer dans un rayon de soleil pour voir si elle était cassée. Elle ne l'était pas. Ni la deuxième ni les suivantes. En fait, nous n'avons pas rencontré une seule bouteille endommagée ce matin-là. Nous étions rassurés.

Il nous a fallu deux mois et demi pour venir à bout du nettoyage et tenir nos engagements, en travaillant surtout la nuit pour ne pas entraver le bon déroulement du programme d'activités établi par mon père.

Nous avons récupéré ainsi quatre-vingt mille bouteilles intactes et, comme je l'avais imaginé, il a fallu un convoi de camions pour emporter le tout. Cela représentait une bouteille intacte par ticket vendu au cours des quatre jours qu'avait duré la manifestation, et l'opération nous a rapporté huit cents dollars chacun ; une petite fortune à l'époque.

Nous n'avons trouvé, en tout et pour tout, qu'un millier de bouteilles endommagées, un chiffre qui représente un bel hommage à la qualité du verre utilisé alors par Coca-Cola, car les sièges les plus élevés se trouvaient à une quinzaine de mètres du sol.

Doc Leach a rédigé un article à ce sujet pour le journal local. Il y reconnaissait bien volontiers son erreur et nous accusait d'être des hommes d'affaires qui avions abusé de la naïveté d'un vieux bonhomme comme lui. Il regrettait que l'association qu'il présidait soit privée de cette source de revenus, admirait l'ingéniosité avec laquelle les frères Roberts avaient négocié l'accord, longtemps à l'avance, et confirmait qu'il tiendrait ses engagements. Je pense qu'il a dû beaucoup rire de toute cette histoire.

Mais il ne fallait pas compter sur lui pour faire deux fois la même erreur. Les années suivantes, le contrat signé avec l'équipe de nettoyage stipulait qu'elle était tenue de s'occuper du dessous de la grande tribune mais que les revenus provenant des récupérations de toutes sortes devaient aller à l'association gestionnaire du Competition Grounds.

M. Carlson, le représentant de Coca-Cola, étant devenu par la suite propriétaire de plusieurs chevaux, je me suis occupé de l'entraînement de certains d'entre eux, et j'ai été amené à participer à des films publicitaires pour Coca-Cola.

Je n'ai pas besoin de faire un gros effort pour me souvenir du sentiment de réussite que nous avons éprouvé à ce moment-là, en gagnant tout cet argent au nez et à la barbe de Doc Leach, alors que nous n'avions que onze et douze ans.

En 1947, Doc Leach avait eu beaucoup de mal à se procurer des mustangs pour la « course de chevaux sauvages » qui était un élément important du rodéo de Salinas.

Quelques années auparavant, cela aurait été facile. Il aurait suffi qu'il téléphone aux personnes habituelles et leur dise :

— Allez, les gars ! J'ai besoin de cent cinquante mustangs pour le 1er juillet.

Et il aurait eu ses chevaux à l'heure dite. Mais la guerre avait été une grosse consommatrice de viande de cheval, et le nombre de mustangs avait diminué de façon significative. En 1947, les troupeaux qui parcouraient autrefois le nord de la Californie, le sud de l'Oregon et le Nevada avaient été réduits des deux tiers et s'étaient presque tous repliés au Nevada. Les appels téléphoniques de Doc Leach n'avaient eu aucun écho.

— Quels mustangs ? avaient demandé les propriétaires des ranchs contactés. Venez par ici et voyez par vous-même si vous pouvez en trouver.

La Salinas Rodeo Association avait rassemblé à grand-peine tout ce qui lui était tombé sous la main, et la course de chevaux sauvages avait été passablement insipide, les quelques mustangs présentés étant dépourvus des qualités athlétiques nécessaires, trop âgés pour le rôle qu'on leur demandait de jouer, et bien incapables d'opposer une résistance propre à satisfaire des fans de rodéo.

En 1948, j'ai pensé que l'occasion se présentait de faire d'une pierre deux coups : proposer à Doc Leach un marché qui lui permettrait de refaire la réputation de la course de chevaux sauvages, tout en sauvant la vie d'une centaine de mustangs. Je savais que les années précédentes, après avoir participé à la course en question, les chevaux devenus inutiles avaient été envoyés à l'abattoir de Crow's Landing avant d'être transformés en pâtée pour chiens.

J'aurais aimé, d'une façon ou d'une autre, en tirer un meilleur parti...

J'étais encore tout auréolé de mon succès dans l'affaire des bouteilles de Coca-Cola lorsque je suis allé lui faire ma proposition :

— Que diriez-vous si Larry et moi on allait au Nevada capturer des mustangs ?

Les sourcils de Doc Leach ont sauté au-dessus de ses lunettes.

— Et comment irez-vous jusque là-bas ? A pied ?

— Non, on s'est fait un tas d'amis dans le secteur à l'occasion de nos tournées. Je sais qu'on pourrait demander de l'aide au ranch Campbell. On pourrait aussi transporter nos propres chevaux en camion, puisque Tony Vargas a son permis poids lourds, et faire ce travail-là pour vous, monsieur.

Tandis qu'il réfléchissait, j'ai ajouté :

— Je sais qu'on peut le faire, Larry et moi.

— Tant mieux pour vous.

— Avec quelques-uns des hommes du ranch Campbell, on pourrait aller dans les montagnes et capturer cent cinquante têtes...

— Des têtes de quoi, de poulets ou de chevaux ?

— Des mustangs robustes et en bonne santé, docteur Leach.

Comme je l'ai déjà dit, il avait un sens de l'humour très développé, mais je détestais sa façon de ne pas nous prendre au sérieux. Après tout, nous avions eu le dernier mot dans l'affaire des bouteilles consignées.

— Ensuite, on demanderait à Irvin Bray de ramener les mustangs au Competition Grounds, et Larry et moi, on s'en occuperait jusqu'au jour du rodéo. Ils seraient fin prêts, et sur place.

Doc Leach a fait passer sa pipe d'un coin de sa bouche à l'autre, et a cligné des yeux à deux reprises. Je l'ai laissé réfléchir à ma proposition. Finalement, il m'a demandé :

— Qu'avez-vous derrière la tête, tous les deux ?

— On a pensé qu'après le rodéo on pourrait dresser ces mustangs et peut-être, ensuite, organiser une vente aux enchères. Ces chevaux méritent mieux que de servir de nourriture au Corbeau.

« Servir de nourriture au Corbeau » était l'euphémisme utilisé pour parler des animaux envoyés à l'abattoir de Crow's Landing[1]. J'ai expliqué à Doc Leach que pas un seul mustang ne finirait à l'abattoir cette année-là.

— Quand on les présentera sur la piste et qu'on les montera, mon frère et moi, beaucoup trouveront acheteur et feront d'excellentes montures, monsieur.

Il réfléchissait encore. J'ai ajouté :

— Ça laissera peut-être même un bénéfice à l'Association. En tout cas, ça vaudra mieux que le prix qu'en donne l'abattoir.

Depuis qu'il s'était senti le dindon de la farce dans l'histoire des bouteilles de Coca-Cola, Doc Leach se méfiait un peu des frères Roberts, et, pendant un moment, il a retourné cette proposition dans tous les sens, cherchant le vice caché. N'en ayant pas trouvé, il a fini par donner son accord :

— O.K. On ne risque rien à essayer. Nous verrons bien ce que vous pouvez faire. Ça ne peut pas être pire que l'an passé.

Nous nous sommes finalement mis d'accord sur le fait que le produit de toutes les ventes servirait d'abord à rembourser les investissements effectués par l'Association, puis que le bénéfice net serait divisé en deux moitiés, la première revenant à l'Association, la seconde étant partagée équitablement entre mon frère et moi.

1. *Crow* : corbeau.

Je l'ai remercié et assuré que nous saurions mériter sa confiance. Il a acquiescé d'un signe de tête et a offert d'appeler Irvin Bray pour le charger de s'occuper du voyage de retour.

Au moment de prendre la route du Nevada pour capturer cent cinquante mustangs, Larry et moi avions respectivement douze et treize ans. Cette équipée devait se révéler être la chance de ma vie : l'occasion d'étudier les chevaux vivant en troupeaux, à l'état sauvage.

Pendant trois années, jusqu'à mes quinze ans, j'allais traverser la Sierra Nevada tous les étés pour gagner le désert et vivre pendant plusieurs semaines parmi les troupeaux de chevaux sauvages qui parcouraient la vaste étendue vide s'étendant au nord de Battle Mountain; une zone qualifiée de « terre fédérale » parce qu'elle est la propriété du Bureau of Land Management[1].

Cette expérience m'a permis de commencer à étudier un « langage » silencieux, que j'ai appelé par la suite *equus,* et d'élaborer les théories de base qui allaient me permettre de définir, avec précision et de façon convaincante, les principes fondamentaux de l'œuvre de ma vie.

En juin 1948, Dick Gillott, Tony Vargas, Larry et moi avons chargé nos montures et nos harnachements dans un camion avant de prendre la direction du nord-est. Nous avons zigzagué au flanc des contreforts, puis escaladé la Sierra Nevada en empruntant des routes ouvertes par mes ancêtres à travers des paysages durs et austères.

Au-delà de Battle Mountain, nous avons atteint le désert et notre destination : le ranch Campbell.

L'air était plus léger; c'est ce que j'ai remarqué

1. Service de l'Aménagement du territoire.

tout d'abord en ouvrant en grand la portière du camion. Je suis descendu de la cabine et j'ai su, au premier coup d'œil, que cette région ne ressemblait à rien de ce que j'avais vu jusque-là. Les quatre horizons supportaient un ciel immense qui nous dominait de beaucoup plus haut que partout ailleurs, nous donnant l'impression d'être sur une autre planète. Le sol était soyeux et frais au petit matin, mais brûlant à midi ; le paysage était lunaire, couvert d'herbes rêches et de broussailles, et coupé de *barrancas*[1] envahies d'arbres rabougris. Quelque part dans ce désert, dans cette vaste zone de nature sauvage, se trouvaient les chevaux que nous cherchions.

Le ranch Campbell employait quelques Indiens qui avaient été désignés pour nous prêter main-forte. Je m'attendais à ce qu'ils préconisent la méthode dont mon oncle Ray m'avait parlé quatre ans plus tôt, mais je me trompais. Ils utilisaient une autre technique qu'ils nous ont expliquée en détail.

A quatre-vingts kilomètres du ranch, ils avaient repéré une *barranca,* que les mustangs avaient l'habitude d'emprunter, et ils avaient construit tout au bout une sorte de corral de quatre cents mètres de long. Vu du ciel, ce corral avait la forme d'un trou de serrure, car les deux côtés convergeaient progressivement vers un étroit passage débouchant sur un vaste enclos circulaire. Les poteaux et le grillage étaient dissimulés par de la sauge et des broussailles.

Deux jours nous furent nécessaires pour parvenir sur les lieux. Une fois arrivés, les Indiens nous ont fait faire le tour de leur piège et nous ont expliqué comment canaliser les mustangs vers l'entrée de

1. *Barrancas* : ravines, petits cañons.

l'entonnoir, puis les pousser vers le fond et les faire entrer dans l'enclos circulaire où ils ne pourraient plus que tourner en rond. Ensuite, il suffirait de barrer l'étranglement du « trou de serrure ».

Mais il fallait commencer par le commencement, c'est-à-dire par trouver les chevaux. Même en scrutant attentivement, à l'œil nu ou avec des jumelles, la surface du plateau fissuré et cuisant au soleil qui s'étendait devant nous, on n'en voyait pas un seul.

Les Indiens nous ont indiqué une direction, puis une autre, et comme il était difficile de savoir où se trouvaient les mustangs, ils n'ont pas demandé mieux que de nous autoriser, Larry et moi, à partir en éclaireurs pour jouer les rabatteurs. Ils avaient autre chose à faire en attendant, mais ne manqueraient pas de venir nous aider dès qu'ils nous verraient approcher.

Bien sûr, j'avais amené Brownie, mais également deux autres chevaux de selle, Sergeant et Burgundy. Le terrain étant difficile, en particulier à cause des *barrancas,* j'avais économisé Brownie le plus possible, le tenant par la bride la plupart du temps et montant Sergeant ou Burgundy.

Nous nous sommes préparés minutieusement et nous avons chargé nos provisions sur les deux chevaux de bât. J'étais impatient de partir car je prévoyais que cette chevauchée serait l'aventure de ma vie.

Au moment où Brownie a fait son premier pas sur cette terre crevassée et assoiffée, j'ai eu un pressentiment : après tout, c'était la terre de ses origines, sa mère était une femelle mustang, et je ne pouvais pas m'empêcher de penser que quelque chose allait m'être révélé. Il avait une bonne nature et était solide — exception faite de ses problèmes avec le papier — et l'assurance avec laquelle il m'a entraîné sur son territoire natal m'a donné à penser qu'il savait quelque chose que j'ignorais, mais que je n'allais pas tarder à découvrir.

Nous avons levé le camp à l'aube. L'air était léger et glacial, et nous nous sommes hâtés de piétiner les restes de notre feu et de les recouvrir de terre, appréciant cette activité qui nous permettait de nous réchauffer. Nous avions dormi tout habillés. Nous nous sommes mis en selle et, au moment où nous pelions l'orange que notre mère nous avait conseillé de manger quotidiennement, le soleil s'est levé, semblable à un disque doré, d'abord timide puis de plus en plus brûlant au fur et à mesure que la matinée s'avançait.

Les choses ont commencé à se gâter — comme je n'allais pas tarder à m'en rendre compte — dès que nous avons aperçu le premier troupeau de chevaux sauvages : une cinquantaine de têtes au total.

Brownie a senti leur odeur tandis que nous franchissions une *barranca* dont les pentes étaient jonchées des habituels rochers auprès desquels des arbres rabougris s'efforçaient de trouver un abri et un peu d'humidité. Même si les crues subites creusaient des sentiers sur les flancs et au fond de ces cañons, ils n'en demeuraient pas moins difficiles à franchir à cheval. Brownie traînait les pieds, essayant de reporter son poids sur ses jarrets pour mieux supporter l'effort imposé par la descente. Quand il s'est arrêté net, concentrant son attention sur quelque chose que je ne pouvais ni voir ni entendre, j'ai compris à son calme, et au fait qu'il brûlait de se diriger dans la direction vers laquelle ses oreilles pointaient, qu'il avait flairé un troupeau de ses frères et sœurs, les mustangs du nord du Nevada.

C'est lorsque nous les avons aperçus — ils

avaient senti notre présence et s'éloignaient déjà — que la divergence entre les intentions de Larry et les miennes est devenue évidente. A juste raison, Larry voulait les poursuivre et les rabattre vers le ranch. Comme il nous fallait parcourir quatre-vingts à quatre-vingt-dix kilomètres, nous n'avions pas de temps à perdre pour respecter notre programme.

Pour ma part, j'aurais préféré abandonner la poursuite et me contenter de les observer. Il y avait quelque chose d'envoûtant dans leur comportement familial. L'étalon dominant se détachait du troupeau ; l'allure noble et fière, il décrivait des cercles en levant la queue et hennissait pour signaler notre approche. J'aurais voulu me fondre dans le décor et voir sans être vu pour ne pas les perturber.

Je m'étais si totalement rangé de leur côté que j'en arrivais à désirer être l'un des leurs. Ces chevaux n'étaient pas seulement les frères et les sœurs de Brownie, mais également les miens, autant que Larry. Je voulais les comprendre, car j'étais de plus en plus persuadé de ne pas en savoir autant à leur sujet que je le pensais.

Cependant nous n'étions encore que des enfants, et nous devions tenir nos engagements. Il m'était donc impossible d'exprimer ce désir ardent d'abandonner la poursuite pour faire quelque chose de complètement différent. Ce conflit non exprimé a donné lieu à un compromis tacite. Larry n'a pas cessé de me harceler ; je l'ai retardé de mon mieux. Résultat : aucun de nous deux n'a eu ce qu'il souhaitait.

Tandis que le troupeau fuyait devant nous, nous précédant d'un bon kilomètre, je n'ai rien observé de nouveau. Les cris perçants des juments mécontentes exprimaient la colère. Il y avait aussi le hennissement particulier du cheval qui essaie d'attirer l'attention. Tous ceux qui se sont trouvés dans une écurie à l'heure de la distribution de nourriture connaissent ce petit hennissement du cheval qui demande à être servi en priorité.

Dès que nous forcions l'allure, nous entendions les appels que lançaient les poulains pour signaler leur position et localiser leur mère, comme le font les jeunes animaux de toutes les espèces.

Ces signaux, et beaucoup d'autres, sont connus de tous ceux qui ont affaire aux chevaux. Un cheval qui tient la tête haute et incline ses oreilles vers l'avant s'intéresse à quelque chose qui est devant lui à une certaine distance. La tête basse et les oreilles penchées en avant dénotent un intérêt pour quelque chose qui se trouve à proximité et au niveau du sol.

La tête en position normale, avec une oreille vers l'avant et l'autre vers l'arrière, signifie : j'observe ce qui se passe devant moi tout en surveillant ce qui pourrait se produire derrière moi.

La position et les mouvements des oreilles des mustangs nous renseignaient en permanence sur les préoccupations du troupeau. Lorsque leurs oreilles étaient au repos, cela signifiait qu'ils ne craignaient pas pour leur sécurité et se désintéressaient de notre présence.

Par contre, si un cheval couche les oreilles en arrière, c'est qu'il est en colère, peut devenir agressif et dangereux, et ne va pas tarder à décocher une ruade.

Une ou deux fois, nous avons vu l'étalon dominant coucher ainsi les oreilles, tendre l'encolure et la tête au maximum dans le prolongement de son échine pour former comme un rostre dont le bout du nez aurait été la proue. Ses yeux viraient au gris acier, il avait les jambes raides, la démarche gauche, et il devenait évident que ses testicules avaient atteint leur plein développement. Seuls les mâles possédant le potentiel physique et sexuel nécessaire pour imposer leur domination ont ce genre de comportement.

Tandis que nous décrivions des cercles autour du troupeau pour le forcer à se regrouper et à prendre la direction du piège qui avait été préparé dans la *barranca,* j'ai découvert que le champ de vision d'un cheval est proche de trois cent soixante degrés, avec seulement un angle mort de quelques degrés vers l'arrière.

En voyant l'étalon jouer son rôle de protecteur du troupeau et harceler les juments pour leur imposer sa tactique défensive, nous avons eu confirmation du fait qu'un cheval qui fouette l'air avec sa queue n'est ni content ni heureux. Un entraîneur qui abuse des éperons et de la cravache risque fort d'avoir des chevaux dont la queue joue les métronomes ; au cours des présentations équestres qui se déroulent dans l'ouest des États-Unis, un cheval qui agite la queue pendant sa prestation sera fortement pénalisé.

Mais surtout, ce qui m'a été confirmé durant ce premier voyage au Nevada — jusqu'à s'inscrire de manière indélébile, se graver dans mon cerveau —, c'est qu'il existe deux catégories d'animaux : les combatifs et les fuyards ; et le cheval entre dans la seconde catégorie. Je le savais déjà, mais je n'ai compris à quel point c'est vrai qu'en voyant le troupeau de mustangs s'efforcer de maintenir plus d'un kilomètre de distance entre lui et nous.

Il est bon de se souvenir qu'à la moindre occasion un cheval peut avoir envie de vous dire : « Je ne veux pas rester à côté de toi, je me sens en danger. Je veux m'éloigner de toi et prendre la fuite. »

Un animal fuyard se préoccupe avant tout de sa survie, et la peur est sa meilleure sauvegarde. Il ne faut pas perdre cela de vue lorsque l'on a affaire à un cheval, sinon, on risque de mal interpréter son comportement et ses réactions.

L'homme, par contre, est un animal combatif qui ne pense qu'à chasser les autres animaux et à les dominer, pour s'en nourrir ou pour les utiliser.

L'homme et le cheval se situent donc aux deux extrémités de l'éventail des espèces, l'un parmi les plus combatifs, l'autre parmi les plus fuyards. S'il veut gagner la confiance du cheval et susciter sa bonne volonté, l'homme doit parcourir au moins la moitié du chemin. C'est à lui, et à lui seul, de prendre l'initiative de ce rapprochement, de franchir la barrière qui les sépare, mais il ne peut y parvenir qu'en méritant la confiance qu'il cherche à obtenir et en se gardant bien de profiter du fait que le cheval est un animal peureux.

Ce premier voyage au Nevada m'a appris également que j'avais besoin de beaucoup plus de temps pour parvenir à une connaissance approfondie du comportement des chevaux à l'état sauvage. J'avais déjà fait un progrès : je savais ce que je voulais. Le problème, c'était que je ne pouvais pas l'obtenir dans ces conditions.

Après avoir parqué plusieurs troupeaux de chevaux sauvages dans la *barranca,* nous avons prévenu la personne qui devait se charger du transport. Les camions nous ont rejoints en empruntant des pistes en terre et nous y avons fait monter les mustangs pêle-mêle, sans procéder à la moindre sélection ; non seulement les jeunes mâles, mais les juments qui allaitaient encore et les animaux âgés. Je dois bien admettre que nous manquions d'expérience.

En revanche, j'avais ma petite idée sur ce que je ferais dès que j'aurais l'occasion de revenir dans les parages.

Dick, Tony, Larry et moi sommes rentrés au Competition Grounds à la tête du convoi de camions qui transportait notre butin : cent cinquante mustangs hennissant, piaffant et ruant à qui mieux mieux.

Nous avons abaissé les rampes d'accès des remorques, et ils se sont rués vers leur nouvel habitat : un corral entouré de grillage et cerné d'écuries et de constructions en tout genre, dont l'arène où ils devraient courir un mois plus tard devant des milliers de spectateurs. Ils se sont ébroués, ont soufflé et tourné en rond, surpris par l'exiguïté de leur nouveau territoire, si différent du désert du Nevada.

Je me suis précipité vers la maison, fier de raconter à mes parents ce que nous avions fait. J'étais surtout impatient de leur parler de mes projets pour l'année suivante.

— Tu sais, 'man, je partirai plus longtemps l'an prochain, et comme ça je pourrai voir comment ils vivent réellement. Ils ne se rendront même pas compte de ma présence.

Ma mère était ouverte à mes idées et m'écoutait attentivement.

— Et qu'est-ce que tu penses découvrir ?

— Je n'en sais trop rien. Peut-être la façon dont ils communiquent entre eux, dans leurs familles. C'est ce que j'espère.

— Eh bien, je te souhaite de réussir.

Mon père, lui, n'était pas content du tout.

— Tu vas découvrir que les nuits sont froides et les journées chaudes, et que ces mustangs se moquent bien de toi et de tes lubies ; rien de plus.

Il restait persuadé que les chevaux ne comprenaient que la force.

— Si tu ne leur fais pas de mal, ce sont eux qui t'en feront.

En ce qui concernait les cent cinquante mustangs que nous avions capturés, nous, les humains, nous apprêtions à leur faire beaucoup de mal en les obligeant à participer à la course de chevaux sauvages de Salinas.

Je ne sais pas combien il y avait de spectateurs ce jour-là, mais cette course était l'une des attractions les plus populaires du rodéo, la grande tribune était comble, et les gens étaient prêts à hurler, brailler et taper des pieds.

Larry et moi étions au premier rang de la cohue qui se pressait contre le grillage. Nous voulions voir ce qui allait arriver à nos chevaux.

Au milieu de la piste, il y avait un certain nombre d'équipes de trois hommes, et tous avaient revêtu la grande tenue du cow-boy. Ils risquaient tout autant que les chevaux d'être blessés, et ils étaient certainement très nerveux, car ils ne restaient pas en place. Les équipes se tenaient à distance respectueuse les unes des autres, attendant qu'on leur amène les chevaux sauvages.

A la minute où des membres du comité d'organisation ont fait leur entrée sur la piste, à cheval, traînant chacun un mustang au bout d'une corde de cinq mètres attachée au pommeau de leur selle, la foule s'est mise à beugler des hourras. D'autres cavaliers venaient derrière les mustangs, s'efforçant de les faire avancer.

Nos chevaux sauvages ruaient et couraient dans tous les sens en tirant sur la corde qui les retenait prisonniers. En voyant cela, les spectateurs poussaient des cris de joie et des hurlements hostiles, faisant grimper leur taux d'adrénaline à des niveaux record.

Alors les membres du comité d'organisation ont remis entre les mains du premier homme de chaque équipe, le plus lourd et le plus fort, appelé « l'ancre », la corde au bout de laquelle était attaché un des mustangs.

Enfonçant leurs talons dans la poussière, les ancres se sont plantées bien solidement sur leurs jambes pour tenter de faire tenir en place ces animaux sauvages de près de quatre cents kilos qu'on venait de leur confier.

Le deuxième homme de chaque équipe s'appelle « l'agresseur » et son rôle est le plus dangereux des trois. Il doit avancer, une main après l'autre, le long de la corde tendue, ballotté par le mustang qui se débat sauvagement. Arrivé à bonne distance, il lui faut essayer de sauter à l'encolure de l'animal, l'obligeant à baisser la tête, lui saisir la lèvre supérieure et la pincer fortement, lui causant une douleur telle qu'il ne pense pas à s'occuper du troisième homme qui va tenter de lui mettre une selle sur le dos.

J'avais le cœur au bord des lèvres en voyant la bataille faire rage. Certains des agresseurs avaient dû lâcher prise avant de parvenir au bout de la corde, d'autres avaient réussi à s'accrocher à l'encolure du mustang et luttaient avec lui comme s'il s'était agi d'une bagarre dans un bar.

Le troisième homme de chaque équipe, le « cavalier », se précipitait à la moindre occasion pour tenter de seller le cheval. Le bruit et la confusion étaient à leur comble et j'avais les nerfs en pelote. Plusieurs concurrents boitaient bas, trop mal en point pour pouvoir continuer, et des remplaçants s'avançaient pour prendre leur place. Un des agresseurs fut retiré, inconscient, de sous les pieds d'un mustang et emporté sur une civière.

Les quelques cavaliers qui étaient parvenus à boucler les sangles et à se mettre en selle essayaient de s'y maintenir assez longtemps pour que l'ancre de leur équipe puisse leur passer la corde qui allait leur servir de bride ; car il leur restait encore à disputer une course de huit cents mètres en utilisant tous les moyens à leur disposition — les cris, la corde, les éperons, et toutes les brutalités possibles et imaginables — pour contraindre leur monture à se diriger dans la bonne direction.

J'étais excité par ce spectacle comme tout garçon de treize ans élevé dans la culture du rodéo, mais, en même temps, cette cruauté folle me répugnait. Il y eut quelques chutes terribles et j'en ressentis l'impact comme si je les avais subies personnellement. Un des chevaux, je l'appris plus tard, s'était brisé la mâchoire.

Chaque fois qu'un mustang tombait et se tordait de douleur sur le sol, une voix énervée criait dans mon dos :

— De la nourriture pour le Corbeau !

Pendant toute la durée de la course, le grondement de la foule a doublé de volume. La tête basse, les oreilles couchées en arrière, les mustangs couraient pour sauver leur vie. Ils ont accompli un tour de piste et le cavalier qui montait le gagnant a levé la main en signe de victoire, attendant que sa monture ralentisse suffisamment pour pouvoir en descendre, et venir faire face à la foule de la grande tribune qui l'acclamait debout. Son visage exprimait une excitation et un sentiment de triomphe extrêmes.

La course de chevaux sauvages de Salinas cause chaque année la mort de plusieurs mustangs et je pense qu'elle devrait être interdite.

Au bout du compte, il nous restait un peu moins de cent cinquante mustangs. Nous les avons conduits aux Green Corrals où ils ont été contents de retrouver un peu de calme après le traumatisme du rodéo.

Mais nous ne leur avons pas laissé le temps de se reposer très longtemps. Ils devaient être vendus aux enchères en octobre, et nous avions tout juste soixante jours pour en dresser le plus grand nombre possible. Si nous ne parvenions pas à tenir nos engagements vis-à-vis de Doc Leach et à faire que les mustangs aient plus de valeur vivants que morts, ils seraient envoyés à Crow's Landing.

Larry et moi avons décidé d'un commun accord que je m'occuperais des deux tiers des mustangs tandis qu'il se chargerait du tiers restant. Ma principale préoccupation était de cacher à mon père ma nouvelle façon de procéder. Je voulais continuer à expérimenter ces techniques de communication qui me passionnaient, et commencer à perfectionner une méthode utilisant le respect et la coopération du cheval, plutôt que la domination, la servitude, la cruauté et les brimades.

Je pensais qu'il était important de faire ce choix, non seulement à cause du peu de temps dont nous disposions, mais également parce que je sentais que j'avais découvert quelque chose de tout à fait nouveau qui allait changer la façon dont les humains se comportaient avec les chevaux.

Comme l'enclos dans lequel je travaillais se trouvait placé entre deux écuries qui le dissimulaient à la vue, mon père n'a pas pu se rendre compte que je mettais au point une méthode différente de la sienne.

Même si mes séjours successifs au Nevada allaient me permettre d'améliorer cette méthode de manière spectaculaire, elle était déjà à ce moment-là totalement différente de celle consistant à briser les chevaux, car le verbe « briser » implique une volonté de domination, l'emploi de la violence et l'acceptation des dommages qu'elle provoque.

J'ai décidé de changer la terminologie. A compter de ce jour, il ne s'agissait plus pour moi de « briser » un cheval, mais de « l'entreprendre ». Mon but était de faire tout le contraire du *sacking-out*. Puisque celui-ci se proposait d'inspirer la peur, je voulais inspirer la confiance. Puisqu'il nécessitait l'usage de cordes pour lier la tête et les jambes du cheval, je me refusais à en utiliser. Je me souviens du moment capital où j'ai réalisé que je pouvais « mener un cheval à la longe » sans avoir besoin de le tenir au bout d'une corde.

Le *sacking-out* supposait l'usage de punitions physiques et de brimades, je n'utiliserais donc jamais de fouet, et je ne frapperais jamais un cheval, ni avec le pied ni avec la main. En résumé, au lieu de dire aux jeunes chevaux : « Vous devez », j'avais envie de leur demander : « Voulez-vous ? »

J'expliquerai un peu plus loin — lorsque j'en viendrai à parler d'un événement étonnant qui allait changer ma vie et celle de pas mal de chevaux — où, quand et comment ces idées m'étaient venues. Pour le moment, il me suffit de dire que je savais qu'il était possible d'entreprendre un cheval en gagnant sa confiance et en sollicitant sa coopération. Depuis le tout début, je n'en avais jamais douté. Ma technique était encore fruste et malhabile, mais j'obtenais des résultats.

Après avoir entrepris tous mes mustangs, j'ai recruté quatre ou cinq de mes meilleurs élèves afin qu'ils les montent pour moi, ce qui m'a permis d'avoir environ quatre-vingts mustangs prêts à la date prévue, sur la centaine dont j'avais promis de m'occuper. Les élèves qui m'ont prêté main-forte étaient tous volontaires et, ensemble, nous avons appris énormément de choses de chacun des chevaux que nous avons préparés. J'ai eu vraiment l'impression d'avoir réussi quelque chose.

Le jour de la vente, j'ai présenté mes chevaux sur la piste, mon frère a présenté les siens — une trentaine — et nous avons ramassé presque six mille dollars. Doc Leach a été très satisfait du résultat. Non seulement l'association qu'il présidait était rentrée dans ses frais — cinq mille dollars environ — mais elle avait réalisé un petit bénéfice de cinq cents dollars. Une amélioration substantielle par rapport aux pertes subies l'année précédente.

Larry et moi étions beaucoup moins contents, financièrement parlant s'entend. Nous n'avons touché que deux cent cinquante dollars chacun pour deux mois de travail. Même à l'époque, il n'y avait pas de quoi se vanter.

Doc Leach a certainement eu l'impression de prendre sa revanche. J'aurais aimé lui dire qu'avec ce que j'avais commencé à apprendre durant ces deux mois, le gagnant c'était encore moi.

— Larry, ça t'ennuierait de ne pas être de la partie cette année ?

Je l'ai regardé réfléchir. C'était mon cadet et nous faisions un tas de choses ensemble. Il aurait pu ne pas être d'accord pour que je retourne seul au Nevada capturer des mustangs ; mais je savais qu'il n'avait pas envie d'y aller. Il a levé les yeux vers moi.

— Non, c'est O.K.

Il fallait que je parle à Doc Leach. Comme il venait régulièrement au Competition Grounds, j'avais souvent l'occasion de le rencontrer.

— Docteur !

— Que puis-je pour toi, fiston ?

— J'ai une idée pour améliorer la course de chevaux sauvages de cette année.

— Je t'écoute. Tu ne t'es pas mal débrouillé l'an passé.

— Que diriez-vous de réduire le nombre de mustangs ?

— C'est ça ton idée pour améliorer la course ?

— Eh bien, j'ai remarqué que vous n'aviez utilisé que les deux tiers des mustangs.

— C'est exact.

— Les autres n'ont fait que regarder.

— Et alors ?

— Est-ce qu'il ne vaudrait pas mieux faire le tri au Nevada, plutôt qu'ici, à Salinas ? Ainsi, on n'aurait qu'une centaine de mustangs à transporter, et on réduirait les frais généraux.

— Et qui ferait le tri, toi ?

— Absolument. On pourrait éviter de ramener les animaux trop âgés et les juments qui allaitent.

Doc Leach a souri.

— Je dois bien admettre que tu viens de marquer un point.

J'ai proposé à Doc Leach de regrouper cinq cents têtes et de ne garder que les cent meilleurs poulains et pouliches « adolescents ». Pour un mustang, adolescent signifie âgé de trois à cinq ans, car son régime alimentaire et son environnement retardent sa maturité.

Je suis donc reparti pour le Nevada, sans Larry cette fois, et avec trois semaines d'avance sur mes aides et les camions. J'avais quatorze ans et mon permis de conduire en poche, mais je n'étais pas autorisé à prendre le volant d'un camion chargé de chevaux ; j'ai donc demandé à la compagnie de transport de me conduire jusqu'au ranch Campbell avec Brownie, Sergeant et Oriel, mon cheval de bât.

J'allais me retrouver seul dans le désert, avec mes chevaux, pendant trois semaines. J'aurais tout le temps de me déplacer lentement et d'étudier les mustangs sans les perturber.

Les cow-boys du ranch avaient une petite idée des endroits où pouvaient se trouver les différents groupes familiaux, et ils me les ont indiqués sur une carte. J'avais l'intention de conduire successivement chaque groupe jusqu'au piège qui avait été construit l'année précédente à l'extrémité de la *barranca,* en prenant tout le temps de les observer chemin faisant.

Une fois de plus, j'étais content d'avoir Brownie avec moi pour cette expérience capitale. Je lui ai tapoté l'encolure lorsque nous avons pénétré dans le désert, suivis de Sergeant et d'Oriel. J'avais aussi un chien, trois paires de jumelles, un revolver et un fusil.

— Cette fois, Brownie, on va bien voir ce qui va se passer, n'est-ce pas ?

Lorsque nous sommes parvenus au sommet du repli de terrain qui barrait l'horizon du ranch, je me suis retourné sur ma selle pour voir les bâtiments disparaître de ma vue tandis que nous commencions à descendre la pente opposée. Nous étions désormais livrés à nous-mêmes.

C'était magnifique de chevaucher de nouveau à travers ces grands espaces et ces *barrancas* rocailleuses, envahies de peupliers et de trembles rabougris. Je savais que je devais me méfier tout particulièrement des serpents à sonnette et des crevasses invisibles, très dangereuses pour les chevaux.

Comme prévu, il faisait chaud le jour et froid la nuit. Parfois, rarement, un orage de pluie déversait des trombes d'eau pendant une heure, ou bien de gros nuages tourbillonnants provoquaient un orage sec.

Je me nourrissais essentiellement de *jerky* — de la viande de bœuf séchée —, de pancakes, de salami et d'oranges.

Pour dénicher les mustangs, j'ai cherché les endroits où ils pourraient trouver leur nourriture. En cas de besoin, ils broutent la sauge et le *chamise*[1], mais ils préfèrent les herbes du genre de la flouve, des bromes et du ray-grass.

Mon objectif était de m'approcher le plus près possible du premier troupeau que je rencontrerais. A moins de quinze cents mètres, ils ressentiraient ma présence comme une menace; il faudrait donc que je m'avance au-delà de cette marge de sécurité sans me faire repérer.

Les premiers mustangs ont flairé mon odeur à presque deux kilomètres de distance et le troupeau a commencé à se déplacer. Ils n'étaient encore pour moi que des petits points dans le désert et, déjà, ils prenaient la fuite.

J'ai décidé de me séparer momentanément d'Oriel, le cheval bai qui me servait de cheval de bât, car il se révélait très maladroit et bronchait souvent sur des pierres, déclenchant de petits éboulements dont le bruit s'entendait à des kilomètres. Je me posais des questions au sujet de son caractère. Ses oreilles étaient toujours en berne, ni dirigées vers l'avant ni vers l'arrière. Soit c'était un grand penseur, soit il était un peu idiot; à moins qu'il ne fût les deux à la fois.

Je l'ai entravé légèrement, je lui ai laissé Sergeant pour lui tenir compagnie, et j'ai continué à pied, tenant Brownie par la bride. Les mustangs m'ont aperçu mais, en avançant lentement, contre le

1. Ou *chamiso,* un arbuste, *Adenostoma fasciculatum,* qui forme des fourrés très denses ou *chaparrals.*

vent, et en profitant du couvert qu'offraient les *barrancas,* j'ai pu les approcher à moins de quatre cents mètres.

Pendant tout le temps qu'a duré mon avancée, j'ai été surpris de constater à quel point le troupeau était sensible à notre présence. Il suffisait que Brownie effleure une pierre pour que toutes les oreilles se tournent dans notre direction.

Je ne pouvais pas m'approcher davantage. J'aurais été obligé de me montrer à découvert et même si je m'étais tenu sous le vent des mustangs, ils ne m'auraient pas laissé grignoter plus de terrain.

C'était suffisant pour le moment. Je me suis installé derrière un peuplier et j'ai commencé à les compter, m'efforçant de mémoriser les taches de leurs robes pour apprendre à les différencier.

Mes jumelles ont pris une importance incroyable, elles me sont vite devenues indispensables. Quand je vois les jeunes d'aujourd'hui chausser les lunettes et coiffer les casques qui leur permettent de voyager dans des réalités virtuelles, fascinés par les univers imaginaires qu'ils découvrent, ça me rappelle les sentiments que j'éprouvais lorsque j'observais les troupeaux de chevaux sauvages à la jumelle. Brusquement, ils étaient assez proches pour que je puisse les toucher. Je surprenais leurs moindres mouvements. J'étais parmi eux.

J'ai remarqué en particulier une jument louvette avec une bande sombre tout le long de l'échine et des zébrures au-dessus des genoux. C'était l'une des plus âgées et son ventre lourd indiquait qu'elle avait porté de nombreuses fois. C'était elle qui donnait le signal des déplacements : elle se mettait en marche et les autres la suivaient ; elle s'arrêtait et ils en faisaient autant. Elle paraissait la plus sage et tous le savaient. Elle était la jument dominante et gérait la vie quotidienne du groupe, il n'y avait aucun doute à ce sujet.

Personne ne m'avait dit auparavant que les troupeaux de chevaux sauvages étaient dirigés par une jument dominante, et je soupçonne que beaucoup de gens pensent aujourd'hui encore que l'étalon dominant, ou étalon reproducteur, est le patron. C'est faux. L'étalon ne fait que garder le troupeau et le défendre des prédateurs, sa seule motivation étant d'éviter qu'on ne lui vole son harem.

Par la suite, j'ai été le témoin d'un extraordinaire enchaînement d'événements. Un poulain bai clair se comportait très mal. Il devait être âgé de vingt mois environ. Il avait des fanons, beaucoup de crins derrière les jambes, et sa crinière descendait plus bas que la base de son encolure. Il a poursuivi une pouliche en plein milieu du troupeau et lui a décoché un coup de sabot. Elle a poussé un cri perçant et s'est éloignée en boitillant. Le poulain paraissait très fier de lui. Il ne pesait guère plus de deux cents kilos, mais semblait accorder une grande importance au fait de posséder une paire de testicules.

Tandis que je l'observais, il a commis une autre faute. Un jeune poulain s'est approché de lui en claquant des mâchoires comme s'il cherchait à téter, pour bien montrer qu'il n'était pas une menace, mais seulement un jeune animal qui faisait sa soumission. Ce n'était apparemment pas suffisant pour attendrir le bai. Il s'est jeté sur son jeune cousin et lui a mordu la cuisse. C'était une véritable terreur : lorsqu'il ne donnait pas de coups de pied, il mordait ; et après, il faisait l'innocent, pour éviter le blâme.

Chaque fois qu'il commettait une faute, la jument louvette — la « matriarche » — se rapprochait de lui. J'étais certain qu'elle attendait de voir s'il allait récidiver. Même si elle semblait se désintéresser de la question, elle ne cessait d'avancer vers le fauteur de troubles.

Elle s'est bientôt retrouvée à une quinzaine de mètres de lui, au moment où, incapable de se contenir, il se jetait sur une jument pour la mordre méchamment à l'encolure.

Alors, la louvette n'a plus hésité. Elle est passée instantanément de la passivité à la colère. Couchant ses oreilles en arrière, elle s'est précipitée sur le bai et l'a envoyé rouler à terre. Il s'est empressé de se relever, mais elle est revenue à la charge et l'a renversé de nouveau.

Tandis qu'elle lui infligeait ce châtiment, les autres membres du troupeau n'ont pas bougé un cil, comme s'ils ne voulaient pas savoir ce qui se passait. La louvette a chassé le bai en hurlant, le repoussant jusqu'à deux cent cinquante mètres du troupeau et l'abandonnant là, tout seul.

Je n'en croyais pas mes yeux. J'étais stupéfait. La louvette a pris position sur le flanc du troupeau pour veiller à ce que le bai demeure à l'écart, lui faisant face et ne le quittant pas des yeux. Elle le mettait à l'index. Il était terrifié de se retrouver seul. Pour un animal fuyard, cela équivalait à une sentence de mort, les prédateurs étant constamment à l'affût des isolés. Il avançait et reculait, la tête basse, et cette attitude étrange et inconfortable ressemblait à un signe de soumission, une sorte de révérence.

Puis, il a contourné le troupeau pour essayer de s'en rapprocher par le côté opposé, mais la louvette a suivi sa manœuvre, a couru vers lui et l'a repoussé à près de trois cents mètres avant de revenir prendre position sur le flanc du troupeau, toujours face au bai et ne cessant de le regarder.

Il a paru lécher l'air alentour et a remué les

mâchoires, comme s'il ruminait. Je me suis rappelé que le jeune poulain avait fait claquer les siennes en signe d'humilité et de soumission, signifiant au bai : « Je ne suis pas une menace pour toi. » Le comportement du bai n'était-il qu'une version plus adulte des mêmes signaux ? Essayait-il de dire la même chose à sa matriarche ?

Depuis que j'avais gagné mon poste d'observation, plusieurs heures s'étaient écoulées et le soleil descendait à présent vers l'horizon. Je me suis demandé dans quel quartier était la lune, car j'avais l'intention de profiter de la nuit pour m'approcher le plus près possible du troupeau de mustangs afin de continuer à observer la confrontation entre la jument dominante et le poulain.

J'ai repris la bride de Brownie et je suis retourné à l'endroit où j'avais laissé Sergeant et Oriel. Ce dernier fourrageait dans un buisson. Brusquement, tout son corps s'est crispé sous l'effet de la surprise et il a relevé la tête. Il était environné d'abeilles ! Il y avait urgence. Il a fait quelques pas en arrière, la tête basse, puis quelques pas de côté, avant de secouer la tête, sans succès. Il s'est ébroué comme un chien qui sort de l'eau, et a été étonné de constater que les abeilles étaient toujours là. Le problème lui a paru être un véritable casse-tête, car il avait pratiquement épuisé tous ses trucs. Il ne lui restait qu'une chose à faire : hocher la tête comme ces jouets représentant un âne dont la tête bouge interminablement au moindre choc. Apparemment, il s'est dit que s'il faisait ça suffisamment longtemps, les abeilles finiraient par se lasser.

Brownie, Sergeant et moi avons gardé nos distances jusqu'à ce que les abeilles soient parties. Oriel n'a pas paru perturbé outre mesure par cette malheureuse expérience. Ce n'était sans doute à ses yeux qu'un des nombreux mystères de l'existence.

Le soleil a disparu étonnamment vite derrière l'horizon, comme s'il avait hâte d'aller se reposer après une longue journée de travail. J'ai établi le camp et je me suis dépêché de nourrir mes trois chevaux. Regardant Brownie et Oriel qui se tenaient tête-bêche, se racontant probablement leurs expériences de la journée, je me suis de nouveau posé des questions au sujet de Brownie : où avait-il passé son enfance ? Comment était la jument dominante de son groupe familial ? Quelles relations avait-il avec les autres membres de ce groupe ?

Le clair de lune était réfléchi par un ciel si vaste qu'on y voyait presque comme en plein jour, mais il donnait au paysage un aspect différent. J'ai braqué mes jumelles et constaté que je pouvais voir très distinctement jusqu'à une distance assez considérable. Je l'ignorais encore à l'époque, mais ma vision nocturne est améliorée par le fait que je suis affligé d'une forme rare de daltonisme, je ne me contente pas de confondre ou de ne pas discerner certaines couleurs, je vois le monde en noir et blanc. Lorsque j'étais jeune, personne ne s'en était rendu compte, mais j'ai appris par la suite que je percevais les choses très différemment du commun des mortels. Dans son étude consacrée au « cas du peintre qui ne voyait pas les couleurs », le professeur Oliver Sacks explique que son patient avait perdu toute perception des couleurs à la suite d'un accident de voiture :

« Il pouvait reconnaître quelqu'un à huit cents mètres de distance... Son acuité visuelle s'était considérablement améliorée, il avait un œil d'aigle. »

Sa vue était devenue bien supérieure à celle d'une personne normale, plus particulièrement la nuit. Il lui arrivait d'être capable de lire une plaque minéralogique à plusieurs centaines de mètres de distance. Mais, en tant qu'artiste-peintre, il souffrait tellement du manque de couleurs qu'il s'était mis à vivre la nuit.

A l'aide de mes jumelles, j'ai scruté le désert et localisé mon troupeau de mustangs. Je me suis approché pour voir ce qui se passait.

A mon grand étonnement, la jument louvette était en train de faire la toilette du poulain bai clair. Elle lui avait permis de réintégrer le troupeau et était aux petits soins pour lui. Elle lui grattait l'encolure et la croupe avec ses dents, s'attardant plus particulièrement au garrot, aux hanches et à la naissance de la queue. Elle s'efforçait d'exorciser la peur qui était entrée en lui. Après son temps de purgatoire, le bai connaissait le paradis.

Mes séances d'observation des troupeaux de chevaux sauvages se sont vite révélées plus fructueuses la nuit que le jour. Les prédateurs sont habituellement plus actifs à l'aube et au crépuscule, mais la nuit les mustangs peuvent se permettre de relâcher leur vigilance et les interactions sociales sont alors plus évidentes. J'ai pris l'habitude de les étudier à la lumière de la lune et de dormir de une heure trente à cinq heures trente.

Essayant de comprendre ce que je venais de voir, j'ai commencé à apprendre le langage par signes que j'appelle à présent *Equus.* Bien évidemment, ces premières semaines passées dans le désert du Nevada ne m'ont pas suffi pour déchiffrer ce langage silencieux mais j'ai eu la chance de revenir capturer des mustangs, pour le rodéo de Salinas, les deux années suivantes.

La chose la plus importante à laquelle j'ai assisté durant toutes ces nuits de veille, c'est la façon dont cette matriarche disciplinait les jeunes poulains.

Elle avait à s'occuper d'une bande d'adolescents, et je trouvais très instructif de la regarder faire. L'énergie de la jeunesse les poussait à agir, et leur inexpérience les amenait à commettre des fautes, comme les jeunes individus de toutes les espèces. Le rôle de la jument dominante consistait à les ramener dans le droit chemin et, pendant trois semaines, j'ai pu observer leurs moindres mouvements.

Bien sûr, la louvette a fini par venir à bout de l'entêtement du bai. Souvent, il s'empressait de commettre une faute immédiatement après avoir reçu son pardon et avoir été réintégré, comme un enfant, pour tester la rigidité du système disciplinaire et tenter de regagner le terrain perdu. Il se battait avec un autre poulain ou s'en prenait aux pouliches. La louvette passait aussitôt à l'action, lui faisant face et lui disant : « Je n'aime pas ce que tu viens de faire. Va-t'en. »

Il a commis encore plusieurs fautes, et chaque fois elle l'a chassé du troupeau et tenu à l'écart un certain temps avant de lui permettre de revenir et de l'accueillir au sein du groupe, ne manquant jamais de lui faire une toilette complète. Après avoir commis une faute de plus, il a reconnu bien volontiers son erreur et s'est exilé de lui-même, grommelant mais acceptant son sort.

Lorsqu'il a enfin été autorisé à revenir, il s'est montré si gentil et si coopératif qu'il en était pénible, ne cessant d'errer en tous sens et de demander à tous les membres du troupeau s'ils avaient besoin d'une petite toilette à un moment où ils auraient seulement voulu qu'on les laisse manger en paix. Pendant quatre jours, la louvette avait fait de l'éducation de cet affreux garnement sa priorité absolue, et cela avait payé.

C'est en observant les méthodes d'éducation de cette jument dominante que j'ai commencé à comprendre le langage qu'elle utilisait. Je trouvais très excitant d'être capable de reconnaître les séquences de signaux échangées par la louvette et les poulains. C'était réellement un langage — perceptible, prévisible et efficace —, mais un langage silencieux.

Il est bon de s'attarder un instant sur cette caractéristique de l'*Equus* : le silence. Nous n'avons que trop tendance à sous-estimer les langages qui n'emploient pas la parole. Comme je devais l'apprendre beaucoup plus tard, les formes de communication les plus répandues sur cette planète sont silencieuses. Ainsi, dans l'obscurité des profondeurs marines, les poissons se servent de systèmes complexes de signaux lumineux pour séduire leur partenaire, écarter les prédateurs, attirer leurs proies et transmettre toutes sortes de messages.

Le langage du corps n'est pas réservé aux chevaux, aux humains ou aux mammifères ; il constitue la forme de communication la plus souvent utilisée par les êtres vivants qui peuplent la terre ferme.

En regardant vivre ce troupeau de chevaux sauvages, j'ai découvert que la jument dominante faisait l'éducation des poulains sans avoir besoin d'émettre un son, et que ceux-ci lui répondaient de la même manière. Quant à l'étalon, il communiquait avec son harem et faisait respecter son système de protection silencieusement. Les divers membres du groupe se disaient des choses agréables ou désagréables, donnaient des ordres ou des conseils, échangeaient des avis dans le plus grand silence.

J'ai réalisé que rien n'était laissé au hasard. Le moindre mouvement d'un cheval a sa raison d'être. Tout a une signification et doit être pris en considération.

Allongé sur le ventre, observant ces mustangs durant des heures au moyen de mes trois paires de jumelles, et profitant du clair de lune pour ne rien perdre de leur comportement, j'ai commencé à mémoriser leur vocabulaire.

J'ai découvert que les éléments clés de l'*Equus* étaient le positionnement du corps et sa direction de déplacement. Les diverses attitudes et les positions relatives du grand axe — l'échine — et du petit axe du corps en constituent le vocabulaire.

La jument louvette faisait face au poulain bai clair pour le chasser, et il savait exactement ce que cela signifiait. Lorsqu'il se morfondait dans son purgatoire, la position du corps de la louvette lui indiquait s'il était autorisé, ou non, à réintégrer le troupeau. Si elle persistait à lui faire face, lui présentant le petit axe de son corps, la réponse était négative. Si elle lui montrait en partie le grand axe de son corps, il pouvait commencer à espérer un rapide retour en grâce.

Avant de lui pardonner, elle attendait qu'il donne des signes de repentir. Ces signaux joueraient par la suite un rôle fondamental dans l'élaboration de ma méthode. Si le poulain avançait et reculait, la tête basse, cela signifiait qu'il souhaitait que la jument lui accorde une chance de renégocier sa situation. Il disait : « Je suis docile et prêt à écouter. »

S'il lui présentait le grand axe de son corps, cela revenait à lui en montrer les zones vulnérables et à implorer son pardon.

Le contact visuel est également très important. Pendant qu'elle le tenait à l'écart, elle ne quittait pas son œil des yeux, rendant sa situation encore plus inconfortable. Dès qu'elle cessait de le fixer, il savait qu'il ne tarderait pas à être autorisé à réintégrer le troupeau.

Je me suis vite rendu compte à quel point leur interprétation du contact visuel était subtile. Lorsque ce troupeau s'est habitué à ma présence, il m'a été possible d'amener un cheval à changer de direction et d'allure, même si je me trouvais à une certaine distance de lui, en regardant simplement une partie de son corps puis une autre.

Quand le poulain bai s'éloignait du troupeau pour accomplir sa peine il tendait l'encolure et décrivait des cercles avec sa tête ce qui signifiait : « Je ne l'ai pas fait exprès, je suis désolé ; ce n'est pas ma faute, mais celle de l'autre poulain. »

Alors, je voyais la jument louvette se demander si elle devait le croire ou non. Après mûre réflexion, elle décidait soit de lui faire confiance, soit de se méfier.

Quand le poulain paraissait vouloir lécher l'air environnant et remuait les mâchoires, comme s'il ruminait, il exprimait son repentir. Il disait à la jument : « Regarde, je ne suis qu'un herbivore, je broute, je ne représente donc pas une menace pour toi. »

En observant les signaux échangés, régulièrement et de façon prévisible, par la matriarche et les poulains, il m'est apparu clairement que les modèles de comportement en usage au sein du troupeau expliquaient l'effet de yo-yo dont m'avait parlé l'oncle Ray. Repoussez un jeune cheval et son instinct lui commandera de revenir vers vous.

La louvette avançait vers le bai puis se reculait, et le bai faisait l'inverse. Lorsque j'ai pensé à mettre en parallèle les souvenirs de l'oncle Ray et la façon dont la jument éduquait les poulains, j'ai eu l'impression que toutes les synapses de mon cerveau venaient de s'enclencher, me confirmant que j'avais trouvé ce que je cherchais, et deux mots me sont venus à l'esprit : avance et recul.

Plus j'observais les signaux échangés par les mustangs, et plus j'étais amené à constater qu'ils constituaient bien un langage et ne devaient rien au hasard. Il s'agissait de messages précis, d'expressions et de phrases qui avaient toujours le même sens et étaient reprises sans cesse.

Je me suis dit que je pourrais essayer d'utiliser le même système de communication silencieux que la jument dominante. Si je m'y prenais bien, je parviendrais peut-être à franchir la frontière qui sépare l'homme — animal combatif par excellence — du cheval, animal fuyard s'il en est. En me servant de leur langage, il me serait possible d'instaurer des relations de confiance entre les chevaux et nous, et d'établir une communication directe entre nos deux espèces.

Il me semblait que la théorie résumée par les deux mots avance et recul était susceptible d'apporter une explication d'ordre psychologique au fait que les chevaux sont des animaux qui répondent à la sollicitation. Si vous posez un doigt sur le flanc d'un cheval et que vous cherchiez à le pousser, il ne cédera pas mais résistera. Comprendre ce phénomène, c'est avoir parcouru la moitié du chemin qui conduit un entraîneur de chevaux vers le succès.

Au long des années, j'ai eu la possibilité d'approfondir ma connaissance du langage que j'ai baptisé *Equus,* mais tout ce que j'ai pu apprendre par la suite — et qui m'a permis d'affiner ma méthode — n'a fait qu'enrichir la théorie globale de l'avance et du recul.

Tandis que Brownie et moi parcourions le désert pendant des jours et des jours, et que je découvrais toutes ces choses, j'ai éprouvé le besoin de lui présenter des excuses pour ce que nous lui avions fait endurer : ce brutal *sacking-out* qui avait fait naître en lui la phobie du papier. Nous avions lâchement abusé du fait qu'il était un animal fuyard, et, de surcroît, la violence dont nous avions usé à son encontre était inutile.

Sergeant et Oriel nous suivaient fidèlement, accomplissant honnêtement leur travail de monture de rechange et de cheval de bât. Oriel faisait souvent, et bien involontairement, diversion. Il était très affable, mais sujet aux accidents. Il attirait les ennuis, mais des ennuis risibles la plupart du temps.

Une fois pourtant, il s'est blessé assez gravement avec un bout de bois de soixante centimètres de long. Je ne sais pas exactement comment il s'y était pris — il était le seul à pouvoir faire ce genre de choses —, mais ce morceau de bois lui avait perforé un naseau et la voûte du palais. C'était terrible à voir, et pas risible du tout, je dois bien l'avouer.

Oriel se confondait en excuses et s'apitoyait sur son sort. Il m'a laissé bien sagement le retirer — une tâche pénible. Comme il avait dans le naseau un trou gros comme le pouce et qui pissait le sang, j'ai dû le boucher avec mon bandana rouge. L'extrémité du foulard lui sortait du naseau, et chaque fois qu'il buvait, le tissu se gorgeait d'eau qui dégoulinait ensuite devant lui. Le spectacle était pitoyable et comique à la fois.

C'est après cet épisode tragi-comique que j'ai assisté à l'affrontement entre deux étalons. L'eau manquait cette année-là et je regardais, fasciné, les matriarches déployer des trésors d'ingéniosité pour parvenir à nourrir et abreuver leurs familles. Les différents troupeaux faisaient la queue devant un trou d'eau, comme des avions de ligne sur une piste d'aéroport. Ils devaient garder leurs distances car les étalons supportaient mal cette promiscuité. Leur instinct territorial les mettait en conflit avec les matriarches qui désiraient s'approcher de l'eau au plus vite, et tout cela entretenait une atmosphère très tendue.

En plus des groupes familiaux, il y avait dans la file d'attente une bande de célibataires : de jeunes mâles qui avaient quitté leurs troupeaux respectifs et traînaient ensemble, ne cessant de se bagarrer afin d'exercer leurs aptitudes physiques et de se tenir prêts pour le jour où ils devraient disputer un combat dont l'enjeu serait la domination de l'un des troupeaux.

L'inévitable s'est produit : l'un des célibataires s'est pris de querelle avec le mâle dominant de l'une des familles qui faisaient la queue pour accéder au trou d'eau. Le bruit était terrifiant — hennissements et hurlements mêlés — et pourtant les juments du groupe en question se désintéressaient totalement de ce qui se déroulait. L'affaire était sérieuse et ne pouvait pas se terminer par un match nul. L'un des deux rivaux devait l'emporter. Ils se cabraient, se jetaient l'un contre l'autre, se donnaient des coups de sabot et se mordaient. Cela a duré cinq ou six heures, jusqu'au beau milieu de la nuit. J'avais du mal à garder les yeux ouverts, mais je voulais assister au dénouement. A plusieurs reprises, l'étalon a paru l'emporter, et le célibataire a battu en retraite en boitillant, mais, chaque fois, il est revenu à la charge, traînant une jambe et perdant son sang par les nombreuses blessures que lui avait infligées son adversaire. A la fin, il boitait bas. Il a fait une dernière tentative.

Quand il a rompu le combat, j'ai compris que c'était fini. Avant peu, les prédateurs feraient cercle autour de lui, puis se nourriraient de sa chair pendant un jour ou deux. Il le savait. Souvent les mâles vaincus préfèrent commettre une forme de suicide en allant délibérément au-devant des fauves et en s'offrant à eux.

Cette fois-ci, le vainqueur lui-même était mal en point. Il était meurtri, boitait et s'est déplacé avec beaucoup de difficultés durant les deux jours qui ont suivi. Si un autre challenger s'était présenté, c'en était fini de lui, mais il a réussi à se soigner et à recouvrer ses forces.

Il nous a fallu trois semaines, à Brownie et à moi, pour regrouper les différents troupeaux. Lorsque je me suis retrouvé avec le premier d'entre eux à moins de dix kilomètres de la *barranca* où était tendu le piège, les cow-boys du ranch sont venus m'aider. Ils étaient une demi-douzaine et nous avons pu encercler les mustangs et les pousser vers l'enclos.

Puis ils m'ont transporté en camion, avec Brownie et Oriel, le plus près possible — une trentaine de kilomètres — de l'endroit où se trouvait le deuxième troupeau. Ils nous ont laissés là et, en retournant vers la *barranca,* ils ont déposé une botte de luzerne tous les deux ou trois kilomètres pour attirer les mustangs et m'aider à conserver la bonne direction.

Malgré mon jeune âge, j'avais conscience d'apprendre quelque chose d'important, et je débordais d'enthousiasme. Il me tardait de parler de mes nouvelles découvertes à ma mère et à mon frère. Je pensais que des affinités particulières m'unissaient aux chevaux, et, maintenant que j'avais commencé à comprendre leur langage silencieux, je ne tarderais pas à faire de rapides progrès.

Dans quelques semaines, j'aurais la possibilité de mettre mes théories en pratique en entreprenant une centaine de poulains. J'étais impatient de voir ce que je réussirais à faire, mais certain de parvenir à acquérir une compréhension de ces animaux sauvages qui me permettrait de changer radicalement les relations existant entre l'homme et le cheval. J'avais saisi l'occasion de réaliser mes ambitions.

Il me semblait que Brownie était l'ingrédient magique qui avait rendu tout cela possible. Il m'avait donné envie d'en savoir plus et m'avait conduit jusque-là, dans ce désert d'où il était originaire, et j'avais eu la chance de comprendre son message.

Au bout de trois semaines, nous avions regroupé environ cinq cents mustangs. Ecartant les juments qui allaitaient, les étalons reproducteurs et les animaux âgés, nous n'avons gardé que les poulains et les pouliches qui n'étaient pas pleines ; nous en avons fait monter une centaine dans les camions et nous sommes repartis pour Salinas.

Cette année-là, la course de chevaux sauvages a été beaucoup plus réussie que d'habitude. Les mustangs étaient plus aptes à faire ce que l'on attendait d'eux et il y a eu moins d'animaux blessés. Une fois encore, je me trouvais dans la grande tribune, mais je n'ai pris aucun plaisir à ce spectacle. Je me suis juré de parvenir à communiquer avec les chevaux le plus rapidement possible. Il était grand temps de réparer les torts que nous avions envers eux.

Après le rodéo, les mustangs m'ont été confiés, comme l'année précédente. Il me restait à en entreprendre le plus grand nombre possible en deux mois, afin de pouvoir les présenter à la vente aux enchères de septembre. Deux mois, c'était juste un petit peu plus que le délai nécessaire à mon père pour en briser une douzaine par la méthode du *sacking-out.*

Il m'a fallu apprendre très vite. C'était le test idéal pour mettre en pratique les idées qui m'étaient venues sur la meilleure manière d'établir une relation naturelle avec un cheval sauvage : comment cesser d'être un prédateur à ses yeux, un sujet de peur, pour passer de son côté ? Comment parler le langage de la jument dominante pour tenter de prendre sa place ?

De plus, je devais mener tout cela à bien en surveillant les allées et venues de mon père, car je voulais éviter à tout prix qu'il ne se mêle de mes affaires.

Malgré tout, je conservais toujours au fond de moi le secret espoir d'obtenir son approbation. Je venais justement de découvrir quelque chose de si important que je m'imaginais être capable de l'amener à voir les choses à ma façon. J'avais identifié un phénomène que j'appelais le *join-up*. La nuit, je ne parvenais pas à trouver le sommeil tellement j'étais certain d'être tombé par hasard sur ce qui allait changer notre comportement vis-à-vis des chevaux. C'était la preuve par neuf que j'étais dans la bonne direction et que les efforts que je déployais n'étaient pas inutiles.

J'étais si sûr de moi, j'avais obtenu de tels résultats en si peu de temps, que je ne parvenais pas à croire que mon père puisse rester indifférent à ma découverte. C'était un cavalier trop expérimenté pour cela.

Toutefois, après ce qui s'était passé quelques années auparavant, je n'avais pas l'intention d'aller le trouver directement et de lui faire une démonstration. J'ai donc décidé de me confier à Ray Hackworth, sachant qu'il l'emporterait sur mon père.

Ray Hackworth louait certaines des installations du Competition Grounds. C'était un entraîneur réputé et un gentleman. Il avait la voix douce, mais était partisan de la manière forte, et mon père le respectait.

Je lui ai demandé de venir voir ce que j'étais capable de faire. Je lui ai dit avoir découvert un nouveau phénomène que je ne pouvais définir que comme un langage propre aux chevaux. Je lui ai affirmé que c'était vrai et qu'il était possible de supprimer la frontière qui séparait l'homme du cheval.

Il m'a rappelé que mon père ne cessait de me répéter depuis des années que mes idées pouvaient être dangereuses et que je ferais bien de m'en tenir aux méthodes traditionnelles. J'ai insisté pour qu'il vienne se rendre compte par lui-même. J'étais certain de l'impressionner suffisamment pour l'amener à persuader mon père.

Il a fini par accepter. En arrivant à l'enclos, il a gravi la rampe qui conduisait à la plate-forme d'observation, s'est appuyé sur la barrière et a relevé son chapeau du bout des doigts.

— O.K. Vas-y. Fais-moi voir ça.

Je me tenais au milieu de l'enclos circulaire, non loin d'un mustang d'un an qui avait subi peu de temps auparavant le traumatisme du rodéo. Il ne portait aucun harnais et était libre de ses mouvements. La porte de l'enclos était fermée. Nous étions seuls lui et moi.

Ayant déjà fait cela une centaine de fois, je savais comment me comporter, et j'étais confiant dans ma méthode. J'ai attendu un moment pour laisser le mustang s'habituer à l'enclos. Il était trop nerveux pour faire un seul pas dans ma direction, mais il concentrait toute son attention sur moi car je représentais à ses yeux la principale menace potentielle. J'ai pensé que je devais des explications à Ray Hackworth :

— Je vais utiliser le même langage que la jument dominante de son groupe familial.

Là-haut, sur la plate-forme, Ray Hackworth a

gardé le silence. Il n'avait pas l'intention de m'interrompre ni de me poser des questions. J'ai poursuivi :

— Il s'agit d'un langage silencieux, un langage du corps. La première chose que je vais lui demander de faire, c'est de s'éloigner de moi, de fuir ; afin de pouvoir lui demander, par la suite, de revenir me rejoindre.

Je me suis dirigé brusquement vers le poulain en lui faisant face, en redressant les épaules et en fixant son œil. Il a immédiatement pris la fuite au petit galop, restant le plus près possible de la barrière, c'est-à-dire le plus loin possible de moi. J'ai continué à le forcer à fuir autour de l'enclos, en me comportant de la même façon que la matriarche avec les poulains dans le désert. Je m'efforçais de toujours lui faire face, et de maintenir le contact visuel. Vu de haut, ce devait être comme si je l'avais mené à la longe, mais sans licou ni corde.

J'ai repris mes explications à l'intention de Ray Hackworth :

— Je lui dis dans son propre langage : vas-y, enfuis-toi, mais ne te contente pas de t'éloigner un peu, je veux que tu t'en ailles très loin. Pour le moment, c'est moi qui commande, jusqu'à ce qu'on puisse former une association. Tu vois, je parle le même langage que toi.

J'avais à la main une longue rêne très légère, et je la lançais en direction du poulain, non pas pour le frapper, mais pour l'écarter de moi. Il continuait à fuir, à galoper autour de l'enclos, et je me servais toujours de la rêne et de la position de mon corps — la ligne de mes épaules parallèle au grand axe de son corps — pour le tenir à distance. Je ne cessais de lui faire face et de regarder fixement son œil.

J'ai maintenu la pression pendant quelques

minutes, guettant l'apparition des signaux que j'avais observés dans le désert, lorsque les poulains demandaient à la jument dominante à être libérés de leur exil forcé.

En attendant, pour tester ma méthode, j'ai porté mon regard de son œil à son encolure. Aussitôt, il a ralenti l'allure. J'ai regardé son épaule et il a ralenti encore, tournant légèrement la tête dans ma direction. Quand mes yeux se sont posés sur son arrière-main, il a ralenti encore davantage, tournant franchement la tête vers moi.

Lorsque j'ai plongé mes yeux dans les siens, il a immédiatement accéléré, se collant à la barrière et fuyant mon regard. Il savait que je parlais son langage et me comprenait parfaitement. J'ai précipité sa fuite et j'ai dit à Ray Hackworth :

— J'attends que son oreille intérieure se tourne dans ma direction, qu'il se mette à lécher l'air devant lui, à mastiquer comme s'il ruminait, et qu'il baisse la tête à quelques centimètres du sol.

J'espérais que Ray Hackworth entendait bien ce que je lui disais, car il était important qu'il réalise que j'étais capable de prédire ce qui allait se passer.

— Voilà le premier signe ! Vous voyez ?

L'oreille intérieure du poulain s'était tournée dans ma direction, alors que l'autre restait orientée vers l'extérieur de l'enclos, s'inclinant tour à tour vers l'avant puis vers l'arrière. « Je sais que tu es là, me disait le poulain ; je sais aussi que tu es important et je te respecte. J'ignore de quoi il s'agit, mais je vais t'écouter et on verra bien ce qui va se passer. »

Le poulain avait fait huit fois le tour de l'enclos avant que son oreille intérieure ne se braque vraiment sur moi. Chaque fois qu'il passait sous la plate-forme d'observation, je remarquais que Ray

Hackworth était attentif. Il ne m'interromprait pas et ne ferait pas de commentaires ; je devrais attendre la fin de la démonstration pour savoir ce qu'il en pensait.

J'ai lancé la longue rêne en avant du poulain, et fait un pas ou deux dans sa direction en le regardant droit dans les yeux pour l'empêcher de venir vers moi. Il a volté rapidement et fui dans l'autre sens. Une fois de plus, tout se passait comme si je l'avais mené à la longe, seulement j'obtenais le même résultat sans utiliser ni licou ni corde, en me servant uniquement de la barrière de l'enclos pour maintenir le poulain sous mon influence et à portée de mon langage corporel, afin de pouvoir contrôler sa vitesse et sa direction.

Rapidement, son oreille intérieure s'est de nouveau braquée dans ma direction. Tout se passait pour le mieux, et comme prévu.

Même s'il était important que Ray Hackworth sache à quoi s'attendre, j'ai soudain senti que c'était peut-être une erreur de vouloir tout lui expliquer. Un adolescent de quatorze ans pouvait-il se permettre de donner des explications à un homme d'âge mûr ? Mon attitude lui paraissait peut-être arrogante. Si c'était le cas, j'espérais que cette mauvaise impression serait effacée par ce que j'étais en train d'accomplir.

J'ai réduit la pression que j'exerçais sur le poulain. Cessant de lancer la longue rêne vers lui, je l'ai roulée et j'ai fouetté ma jambe, pour l'encourager à continuer. Il s'est remis à trotter.

Le deuxième signal est arrivé à point nommé. Le poulain a commencé à lécher et à mâcher puis il a tiré la langue, l'a rentrée et s'est mis à mastiquer. Un mouvement agitait sa mâchoire inférieure.

— Voilà ! ai-je crié à Ray Hackworth, vous

voyez ? On dirait qu'il rumine. C'est exactement ce que je les ai vus faire dans le désert. Cela signifie qu'il est prêt à discuter de la situation. Il s'est éloigné et je l'ai repoussé encore plus loin. Il a pris bonne note de mon désir de communiquer avec lui et, à présent, il aimerait avoir une chance de négocier.

Comme je décrivais de petits cercles pour suivre les évolutions du poulain, j'étais obligé de tourner en partie le dos à Ray Hackworth, et je craignais qu'il n'entende pas bien mes commentaires.

— En léchant et en mâchouillant, le poulain m'a envoyé un message qui disait à peu près : « Je suis un herbivore, et je fais semblant de ruminer car je me demande si je peux te faire confiance. S'il te plaît, aide-moi à prendre une décision. »

C'est alors qu'est arrivé le dernier des trois signaux que j'attendais. Tout en trottant autour de l'enclos, le poulain a baissé la tête, jusqu'à amener le bout de son nez à quelques centimètres du sol.

— Nous y sommes ! Au Nevada, je les ai vus se tenir ainsi, la tête basse, je ne sais pas combien de fois, et toujours pour exprimer la même demande : « Je n'ai plus envie de fuir, laisse-moi revenir. »

Il était temps pour moi d'imiter la jument louvette, de me montrer conciliant et d'accepter que le poulain me rejoigne. J'ai cessé de le fixer pour reporter mon regard à cinq ou six mètres en avant de lui. J'ai tourné le buste pour que la ligne de mes épaules forme un angle de quarante-cinq degrés avec le grand axe de son corps, lui découvrant mon flanc.

Il s'est arrêté, s'est écarté de la barrière et m'a fait face. J'ai conservé la même position. Il a avancé de deux pas. Je n'ai pas bougé. Alors, il est venu vers moi jusqu'à ce que le bout de son nez se trouve à quelques centimètres de mon épaule.

Il était là tout près et je ne pouvais rien dire. J'aurais voulu crier à Ray Hackworth : « Regardez ! Qu'est-ce que vous en dites ? N'est-ce pas fantastique ? » Mais je ne pouvais pas me permettre de rompre le charme. Car c'était bien de cela qu'il s'agissait : de magie. Ce jeune mustang m'avait accordé sa confiance. Je faisais désormais partie de son groupe. Je n'étais plus un prédateur, j'étais passé de son côté. Je lui offrais une zone de sécurité. C'était ce phénomène, et plus particulièrement le moment de l'acceptation, que j'appelais le *join-up.* Voilà ce que j'avais découvert, ce que j'avais accompli.

Tous les chevaux que j'ai entrepris de cette façon — environ dix mille à ce jour — m'ont fait éprouver la même émotion, aussi intense et aussi sincère ; et cette fois-là, bon Dieu ! j'espérais bien que Ray Hackworth ressentait la même chose que moi.

Pour tester la solidité du *join-up* — pour le confirmer —, j'ai tourné lentement sur ma droite ; le poulain m'a suivi, décrivant le même cercle que moi, le bout de son nez à hauteur de mon épaule. Ensuite, j'ai tourné sur ma gauche ; il a hésité et paru vouloir aller dans l'autre direction. J'ai adopté immédiatement une attitude de domination, et je l'ai chassé.

Il n'a pas du tout aimé ça et, avant même d'avoir bouclé un tour d'enclos, il a tendu l'encolure et s'est mis à agiter la tête, demandant à être pardonné. Bien sûr, je ne me suis pas fait prier, et dès que nous avons été de nouveau proches l'un de l'autre, je lui ai caressé le chanfrein. Je ne pense pas qu'il soit indispensable de faire ce geste sur le chanfrein, et pourtant il semble que cette partie du corps du cheval convienne particulièrement bien. J'ai interrogé à ce sujet des spécialistes du comportement animal et tous ont estimé que la plus grande preuve de confiance que pouvait donner un cheval, c'était de laisser toucher une partie de son anatomie qu'il ne pouvait pas voir.

Le poulain me suivait pas à pas, en toute confiance, et je pensais à la stupéfaction de Ray Hackworth. Je l'imaginais déjà en train d'expliquer à mon père tout ce que j'avais réussi à faire : « Crois-moi, Marvin, il a suffi de vingt-cinq minutes à ton fils pour obtenir que ce mustang le suive comme un petit chien. Il a découvert quelque chose d'intéressant. Viens te rendre compte par toi-même. »

Ensuite, Ray Hackworth reviendrait en compagnie de mon père, et celui-ci, abasourdi, me demanderait des explications.

Je me suis dirigé vers le centre de l'enclos avec le poulain sur mes talons. Je l'ai apaisé et je lui ai parlé pendant un moment, cherchant à savoir à quel point il était sensible à mon toucher.

J'ai appelé Ray aussi calmement que possible pour ne pas effrayer le poulain.

— Ray, vous pouvez constater qu'il s'est joint à moi, qu'on est désormais du même bord, et que ça n'a été qu'une simple formalité.

Quand j'ai compris que le poulain me faisait totalement confiance, je suis allé chercher des longues rênes, une selle, un tapis de selle, un bridon et des étrivières.

Le bruit de la porte de l'enclos a fait grimper instantanément le taux d'adrénaline du poulain. Il a vu le harnachement que je portais et a pris peur. Comme il avait des raisons de se méfier, j'ai patienté un moment. Après avoir déposé la selle et les accessoires au centre de l'enclos, je lui ai permis de choisir entre le harnachement et moi. Il s'est approché de moi et s'est calmé.

Il est demeuré immobile pendant que je déposais avec précaution le tapis puis la selle sur son dos. J'ai commencé à serrer la sangle, lentement et en douceur, et il s'est contenté de faire un pas de côté avant de s'immobiliser de nouveau pour me laisser continuer.

Il portait sa première selle sans qu'il ait été nécessaire de l'attacher avec une corde ou de le brider. Il me posait des tas de questions, ses oreilles bougeaient d'avant en arrière et il soufflait par les naseaux, mais continuait à me faire confiance.

Je me suis écarté de lui, je lui ai fait face et je l'ai chassé, sans agressivité et avec la confiance que me donnait ma méthode. Il a fui et fait le tour de l'enclos au petit galop. Je voulais qu'il se familiarise avec la selle avant qu'un cavalier ne s'y assoie.

Il s'est mis à ruer violemment. J'étais content de le voir faire, car je ne voulais pas que Ray Hackworth puisse penser qu'il s'agissait d'un coup de chance, d'une heureuse coïncidence. J'avais moi-même quelques difficultés à ne pas le croire, et pourtant j'avais déjà entrepris une centaine de chevaux, et chaque fois les choses s'étaient déroulées exactement de la même façon.

Au bout de quelques minutes, le poulain ne ruait plus et galopait de nouveau calmement. Son oreille intérieure était braquée sur moi ; il s'est mis à lécher et à mâchouiller, et s'est écarté de la barrière. Je pouvais sentir l'odeur de sa transpiration, il travaillait dur et dépensait beaucoup d'énergie. Il n'a pas baissé la tête, mais je savais par expérience qu'il ne le ferait pas, sans doute parce que les mustangs ne se sentent pas très à l'aise lorsqu'ils sont sellés. Il leur arrive quelque chose de bizarre, et ils ne sont pas très sûrs qu'il soit bien prudent de baisser la tête.

J'ai continué à le faire tourner, dans un sens puis dans l'autre, pour qu'il s'habitue au poids de la selle. Ray Hackworth était toujours immobile, et comme le soleil déclinait de son côté, il était placé à contre-jour, ce qui m'empêchait de discerner l'expression de son visage.

Après avoir effectué trois ou quatre tours dans chaque sens, le poulain a demandé à me rejoindre. Je l'ai laissé faire et j'ai vérifié la sangle tout en l'apaisant de la voix : il s'en tirait très bien ; c'était un cheval sympathique ; il n'avait rien à craindre s'il restait auprès de moi ; je l'aimais comme j'aimais tous ses frères et sœurs ; je m'occuperais de lui, on s'amuserait bien tous les deux et on lui trouverait un joli nom.

J'ai pris le bridon et je l'ai passé par-dessus ses oreilles. Il a accepté le mors brisé sans autre réaction qu'un bref mouvement de tête. J'ai attaché les rênes à l'arrière de la selle, j'ai descendu les étriers et je les ai attachés à la sangle pour éviter qu'ils ne lui battent les flancs, puis j'ai passé les longues rênes à travers les étriers et je l'ai remis au travail, lui faisant faire le tour de l'enclos au petit galop. Il était à présent complètement harnaché.

— Ça fait exactement trente minutes que j'ai entrepris ce mustang ! ai-je lancé à l'adresse de Ray Hackworth sans oser le regarder.

Je sentais son regard posé sur moi et je me disais qu'il ne pouvait manquer d'être impressionné par ce qu'il voyait. J'ai fait tourner le poulain dans les deux sens.

— Je cherche à gagner sa confiance et à l'ammener à être content de suivre le mors et la bride. Comme il va faire ça durant une bonne partie de sa vie, j'aimerais que ce soit pour lui une heureuse expérience.

Je lui ai demandé de changer de direction six ou sept fois avant de l'arrêter et de le ramener vers moi. Après avoir ajusté la sangle, j'ai frotté la selle avec la main ; j'ai caressé son encolure et son ventre, puis j'ai mis mon pied gauche à l'étrier. Lorsque j'ai testé sa réaction, lui demandant si je pouvais peser de tout mon poids sur l'étrier, j'ai senti une certaine tension dans le muscle de ma cuisse. Il a fait un pas de côté pour mieux répartir la charge supplémentaire, et il a tenu bon.

Je me suis soulevé en prenant appui sur l'étrier, mais je n'ai pas passé la jambe droite ; je suis resté ainsi au-dessus de lui, un instant, appuyé sur la jambe gauche, pour voir s'il se montrait inquiet ou non. Je lui ai parlé, essayant de répondre par avance à toutes ses questions. On lui trouverait une bonne maison. Il aimerait peut-être travailler sur un ranch ou bien participer à des compétitions, dans la catégorie chevaux de loisirs. Il finirait peut-être avec un gamin dans mon genre auquel il apprendrait à monter.

Je lui ai laissé le temps de me regarder avec un œil, puis l'autre, avant de passer lentement ma jambe et de m'asseoir. Je le montais au bout de quarante minutes seulement. J'ai levé les yeux vers Ray Hackworth qui me fixait, mi-intéressé, mi-soucieux. J'étais certain qu'il réalisait toute l'importance de ma découverte, et que mon père changerait d'opinion en écoutant cet homme qu'il estimait.

J'étais un adolescent idéaliste et je chevauchais triomphalement ce jeune mustang en m'imaginant que je ne tarderais pas à jouir du respect et de l'admiration de mes aînés et de mes supérieurs. Au lieu de cela, Ray Hackworth a aboyé :

— C'est juste un coup de pot !

Son départ a coïncidé avec les premiers pas du

poulain. Nous avons commencé à faire ensemble le tour de l'enclos, tandis que Ray Hackworth continuait de crier :

— Tu as tort de ne pas écouter les conseils de ton père ; si j'étais toi, j'arrêterais de faire l'imbécile ; tu pourrais te retrouver allongé au milieu de cet enclos, sérieusement amoché ; tu risques de ramasser un coup de sabot, de te faire désarçonner et piétiner !

Il a poursuivi sur le même ton pendant qu'il descendait de la plate-forme, puis s'éloignait jusqu'à disparaître de ma vue ; et je l'ai encore entendu faire des remarques désobligeantes jusqu'à ce qu'il pénètre dans l'écurie, voisine de la mienne, qu'il louait au Competition Grounds.

Monté sur le poulain, j'ai fait le tour de l'enclos, écrasé de dépit au moment même où j'aurais dû triompher. Ceux dont je recherchais l'estime et les conseils me les refusaient. C'est à ce moment-là que je me suis juré solennellement de ne plus parler de mes idées à personne.

2

À L'EST D'EDEN

La plupart des épreuves de rodéo dérivent des activités quotidiennes des cow-boys qui travaillaient sur les grands ranchs de l'Ouest américain. Ainsi, l'épreuve de lasso par équipe, *team-roping,* s'inspire de la façon dont ils attrapaient une vache au lasso en s'y mettant à deux, l'un prenant les cornes et l'autre les pattes de derrière, pour la renverser, la coucher sur le sol et l'immobiliser, afin de procéder à une intervention quelconque. Ils transportaient toujours, dans les sacoches de leur selle, une trousse à pharmacie, car ils avaient souvent à soigner une patte blessée par un fil de fer barbelé, ou un œil irrité par un panicule de vulpin. Quant à leurs chevaux, ils étaient entraînés à maintenir les lassos tendus durant toute la durée de l'opération.

En 1956, Jack Roddy et moi avons remporté le championnat du monde universitaire de rodéo dans cette épreuve de lasso par équipe. Un titre qui nécessite de réaliser d'excellentes performances tout au long de la saison, ce qui n'est pas toujours facile.

Une fois, à Scottsdale, Arizona, nous avions tiré au sort le parfait bouvillon. Vous auriez parié votre chemise sur lui. Il était calme et courait tout droit.

C'était pour nous l'occasion ou jamais de marquer des points.

Le bouvillon se trouvait dans le couloir du milieu, Jack Roddy, le *header,* qui était chargé d'attraper la tête[1] avec son lasso, se tenait dans le couloir de gauche, et moi, le *heeler* qui devait m'occuper des pattes de derrière[2], dans celui de droite.

Une ficelle est attachée au bouvillon ; lorsqu'il s'élance sur la piste, la ficelle se tend — lui accordant une certaine avance — et tire le loquet qui libère le cordon barrant le couloir de gauche. Si le cheval du *header* coupe le cordon avant qu'il ne soit libéré, la pénalisation est de dix secondes. Tout l'art du *header* consiste donc à faire démarrer son cheval de manière qu'il vienne peser sur le cordon au moment précis où celui-ci est libéré. Ce jour-là, Jack Roddy a réussi un démarrage parfait — le cordon était sur le point de céder sous la poussée de son cheval lorsque l'ouverture du loquet l'a libéré — et un magnifique lancer de lasso. J'ai eu des visions de trophée mondial. Si je pouvais faire mon numéro aussi bien, notre temps serait inférieur à dix secondes. Je montais un cheval nommé Berney, et nous nous sommes élancés à la poursuite du bouvillon que Jack s'efforçait de tirer vers nous. Arrivé à bonne distance, je me suis penché sur le côté en faisant tournoyer la boucle de mon lasso au-dessus de ma tête, mais soudain, juste au moment où j'effectuais mon lancer, j'ai eu l'impression de ne plus avoir de monture. Berney avait piqué du nez et il a fait la culbute, me propulsant en avant, la tête la première ! Je n'avais plus de cheval mais je tenais

1. En anglais : *head.*

2. *Heels :* talons.

toujours mon lasso, la boucle avait emprisonné les pattes de derrière du bouvillon, et celui-ci en se débattant tirait sur la corde qui me brûlait affreusement les mains. Transformées en hamburgers, mes paumes fumaient presque. Il ne me restait plus qu'à présenter mes excuses à Jack Roddy. Par ma faute, nous avions manqué une bonne occasion de réaliser un beau score.

A Albuquerque, Nouveau-Mexique, les choses se sont déroulées différemment. Nous avons tiré au sort un bouvillon qui braillait comme un putois et ressemblait plus à un cheval de course qu'à un bovin. Jack Roddy ne s'est pas découragé.

— T'en fais pas, on va tout de même les battre, ces chiens bâtards.

Le bouvillon rouan était dans son couloir et agitait la queue, impatient de se tirer de là. Jack montait un cheval nommé Chango et il l'avait fait reculer au maximum afin qu'il puisse prendre son élan et pousser le cordon au galop.

Le bouvillon a jailli de son couloir comme s'il avait le feu aux fesses, et Jack a lancé sa monture au moment précis où la ficelle s'est tendue. En deux ou trois foulées Chango était à fond. Jack a réalisé un superbe lancer mais a laissé filer un peu trop de corde, ce qui signifiait que les choses seraient moins faciles pour moi car le bouvillon pouvait décrire un arc de cercle plus important. J'ai poussé Berney dans sa direction. Il a baissé la tête, au point que son oreille frottait presque le sol, pour me permettre d'effectuer mon lancer de lasso, seulement cette fois-ci, le bouvillon ne se trouvait pas à un mètre cinquante mais à six ou sept mètres. Je n'aurais pas de meilleure occasion, mais je n'avais pas eu le temps d'agrandir suffisamment la boucle de mon lasso. Je l'ai lancé malgré tout et les deux pieds de derrière du bouvillon sont venus se prendre dans la boucle ; un coup que l'on réussit une fois tous les cent ans. Le bouvillon-cheval-de-course était couché sur le flanc et le juge de champ a levé son drapeau. Le chrono marquait cinq secondes et des poussières. Nous venions de prendre la tête du championnat du monde et la dernière compétition ne pourrait plus rien changer au classement final.

Durant les années que j'ai passées dans les arènes de rodéo, j'ai attrapé plus de veaux au lasso que je ne veux bien l'avouer. Pour l'épreuve de *calf-roping,* qui réclame essentiellement de la dextérité, un jeune veau de quatre-vingt-dix kilos est lâché sur la piste et se déplace avec plus d'agilité que les bouvillons. Un cow-boy se lance à sa poursuite en faisant tournoyer la boucle de son lasso. Le veau sait qu'il est là, baisse la tête et couche les oreilles, s'attendant à ce que son poursuivant, comme tous les prédateurs, lui saute sur le dos, à la base du cou. Le cow-boy lance la boucle de son lasso en direction de la tête du veau, entortille l'autre extrémité de la corde autour du pommeau de sa selle, et arrête sa monture si brusquement que le veau fait un vol plané et retombe sur le flanc avec un bruit sourd. Descendu précipitamment de son cheval, le cow-boy accourt, une corde à la main, attend que le veau se relève pour mieux le renverser de nouveau et lui lier trois pattes ; généralement une de devant et les deux de derrière. Dès que le cow-boy peut se remettre debout et lever les mains, le juge de champ brandit son drapeau et le chronomètre s'arrête.

Cette épreuve n'est pas très sympathique, et elle ne ressemble pas à ce qui se passe dans un ranch. Il arrive souvent que l'on ait besoin d'attraper des veaux au lasso — pour les marquer, les castrer ou leur donner des soins —, mais on laisse habituellement filer la corde et on se garde bien d'arrêter les veaux brutalement. Ce travail est généralement effectué en équipe, ce qui diminue le stress des bêtes.

Récemment, je suis allé prêter main-forte à des voisins qui ont un ranch ; nous avons passé la journée à attraper des veaux au lasso, et mon cheval, Dually, un spécialiste de ce genre de travail, n'a pas eu besoin de se mettre au galop, ni même au trot. Tous les ranchers préfèrent que les choses se passent ainsi. Après tout, ces jeunes bovins sont leur gagne-pain.

Il y a eu tellement de protestations contre le *calf-roping* que cette épreuve a pratiquement disparu des compétitions de rodéo, la capture des veaux au lasso ne servant plus qu'à faire patienter les spectateurs pendant qu'ils prennent leurs places, ou à meubler les temps morts. A une certaine époque, j'ai milité pour qu'elle soit totalement interdite.

En 1949, à l'âge de quatorze ans, j'ai commencé à pratiquer l'épreuve de rodéo appelée *bulldogging,* qui devait se révéler par la suite celle pour laquelle j'étais le plus doué.

Le *bulldogging* a d'abord été pratiqué par les cow-boys qui travaillaient sur les ranchs du Texas. Ils gardaient les troupeaux de bovins pendant des heures et devaient parfois isoler ou attraper certaines bêtes au lasso. De temps en temps, une bête adulte s'éloignait du troupeau et les cow-boys la prenaient en chasse et lui faisaient rebrousser chemin. Pour tromper l'ennui des longues journées de travail, ils se sont mis à rivaliser d'adresse et d'audace dans la pratique de cet exercice, allant jusqu'à sauter de leur cheval sur le cou de la bête fugueuse pour la ramener à mains nues.

Un jour, un cow-boy noir comme Bill Pickett

s'est élancé à la poursuite d'un bouvillon, lui a sauté sur le cou, s'est penché en avant et lui a mordu très fort la lèvre supérieure. Surprise par la violence de la douleur, la malheureuse bête a fait une chute. Il ne restait plus à Pickett qu'à reconduire le bouvillon, stupéfait et assagi, vers le troupeau. Le propriétaire du ranch a organisé aussitôt une tournée qui a permis au cow-boy noir de faire la démonstration de sa méthode — c'était celle qu'utilisaient les bouledogues anglais pour venir à bout des taureaux, d'où le nom de *bulldogging.*

Dans la version moderne de l'épreuve de rodéo, deux cavaliers se lancent comme des fous à la poursuite d'un bouvillon de vingt-quatre mois. L'un des deux vient se placer sur son flanc droit et le contraint à courir en ligne droite ; le second l'approche par la gauche et lui saute dessus. S'il vise bien, s'il ne l'écrase pas par terre, il se retrouve accroché au cou du bouvillon auquel il se cramponne de toutes ses forces pour éviter de tomber et d'être piétiné. Il lui reste encore à renverser le bouvillon en passant un bras autour de ses cornes et en lui coinçant les naseaux dans le creux de son coude pour pouvoir lui tordre le cou. Cela revient à faire une prise de judo à une bête de trois cent cinquante kilos lancée à fond de train. Emporté par son élan, le bouvillon se couche sur le flanc, mord la poussière, et le chrono s'arrête.

Si les bêtes ne sont pratiquement jamais blessées, les cow-boys, par contre, le sont souvent.

En 1957, un an après avoir enlevé le titre mondial universitaire de *team-roping,* Jack Roddy et moi avons remporté le championnat du monde universitaire de rodéo dans cette épreuve de *bulldogging.*

Cette fois-là, rien n'était encore joué au moment où a débuté la dernière compétition. Nous étions en tête du classement, mais talonnés de près par plusieurs de nos rivaux, et c'était pour eux la dernière chance de nous rendre la monnaie de notre pièce. Les titres mondiaux de rodéo revenaient habituellement à des concurrents originaires des États de l'intérieur : Texas, Idaho, Montana, et ils étaient nombreux à vouloir rabattre le caquet des petits gars de la côte Ouest.

Nous n'avons pas eu de chance avec notre premier bouvillon. Il était gros, lent et difficile à manier, et le temps que je le couche sur le flanc, nous nous sommes retrouvés en septième position avec un temps de six secondes et deux dixièmes. Nous étions toujours en course pour le titre puisqu'il restait encore une manche et que le score final était calculé en faisant la moyenne des temps des deux manches. Rien n'était joué et nous demeurions l'équipe à battre.

Nous avons tiré au sort le meilleur bouvillon disponible, prenant ainsi une option sur la victoire, mais, en revanche, nous ne devions concourir que tout à la fin de la réunion, assez tard dans la nuit, à un moment où le public aurait déjà quitté les lieux. Les gens apprendraient donc le résultat de l'épreuve de *bulldogging* par la radio ou la télévision, en rentrant à la maison ; cela semblait un peu fou, mais c'était ainsi, nous avions tiré un mauvais numéro d'ordre et il nous fallait en subir les conséquences.

Cet horaire a été à l'origine d'un très malheureux concours de circonstances. Aux environs de dix heures du soir, le public avait à peine quitté les gradins qu'une averse de neige fondue s'est mise à tomber, se transformant rapidement en tempête. Nous nous accrochions à notre seule et unique chance, le fait d'avoir tiré le bon bouvillon, car pour le reste, cela se présentait plutôt mal. Il y avait ce vent, cette pluie mêlée de neige qui dégouttait du bord de nos chapeaux, et rien pour nous abriter en attendant notre tour. Pour tenir le coup, nous avons dû couvrir nos chevaux et nous protéger nous-mêmes avec tout ce que nous avons pu trouver. De temps en temps, je courais en rond pendant quelques minutes pour m'échauffer. Un moment plus tard je faisais trotter Miss Twist, mon cheval, pour la même raison.

Peu après minuit, il ne restait plus que deux paires de concurrents à passer avant nous. Tous les membres de l'équipe de notre université buvaient du café chaud, m'assurant que c'était la seule chose à faire pour résister à ces conditions démentielles. J'en ai pris une demi-tasse et je l'ai bue jusqu'à la dernière goutte, en sachant pourtant bien que le café et moi ne faisions pas bon ménage.

Les deux concurrents qui nous précédaient avaient pris place dans les couloirs de départ et se tenaient prêts. Le bouvillon s'est élancé, le *hazer*[1] l'a suivi, mais son cheval a glissé sur le sol boueux. Le *bulldogger* s'est donc retrouvé seul aux côtés du bouvillon, sans personne pour obliger l'animal à courir en ligne droite. Le bouvillon a obliqué sur sa droite et le *bulldogger* s'est efforcé de le suivre. Ils galopaient côte à côte le long de la barrière. Au moment où le *bulldogger* s'est penché pour sauter, le bouvillon a fait un écart sur sa gauche. Le *bulldogger* s'est retrouvé la tête en bas, il a rebondi sur le dos du bouvillon et il est allé s'écraser sur la barrière — poteaux en bois et traverses en métal. Sa tête a frappé un étançon, et il est resté allongé sur le sol, inerte.

Tout le monde s'est précipité et on a appelé

1. Le « harceleur ».

l'ambulance. Je pense que nous savions tous qu'il était mort sur le coup — sa tête avait heurté le poteau avec un bruit sinistre. Tandis que les ambulanciers l'emportaient, j'ai pensé que le rodéo avait fait une jeune victime de plus, et je me suis juré qu'avec l'aide de Dieu je ne serais jamais du nombre.

Le mauvais temps rendait nos pensées encore plus sombres. Cette compétition était brusquement devenue pour nous tous un combat à mort.

Pour comble de malchance, j'ai été pris de nausées. Le café faisait son œuvre à l'intérieur de mon estomac, déclenchant la réaction allergique que je devais éviter à tout prix — mais cela je ne l'apprendrais que plus tard.

J'ai fait reculer Miss Twist dans son couloir de départ et j'ai ôté les toiles, bâches et couvertures qui l'avaient plus ou moins bien protégée de la pluie et de la neige fondue. Je sentais le contenu de mon estomac bouillonner, mais j'ai fait signe à Jack Roddy que j'étais prêt. Le bouvillon a été libéré et je me suis lancé à sa poursuite aussi vite que l'état du terrain le permettait. S'efforçant de garder son équilibre dans la boue, le cheval de Jack harcelait le bouvillon et faisait tout son possible pour l'obliger à courir droit. J'ai sauté de ma selle sur son cou, je lui ai tordu la tête de toutes mes forces et je l'ai renversé en quatre secondes et trois dixièmes. Au moment où j'ai senti que les trois cent cinquante kilos du bouvillon roulaient dans l'herbe, j'ai su que nous avions réalisé un temps record et qu'avec la moyenne des deux manches, nous étions champions du monde de *bulldogging*.

Tous les membres de l'équipe de notre université sont arrivés en courant pour nous féliciter, mais ils m'ont trouvé recroquevillé par terre, les yeux rivés au sol, et malade comme je n'aurais jamais cru qu'il fût possible de l'être. J'ai vomi tout ce que je pouvais, c'était abominable. Bien sûr, ils croyaient tous que l'émotion et l'énervement étaient responsables de mon malaise, et je ne parvenais pas à reprendre mon souffle pour leur expliquer qu'ils se trompaient, et leur demander d'arrêter de donner de grandes tapes dans le dos de quelqu'un qui était si malade et si triste. J'avais l'impression d'avoir très durement gagné chacun de ces quarante-trois dixièmes de seconde.

De toutes les épreuves de rodéo, la plus dangereuse est probablement le *bull-riding*. Chaque concurrent doit s'efforcer de rester assis huit secondes sur le dos d'un taureau de rodéo. Les taureaux sont encore plus féroces que les *broncos* : les chevaux sauvages font le gros dos, mettent la tête entre leurs antérieurs et sautent, les jambes raides, comme s'ils étaient montés sur ressorts ; c'est déjà assez difficile, mais les taureaux ont dans leurs sabots fendus une puissance et une force d'extension extraordinaires qui leur permettent de plonger puis de se tordre sur eux-mêmes vers la gauche, de plonger de nouveau puis de faire un tête-à-queue vers la droite, et ainsi de suite, comme un grand huit couvert de poils qui s'ébrouerait bruyamment. Et une fois que vous avez passé vos huit secondes à vous cramponner à la corde qui lui enserre les flancs, que vous avez été éjecté ou que vous avez réussi à sauter en marche, le taureau se retourne contre vous et ne cache pas son intention de vous piétiner jusqu'à ce que vous ne soyez plus qu'un peu de poussière sous ses sabots. Ceux que l'on appelle « les clowns » doivent se précipiter sur la piste et s'efforcer d'attirer son attention en faisant toutes sortes de cabrioles et de pitreries. Ces clowns sont des athlètes et des toreros extraordinaires qui prennent des risques fous pour divertir le public.

Pour l'épreuve de *bull-riding,* le tirage au sort est capital. Votre vie dépend du taureau que vous allez devoir monter. Après les huit secondes fatidiques, la combativité du taureau et la résistance du cavalier sont notées de un à cent cinquante. En ce sens, on peut dire qu'il s'agit d'un sport d'équipe...

Lorsque nous nous sommes mariés, ma femme m'a demandé de ne plus participer à cette épreuve, non seulement à cause des risques encourus, mais aussi parce qu'elle pensait que mes performances dans les autres épreuves de rodéo se trouveraient améliorées si je n'avais plus à supporter la tension nerveuse et le surmenage imposés par le *bull-riding.* J'ai accepté, et la suite des événements a prouvé très rapidement qu'elle avait raison. Au début du rodéo qui a suivi, des images de *bull-riding* ne cessaient de me traverser l'esprit, je me surprenais à m'inquiéter des résultats du tirage au sort, et je devais chaque fois me rassurer et me calmer en me rappelant que je n'étais pas inscrit pour cette épreuve. Aussitôt après, l'ensemble de mes performances s'est considérablement amélioré. Ma femme avait été de bon conseil.

Tout le monde a vu au cinéma ou à la télévision des images d'un *bronco* sautant, ruant et désarçonnant son cavalier. Tous les mustangs ne peuvent pas espérer devenir *broncos* de rodéo, car le « bronc » n'est pas seulement un cheval sauvage, c'est un spécialiste très prisé. Bien loin d'être un sport cruel, le *bronco-riding* est l'épreuve que les chevaux apprécient le plus, et les champions sont des bêtes de grande valeur que l'on bichonne et auxquelles on donne la meilleure nourriture. On ne les ennuie pas avec des exercices répétitifs comme les autres chevaux de rodéo ; on les respecte et on les empêche de déchoir. Ce sont des animaux sauvages et personne ne s'avise de passer des heures à essayer de briser leur volonté. Le jour de la compétition, on les fait entrer dans une sorte de stalle très étroite, un homme s'assoit sur leur dos, le portillon s'ouvre, et ils peuvent faire tout ce qui leur passe par la tête pour se débarrasser de leur présomptueux cavalier. C'est la belle vie.

En 1949, diverses associations d'amateurs se sont regroupées pour élaborer le règlement d'une nouvelle compétition baptisée *Horsemastership*[1] et ouverte à tous les cavaliers âgés de moins de dix-huit ans. Le groupement a divisé les États-Unis en régions comptant chacune un certain nombre d'États partagés à leur tour en districts ; et il a mis en place une pyramide d'épreuves qualificatives au niveau du district, de l'Etat et de la région ; les sélectionnés de toutes les régions devant être invités à disputer une grande finale internationale à New York.

De très nombreux parents des quatre coins du pays ont inscrit leurs enfants. Durant les quelques années où s'est déroulée cette compétition équestre gigantesque et polyvalente, la quantité d'heures de travail consacrée à préparer et encadrer les jeunes cavaliers et cavalières a dû faire baisser sensiblement le produit national brut des États-Unis.

En 1949, mon frère et moi avons participé à la première édition de la compétition. Je m'en souviens parfaitement. Il faisait très chaud ce jour-là à Santa Rosa, Californie, et nous ne comprenions pas très bien ce qui nous arrivait. Cette compétition

1. Maîtrise équestre.

n'avait rien de drôle, nous n'y étions pas préparés, nous avons été très mauvais et nous sommes rentrés chez nous persuadés d'être des bons à rien.

Le lendemain ou le surlendemain de ce désastre, piqués au vif, nous avons commencé à nous entraîner pour la deuxième édition du *Horsemastership*. En 1950, j'ai été qualifié au niveau de mon district et je suis allé à Palm Springs participer à la sélection pour l'ensemble de la Californie.

Je me rappelle encore certaines des questions qui nous ont été posées. Les différentes pièces composant le harnachement d'un cheval de selle avaient été numérotées, et il fallait dire quelle était la plus importante et expliquer pourquoi. Pour chaque mors, chaque boucle, chaque lanière de cuir, j'ai fait la même réponse sibylline. Les juges auraient pu estimer qu'elle était un peu condescendante, ou qu'elle dissimulait mon ignorance, mais ils ont aimé la philosophie qui se dégageait de cette phrase que je n'avais pas craint de répéter :

« La pièce la plus importante du harnachement d'un cheval, ce sont les mains du cavalier. » Et ils m'ont accordé la meilleure note.

J'ai remporté les épreuves qualificatives de Palm Springs, et ce n'était pas une surprise. Il ne faut pas oublier que, depuis deux ans, je m'occupais de chevaux d'une manière obsessionnelle. J'avais les activités d'un entraîneur professionnel adulte, et l'on m'avait opposé des adolescents pour lesquels l'équitation n'était qu'un passe-temps.

Je venais de fêter mon quinzième anniversaire lorsque je suis allé à New York gagner la finale avec une confortable avance. Presque tous les autres finalistes avaient dix-huit ans, l'âge maximum autorisé. Quinze d'entre eux étaient originaires de différents États des États-Unis, les autres venaient du

Canada, du Mexique, du Panama, de Porto Rico, d'Afrique du Sud et d'Argentine.

Entre les rodéos, les compétitions de présentation, celle de *Horsemastership* et les voyages en chemin de fer, je trouvais tout de même le temps d'aller à l'école, très épisodiquement ; principalement les jours d'examen, afin de faire la preuve que j'avais bien le niveau requis.

J'étais inscrit à l'école catholique locale, tenue par les sœurs de Notre-Dame. Elles portaient encore la robe de bure et le scapulaire traditionnels et, en prenant le voile, elles avaient dû abandonner leur nom laïc pour adopter un nom de religion. De toute ma scolarité, je n'ai pas connu de professeur qui ait eu plus d'influence sur moi que sœur Agnes Patricia. J'ai été très marqué par sa conception de la pédagogie. Elle était convaincue qu'aucun professeur ne pouvait apprendre quoi que ce soit à qui que ce soit. Elle pensait que son rôle d'enseignante se limitait à créer un environnement favorable dans lequel les élèves avaient la possibilité d'apprendre ; que le savoir ne pouvait pas être inculqué par le professeur, mais que l'élève devait être réceptif et, surtout, désireux d'acquérir ce savoir.

C'est cette conception que j'applique à l'entraînement des chevaux. Le verbe « enseigner » implique une sorte d'injection de connaissances ; je suis d'accord avec sœur Agnes pour penser qu'une telle opération est impossible et que l'on peut seulement donner envie d'apprendre.

Le ranch de Laguna Seca est situé à une vingtaine de kilomètres du Competition Grounds, au sud de Salinas. Il compte environ trois mille hectares et jouxte le camp militaire de Fort Ord. Il avait été racheté, à la fin des années quarante, par une dame nommée Dorothy Tavernetti. En 1950, elle a pris pour compagnon un certain Trevor Haggeman, un cow-boy passionné de rodéo et spécialiste de *team-roping,* et elle est devenue son commanditaire. Elle lui a offert des fournées de bouvillons à longues cornes de la race Mexican Corianti, afin qu'il puisse s'entraîner. Mon frère et moi allions là-bas trois fois par semaine pour profiter de l'aubaine et parfaire notre entraînement.

Au bout de trois ou quatre mois, les bouvillons avaient pris trop de poids et refusaient de courir parce qu'ils en avaient assez d'être pris au lasso à longueur de journée. Au lieu de les vendre, Trevor a préféré les lâcher sur la propriété, et Dorothy lui a acheté une autre fournée de Mexican Corianti. Tous ces bestiaux vivaient en liberté et devenaient de plus en plus gros.

En 1951, Dorothy Tavernetti s'est lassée de Trevor et lui a demandé de faire ses valises. Puis elle a décidé de vendre tous les bouvillons qu'il avait installés sur son ranch. Les quatre cents premiers ne furent pas trop difficiles à regrouper, et Dorothy les envoya au marché aux bestiaux sans plus de cérémonie. Les cent autres étaient devenus si sauvages qu'on ne pouvait les apercevoir que la nuit.

Les cow-boys engagés par Dorothy arrivèrent à la conclusion qu'il était impossible de les attraper, mais elle refusa d'adopter cette attitude défaitiste et engagea un nommé Ralph Carter pour qu'il essaye de capturer les bovins rebelles à la faveur de la nuit. M. Carter était en relation étroite avec notre famille, et comme nous avions déjà pris ces bêtes au lasso des douzaines de fois, il était logique qu'il fasse appel à nous. Larry et moi avions respectivement quinze et seize ans, et ces sorties nocturnes allaient devenir pour nous une expérience inhabituelle.

Les premières nuits, nous avons réussi, sans trop

de difficulté, à regrouper une quarantaine de têtes, mais après les choses sont devenues beaucoup moins faciles. Les cinquante ou soixante derniers étaient les plus coriaces, de vrais professionnels.

M. Carter a imaginé un plan. Il a commencé par amener régulièrement des bottes de foin avec son pick-up et les a déposées au centre d'une zone plate et dégagée, située en bordure sud de la propriété. Nous étions en plein été, la sécheresse brûlait la végétation, rendant la nourriture plus rare, et les bouvillons se sont habitués rapidement à cette nouvelle source d'approvisionnement. Ils surveillaient l'arrivée du pick-up qui venait livrer le foin chaque soir entre neuf et dix heures, et ils ont fini par aimer le bruit du gros moteur V8 de 4,5 litres de cylindrée.

Quand l'habitude a été prise, M. Carter nous a demandé de nous dissimuler parmi les arbres qui bordaient l'endroit, montés sur nos chevaux et équipés de pied en cap. Dès qu'il aurait livré le foin et que les bouvillons seraient en train de manger, nous devions nous précipiter hors de notre cachette pour ne pas leur laisser le temps de gagner les fourrés, puis en capturer chacun un dans l'obscurité quasi totale.

Lorsqu'il a fallu passer à l'action, galoper dans la nuit, ventre à terre, sur un terrain accidenté, et essayer de profiter de la faible clarté de la lune pour attraper au lasso un bouvillon parmi les plus sauvages qui soient, l'affaire est devenue effrayante. Nous n'avons été sûrs d'avoir réussi qu'en sentant le lasso se tendre brutalement. Ensuite, nous avons entortillé l'extrémité de la corde autour du pommeau de la selle et patienté tant bien que mal jusqu'à ce que M. Carter revienne, tractant un van avec son pick-up. Nous y avons fait monter nos deux captifs et nous sommes rentrés.

En six nuits, nous avons réussi à capturer de cette façon une douzaine de bouvillons, mais les quarante qui restaient ont fini par comprendre ce qui se passait et ont trouvé la force de résister à la tentation.

M. Carter a dû imaginer un nouveau plan. Cette fois-ci, Larry et moi avons d'abord chevauché vers le nord pendant huit ou dix kilomètres, avant de faire demi-tour et de redescendre vers le sud en poussant devant nous toutes les bêtes que nous trouvions sur notre passage, jusqu'à atteindre la zone plate et dégagée habituelle. Arrivés là, nous avons lancé nos chevaux à fond de train afin de capturer deux bouvillons avant qu'ils n'aient le temps de se mettre à l'abri.

Je donnais la chasse à une bête que je voyais à peine, et qui s'est précipitée dans un bouquet de chênes. J'ai pris garde de ne pas me jeter contre une branche basse, mais je ne savais pas qu'au beau milieu des arbres il y avait un grand trou. Le bouvillon, lui, ne l'ignorait pas. Il a obliqué brusquement pour emprunter un sentier qui contournait la fosse tandis que mon cheval et moi prenions notre envol.

Je suis passé par-dessus la tête de ma monture et je me suis retrouvé debout au fond d'un trou profond de cinq mètres, enfoncé dans le sable jusqu'aux genoux. Je tenais dans ma main gauche mon lasso enroulé, et dans la droite, la boucle encore formée. Mon cheval était là, debout et ensablé jusqu'aux genoux lui aussi.

J'étais très vexé d'avoir été roulé par un bouvillon, et ma colère a redoublé quand je me suis rendu compte que j'aurais du mal à sortir de ce trou qui mesurait une quinzaine de mètres de large. J'ai pris mon élan et je me suis lancé à l'assaut d'une des parois, mais sans parvenir à l'escalader, restant accroché un instant, du bout des doigts, à des aspérités, avant de lâcher prise et de glisser jusqu'au fond. J'avais la bouche pleine de terre et des cailloux plein mes bottes. Je ne me suis pas découragé pour autant et j'ai fini par atteindre le bord de la fosse, mais alors je n'ai pas réussi à convaincre mon cheval de me rejoindre, et j'ai dû redescendre le chercher.

Il m'a fallu une demi-heure pour faire sortir ma monture de là et m'en tirer moi-même. Lorsque j'ai enfin rejoint le pick-up, M. Carter et Larry se demandaient ce qui avait bien pu m'arriver.

C'est sans doute cet incident qui nous a incités à nous informer de notre rémunération et d'éventuelles primes de risque. Magnanime, M. Carter a reconnu que nous étions en droit d'espérer cinq dollars chacun pour toute bête récupérée. Nous avions appris qu'il touchait la moitié du prix versé par le marchand de bestiaux à Dorothy Tavernetti, soit une centaine de dollars par tête, mais nous avons tout de même accepté sa proposition parce que nous prenions beaucoup de plaisir à faire la chasse aux bouvillons rebelles.

Il en restait encore une vingtaine à capturer, et M. Carter avait un nouveau plan. Nous avions compris que les chevaux étaient devenus leur bête noire ; ils en avaient peur et pouvaient les flairer à distance. Par contre, ils aimaient encore le bruit du gros moteur V8 et étaient toujours attirés par le foin.

M. Carter m'a demandé de me dissimuler à l'arrière du pick-up avec mon lasso, l'extrémité de ce dernier étant fixée au crochet d'attelage. Puis il a roulé lentement, jusqu'à se retrouver au milieu des bouvillons, et j'ai commencé à balancer des poignées de foin par-dessus bord pour les attirer. Peu après, M. Carter a marmonné :

— Il y en a trois qui arrivent sur la gauche.

Au moment opportun, je me suis levé d'un bond et j'ai attrapé au lasso une des bêtes les plus proches. M. Carter a écrasé l'accélérateur et la corde s'est tendue d'un coup sec, renversant le bouvillon. Larry et moi nous sommes précipités pour le maintenir au sol tandis que M. Carter lui nouait une longe autour des cornes afin de pouvoir l'attacher à un arbre en attendant que nous allions chercher le van.

Tout s'est bien passé jusqu'à la nuit de l'accident.

Cette fois-là, j'étais persuadé que les bouvillons arrivaient par la droite, mais au dernier moment ils ont changé de direction. Quand je me suis redressé, il a donc fallu que je pivote sur moi-même avant de pouvoir lancer mon lasso. Je n'ai pas eu le temps de réfléchir à ce que je faisais de la corde. C'est seulement lorsque M. Carter a démarré en trombe que j'ai réalisé qu'elle s'était enroulée autour de moi. Il était trop tard pour faire quoi que ce soit. Le lasso s'est tendu, me fouettant le visage et m'envoyant rouler au sol. Ma tête est allée cogner contre le hayon et j'ai perdu connaissance.

Ils ont traîné le bouvillon sur une trentaine de mètres avec cette corde qui lui encerclait le cou, passait par-dessus le hayon et faisait le tour de ma tête avant de repasser par-dessus le hayon pour aboutir au crochet d'attelage. Certainement la chose à ne pas faire. Je suis resté inconscient pendant plusieurs heures, et, lorsque je me suis réveillé à l'hôpital, la tête couverte de bandages, je ne me souvenais plus de rien.

Nous avons fini par récupérer tous les bouvillons. Certes, nous avions eu de la chance de nous en tirer sans trop de mal, mais nous avions gagné pas mal d'argent en nous amusant, et cela m'avait permis de perfectionner encore ma vision nocturne.

C'est durant mes séjours au Nevada que j'ai compris la gravité de nos torts envers Brownie. Dans le désert, j'avais été témoin de l'existence qu'il avait menée durant ses deux premières années, et je dois bien avouer qu'elle m'avait parue idyllique, en dépit de la menace que représentaient les prédateurs. Il avait été élevé dans un groupe familial très uni où l'affection n'était tempérée que par la discipline, et au sein duquel il avait bénéficié de la sécurité que procure une famille élargie dont les membres communiquent effectivement entre eux.

On l'avait arraché à tout cela pour le placer dans un environnement étranger et hostile où on avait commencé par le battre et le terroriser pour l'obliger à se soumettre. J'avais fait tout mon possible pour lui faire oublier le *sacking-out* que mon père lui avait infligé. Je lui parlais tout le temps, je l'écoutais, je m'occupais de lui le mieux possible, je faisais tout ce qui était en mon pouvoir pour qu'il soit bien. Sa santé était toujours bonne, je surveillais très soigneusement son alimentation, et je devançais ses moindres désirs.

Il m'avait payé de retour, devenant comme un second frère pour moi, et il me semblait que nos cœurs battaient à l'unisson. Exception faite de cette phobie du papier qui ne le laisserait en paix que le jour de sa mort, c'était un cheval solide, calme et équilibré. En bref, il s'était remis le mieux possible de son traumatisme.

Pourtant, en 1952, j'ai remarqué qu'il avait l'air triste quand il était à l'écurie et répugnait à me voir me mettre en selle. Pour comprendre ses difficultés et tenter de les résoudre, j'ai commencé par varier son alimentation et modifier son entraînement.

L'un de ses exercices préférés consistait à se précipiter sur un groupe de bouvillons pour les faire fuir dans toutes les directions. Lors des compétitions de chevaux de travail, l'une des épreuves exigeait de Brownie qu'il isole un des bovins et l'empêche de rejoindre le troupeau. C'est l'équivalent de ce que l'on demande à un chien de berger, et certains chevaux[1] sont particulièrement doués pour ça. Le cheval possède des canines dont la raison d'être n'a jamais été expliquée de façon satisfaisante. J'ai à ce sujet une théorie qui m'est chère : ces canines seraient en rapport avec l'instinct prédateur qui se manifeste chez le *cutting-horse.*

Quoi qu'il en soit, Brownie aimait beaucoup mettre les bouvillons en fuite et les poursuivre. Lorsqu'il se livrait à cette activité, il était comme un chiot courant après des oiseaux. Pourtant, lorsque j'augmentais la proportion de ses exercices préférés dans son programme d'entraînement, son apathie ne faisait qu'empirer. C'était incompréhensible.

Un beau jour, j'ai enfin compris : il en avait assez de moi, il avait besoin de vacances. Un jeune cavalier dans mon genre, qui a de l'énergie à revendre, court souvent le risque de surmener sa monture, de lui accorder une attention excessive, de dépasser les bornes. J'exigeais beaucoup trop de Brownie et il ne me donnait plus le meilleur de lui-même. Je l'obligeais à partager ma vie et mes ambitions, et c'était plus qu'il ne pouvait supporter.

Lorsque j'ai réalisé ce qui se passait, nous étions à quelques semaines seulement de la plus importante compétition programmée à Salinas pour l'année 1952. Nous aurions affaire à forte partie, et il était impératif que nous soyons au mieux de notre forme. Allions-nous nous défiler et renoncer à

1. Appelés *cutting-horses,* de l'anglais *to cut off :* séparer, isoler ; et *horse :* cheval.

récolter les fruits de plusieurs mois de travail ? Comment sortir de ce dilemme ?

Je regrettais plus que jamais que nous ne partagions pas le même langage. J'aurais été averti de ses difficultés des mois auparavant et nous les aurions réglées ensemble. Au lieu de cela, j'avais progressé à l'aveuglette, m'efforçant de trouver des réponses par tâtonnements.

Brownie occupait le box qui se trouvait au milieu de l'écurie. Accoudé à la porte, je lui ai parlé, face à face. Je lui ai proposé un accord :

— Je continuerai à t'aimer, à te nourrir, et à t'entraîner du lundi au vendredi, mais je ne te harcèlerai plus ; en dehors des entraînements, tu feras ce que tu voudras. Pourrais-tu me donner en retour le meilleur de toi-même le samedi et le dimanche ?

Sachant qu'il ne pouvait pas me comprendre, mais songeant à ce que j'avais découvert au Nevada, je lui ai promis de consacrer ma vie à étudier son langage. Cette promesse, je me la faisais à moi-même autant qu'à lui ; je me fixais des objectifs à atteindre, des ambitions à réaliser, et je décidais du cours que devrait suivre ma vie à compter de ce jour.

Peu après, Brownie a remporté toutes les épreuves de la réunion de Salinas ; il s'est donné à fond. On aurait dit qu'il m'avait compris.

Entre-temps, le wagon de chemin de fer acheté et aménagé par mon père devenait chaque été ma seconde maison, me transportant d'une compétition à l'autre, à travers tout le pays, en compagnie de Miss Parsons, d'un palefrenier, de Brownie et de huit autres chevaux.

Miss Parsons m'avait déjà enseigné les mathématiques, la grammaire, etc., et elle s'était mis dans la tête de m'expliquer le fonctionnement de la « classification Dewey » employée par les bibliothèques du monde entier pour cataloguer les livres. Je trouvais horrible d'avoir à étudier ce genre de chose, mais il n'y avait pas moyen d'y couper. Cela lui tenait autant à cœur que la guerre contre les souris et la poussière. Si je la rencontrais aujourd'hui, je serais au regret de devoir lui avouer que personne, jamais, ne m'a demandé de créer ou de gérer une bibliothèque de quelque importance.

Pendant que j'étudiais, le palefrenier s'occupait des chevaux, et passait le reste de son temps à dormir. Lorsqu'il en avait assez de notre compagnie, il grimpait sur le toit du wagon et, sautant de toit en toit, gagnait le fourgon de queue où il passait un joyeux moment avec l'équipe de convoyeurs.

Mon père avait engagé un régisseur dont le travail consistait à prévoir notre ravitaillement et notre transport de la voie de garage au lieu de la compétition, mais aussi — et surtout — à vendre le maximum de billets pour une « consultation » que je donnais après la compétition — généralement le lundi soir. Souvent, ces billets étaient vendus à des clubs, des associations ou des écoles. Le slogan publicitaire affirmait : « Monty vous apprendra à devenir un gagnant comme lui. »

En y réfléchissant, je pense que mon père espérait couvrir ainsi les frais généraux considérables qu'occasionnaient les déplacements du wagon, l'entretien de neuf chevaux et les salaires de deux employés à plein temps. Les primes que je récoltais n'y suffisaient pas.

Nous arrivions dans une ville le jeudi et abandonnions le wagon sur sa voie de garage. Je m'entraînais sérieusement afin d'être fin prêt pour les compétitions du samedi et du dimanche au cours desquelles je remportais généralement toutes les épreuves. Comment aurait-il pu en être autrement ? Non seulement j'avais Brownie, mais je disposais également de huit autres chevaux parfaitement entraînés et qui avaient chacun leur spécialité, pour rafler la totalité des primes offertes. J'étais un professionnel avec pas mal d'années d'expérience. L'American Horse Shows Association me considérait du reste comme un « pro », mais m'autorisait à participer à des compétitions amateurs du moment que j'avais l'âge requis.

Mes adversaires étaient des mômes qui disputaient au maximum deux ou trois compétitions chaque été, ne s'entraînaient que les week-ends, considéraient l'équitation comme un loisir et ne pensaient pas à en faire leur métier.

En ce temps-là, j'étais une sorte de phénomène, et ma participation à une compétition représentait un événement. C'est pourquoi mon père avait pensé à organiser ces consultations auxquelles se pressait un public enthousiaste qui espérait bien avoir la révélation du secret de ma réussite. La plupart de ceux qui avaient acheté un billet arrivaient avec leur cheval, mais quelques-uns venaient là en simples curieux.

Miss Parsons s'occupait de la comptabilité et allait déposer à la banque locale le montant de mes primes et la recette de la consultation. Elle rangeait les récépissés de dépôt dans une cassette métallique dont elle faisait l'inventaire avec mon père quand nous revenions à la maison ; mais j'étais tenu à l'écart de tout cela.

Le lendemain de la compétition, je me retrouvais donc en face d'une ligne de jeunes qui avaient tous des questions à me poser. J'amenais Brownie avec moi afin qu'ils puissent voir le fameux cheval qui avait remporté de multiples trophées. J'allais de l'un à l'autre, écoutant toujours très attentivement ce qu'ils avaient à me demander et je m'efforçais de les conseiller de mon mieux. La voix d'un adulte sortait de la bouche d'un adolescent tandis que je leur parlais de harnachement, d'entraînement et des vertus du travail et de la patience. J'observais leurs chevaux et je leur donnais mon avis sur ce qu'ils devraient faire par la suite. Il m'a fallu apprendre à parler clairement et à projeter ma voix. Je prenais mon rôle très au sérieux ; ils avaient tous payé pour se trouver là et ils méritaient que je leur accorde toute mon attention.

Bien sûr, je savais qu'aucun d'eux n'avait la possibilité de monter six à sept heures par jour, que leurs parents ne leur permettraient pas de se consacrer totalement à l'équitation, et donc que les conseils que je leur donnais n'en feraient pas d'autres Monty Roberts. En ce sens, l'objectif déclaré de ces consultations — permettre à de jeunes cavaliers de connaître la même réussite que moi — ne pouvait pas être atteint.

Il m'arrivait de les plaindre, mais presque aussi souvent de m'apitoyer sur mon propre sort. Je comparais ma vie durant l'été à celle de ces jeunes évangélistes qui parcourent le pays en s'efforçant de diffuser le « Bon Livre » ; à bien des égards, mon existence était éprouvante. J'étais un adolescent qui n'avait jamais eu vraiment l'occasion de se comporter comme un enfant. J'étais très seul et parfois cette solitude me pesait. Je me suis rendu compte que mon échelle des valeurs différait profondément de celle de la majorité des gens. Je n'avais, par exemple, jamais mis les pieds dans une boutique de jouets ; ce n'est que beaucoup plus tard que cela m'a paru bizarre, lorsque j'ai vu que presque tous les enfants, à partir d'un certain âge, éprouvaient le désir d'entrer dans un magasin et de montrer du doigt un train électrique ou une poupée Barbie en disant : « S'il vous plaît, est-ce que je pourrais avoir celui-là, ou celle-là ? »

Mon univers était centré si exclusivement sur les chevaux que j'avais tendance à me croire le meilleur de tous et à penser que je possédais des qualités qui faisaient défaut aux autres. Après tout, j'étais le jeune cavalier le plus en vue du continent nord-américain et je participais victorieusement à des compétitions professionnelles. En cachette de mon père, j'avais commencé à étudier le langage silencieux que j'appelais *Equus,* et il me tardait de me libérer de la tutelle paternelle pour utiliser mes propres méthodes qui ne manqueraient pas de me valoir une renommée mondiale. J'avais donc quelques raisons de me montrer arrogant.

Fort heureusement, Miss Parsons m'obligeait à garder la tête froide. Elle a permis que notre cirque estival devienne une aventure extraordinaire et très instructive. Elle m'a fait comprendre que je n'en étais arrivé là qu'après des heures et des heures de travail, et que les autres jeunes de mon âge n'avaient pas eu la chance de disposer d'autant de temps.

Je savais donc déjà, à cette époque-là, que les résultats que j'obtenais étaient le fruit de longues années de dur labeur, d'étude et d'entraînement, et non le fait de pouvoirs occultes. Certains voudraient me prêter de tels pouvoirs, mais je les refuse catégoriquement.

Je n'avais que dix-sept ans, mais mon expérience de la vie et ma formation étaient celles d'un homme d'une vingtaine d'années, et j'avais de bonnes raisons de penser que le moment était venu de voler de mes propres ailes, ce qui rendait mes relations avec mon père de plus en plus difficiles.

Je me souviens de toutes les discussions que nous avions alors. Si je souhaitais entraîner des chevaux en utilisant mes propres méthodes, il me demandait ce que je reprochais aux siennes. Elles lui avaient permis d'obtenir de très bons résultats, et il ne voyait pas pourquoi il faudrait en changer. Il voulait, au contraire, que je m'en tienne à sa façon de faire, et le seul fait que je puisse avoir envie de modifier ce qu'il m'avait enseigné suffisait à le mettre en colère.

J'aurais également aimé jouer au football américain et pratiquer la lutte, mais il ne voulait pas en entendre parler. C'était comme si je lui avais demandé la lune. Tout ce qui m'éloignait de la route qu'il m'avait tracée lui était intolérable. Il m'avait donné la vie et était donc en droit de décider de l'usage que je devais en faire. C'était sa façon de penser. Un jour, je lui ai demandé :

— Je pourrais peut-être disposer d'une partie de l'argent que j'ai gagné en participant à des films ? J'aimerais acheter quelques équipements.

— Quel argent ? Tu l'as dépensé il y a bien longtemps.

— O.K. Alors l'argent des consultations que j'ai données cet été.

Il a répondu par d'autres questions :

— Qui a payé ton éducation, ton logement, ta nourriture ?

— Toi.

Puis il s'est montré on ne peut plus clair :

— C'est moi, ton père, qui ai fait de toi ce que tu es, et tu m'en es redevable ; et non le contraire.

Je ne devais surtout pas abandonner ce qu'il avait mis sur pied, mais prendre le relais ; ainsi je récolterais tous les bénéfices de ce que nous avions accompli ensemble. Voilà pourquoi il ne me laisserait pas gaspiller l'argent qui était investi dans son affaire.

Mon intention n'était pas d'être la copie conforme de mon père, ni de prendre sa suite. Je voulais frayer mon propre chemin. J'ai abandonné tout espoir de le convaincre. Je ne me confiais plus qu'à Brownie :

— La question n'en restera pas là. On échappera à son emprise, tu verras. Un peu de patience ; on mènera bientôt une nouvelle vie.

Le jour où nous nous sommes affrontés de nouveau, j'étais à la maison en train de parler avec ma mère.

— Tu sais, m'man, mon travail de ces dernières années avec les mustangs m'a vraiment appris un tas de choses.

— Quoi, par exemple ?

— Des choses réellement importantes. Je sais — j'en suis absolument certain — qu'il n'est plus nécessaire de faire subir le *sacking-out* aux jeunes chevaux. J'agis différemment. Je n'ai pas besoin de les frapper, pas du tout, m'man, pas de la façon dont je m'y prends. Je ne leur attache même pas une corde au licou avant de les monter.

— Ça me paraît être une meilleure façon de procéder.

— Ça l'est. Je t'assure...

A ce moment-là, quelque chose a attiré mon attention, je me suis retourné et j'ai vu mon père. Il me fixait depuis le pas de la porte, et j'ai compris à son regard qu'il avait surpris la fin de notre conversation. Il s'est avancé et j'ai senti mon sang s'écouler dans mes bottes. Je savais que son regard dur et impitoyable ne présageait rien de bon. Il est venu se planter devant nous, le teint empourpré par la terrible fureur qui s'était emparée de lui. Les veines de son cou se sont dilatées lorsqu'il a crié :

— Je ne veux plus jamais entendre parler de ça !

— Papa...

Le poing gauche serré, en martelant ma poitrine avec l'index de sa main droite, il a crié plus fort encore :

— Tu n'es qu'un ingrat !

— Pas du tout.

— Tu es bien trop stupide pour pouvoir faire quoi que ce soit sans mon aide !

Sachant ce qui allait suivre, j'avais du mal à déglutir. Ma mère a tenté de s'interposer :

— Marvin, s'il te plaît...

— Tu me dois tout !

Là-dessus, il a levé le poing et m'a frappé durement à la mâchoire. Je connaissais bien cette sensation de choc et j'ai remercié Dieu en entendant ma mère pousser un cri bref, car, en sa présence, mon père n'oserait pas aller aussi loin que d'habitude. Et effectivement, comme il s'avançait dc nouveau vers moi, elle est intervenue :

— Marvin, arrête immédiatement.

Elle lui a saisi le bras. J'avais mis une main devant ma figure, attendant de voir ce qui allait se passer. Ma mère regardait mon père aussi fixement et intensément que si elle avait voulu le changer en pierre. Elle lui a dit :

— Écoute-le, pour une fois. Il a dix-sept ans ; ce n'est plus un gamin.

Le pouls de mon père est devenu moins rapide, et sa colère est retombée en partie.

— L'écouter ? Ah bon !

Son ton sarcastique laissait sous-entendre que je ne disais jamais rien d'intéressant, mais comme ma mère était là et qu'il ne pouvait pas me tomber dessus à bras raccourcis, il a repris son calme et m'a donné une chance. Nous sommes passés au salon et il s'est assis sur le canapé tandis que ma mère se tenait à mes côtés pour me protéger. J'ai senti en moi comme un déclic et j'ai saisi l'occasion. Ce n'était plus une simple conversation, je lui ai expliqué ce qui allait se passer :

— Je veux travailler pour mon propre compte. Je pense qu'il y a des gens qui me donneront leurs chevaux à entraîner, et je veux qu'on me laisse le faire à ma façon. J'aimerais avoir une chance de prouver que je peux y arriver. Ce n'est pas trop demander que de vouloir obtenir ce que tu accorderais à n'importe quel autre habitant de la ville de Salinas qui viendrait te trouver pour louer une partie des installations du Competition Grounds. J'aimerais être traité comme Ray Hackworth et les autres.

Un ange est passé pendant que mon père digérait ce qu'il venait d'entendre. Incrédule, il m'a regardé, puis m'a répondu :

— Très bien ! Si c'est ça que tu veux, je te louerai l'écurie numéro huit. Pourquoi pas ? On verra bien comment tu t'en sortiras.

Puis il s'est levé et, pointant son index vers moi, il a poursuivi :

— Puisque tu abordes le sujet et que tu as l'air d'être devenu brusquement un homme, tu vas pouvoir nous payer une pension, t'acheter tes vêtements et ta propre voiture.

Et il a ajouté pour me porter le coup de grâce :

— Le loyer de ta chambre sera de trente-cinq dollars par mois.

Tout en me disant ce que j'avais envie d'entendre, il essayait de me persuader que je courais à l'échec. Trente-cinq dollars, c'était ce que mes parents avaient payé pour la maison de Church Street, et c'est probablement pour cela que mon père avait avancé ce chiffre. Il voulait me rappeler l'importance des dépenses auxquelles il devait faire face.

Je me suis empressé d'accepter son offre. Il a précisé les détails et a chargé ma mère de surveiller l'application de notre accord. Il lui a dit quel jour elle devrait exiger le loyer, la pension et le reste. Il avait l'air un peu surpris que je l'aie pris au mot.

Je lui ai donc loué l'écurie numéro huit et je me suis établi entraîneur de chevaux. Comme je voulais qu'il soit bien clair entre nous que j'étais désormais le maître de ma destinée, je me suis inscrit pour pratiquer le football américain à l'école, mettant les bouchées doubles pour tenter de combler le retard qui me séparait de ceux qui faisaient partie de l'équipe depuis quatre ans déjà. J'ai également pratiqué la lutte. Je commençais à déployer mes ailes.

J'étais persuadé que je n'aurais aucun mal à gagner largement ma vie. Après tout, j'avais remporté deux titres de champion du monde et j'aurais sûrement plus de clients qu'il ne m'en fallait. La réalité n'a pas tardé à me ramener à plus de modestie. J'étais loin d'avoir assez de clients pour en vivre décemment. Si ma mère ne m'avait pas aidé en cachette la plupart du temps, oubliant un mois de loyer par-ci par-là, et me glissant quelques billets dans la poche quand elle voyait que j'en avais besoin, je me serais certainement ramassé très rapidement et j'aurais dû aller travailler comme cantonnier. Elle trichait sur tout. Il lui arrivait même d'acheter à mon père des pantalons manifestement trop petits pour lui, mais qui se trouvaient du même coup être à ma taille, afin de pouvoir me les donner. Si elle n'avait pas faussé les comptes de cette manière, mon père aurait eu raison : je ne m'en serais pas sorti. Grâce à elle, j'avais réussi à échapper à l'emprise paternelle. C'était un début.

Monté sur Brownie, je me tenais d'un côté du corral ; du côté opposé, il y avait une bande de bouvillons. Brownie piaffait d'impatience, me demandant de lui lâcher la bride et de le laisser se précipiter sur eux, mais j'ai attendu encore un moment avant de lui en donner l'ordre, d'une voix flûtée. Il s'est élancé avec sa vigueur habituelle ; c'était son exercice préféré et nous l'avions déjà répété à plusieurs reprises. Les bouvillons savaient à quoi s'en tenir et ils sont partis d'eux-mêmes dans toutes les directions, comme des boules sur un billard américain.

Brownie s'est mis au travail, faisant sortir un des bouvillons du coin où il s'était réfugié et l'obligeant à s'écarter de la barrière. C'était une des choses qu'il faisait le mieux et il n'était pas toujours facile de l'en empêcher.

Soudain, j'ai compris que quelque chose n'allait pas. Comme si nos deux systèmes nerveux avaient été interconnectés, j'ai ressenti en même temps que lui la rupture brutale et épouvantable qui le foudroyait. Et, effectivement, il a bronché et s'est affaissé comme une masse. Cela n'avait rien à voir avec la chute d'un cheval qui vient de trébucher ; on aurait dit que le sol s'était subitement dérobé sous ses pieds.

En me relevant, je savais qu'il était mort. Il était couché sur le sol, anormalement calme, totalement immobile. Une effroyable tristesse m'a envahi. Je ne pouvais pas imaginer ma vie sans ce cheval, mon compagnon, mon ami, mon second frère. C'était une terrible perte, la pire qui m'ait frappé à ce jour.

Je suis resté planté là un long moment, sans proférer un son, sans faire un geste.

Tandis que je me tenais près de lui, notre vie commune s'est déroulée devant mes yeux. Je me rappelais la première fois où je l'avais vu — il avait cette petite étoile blanche sur le chanfrein —, où j'avais entendu son nom : Brownie. Je le revoyais dans le désert du Nevada, tête-bêche avec Oriel sous le clair de lune blafard; dans le wagon, se balançant de côté et d'autre, essayant de garder son équilibre; s'avançant pour recevoir les très nombreux trophées qu'il avait remportés; forçant un bouvillon à quitter le coin du corral...

Je souhaitais qu'il ait compris les excuses que je lui avais faites l'année précédente. Ce qui était certain, c'est qu'à la suite de cette compétition de Salinas notre relation s'était encore améliorée. Je lui avais laissé des loisirs, loin de moi et de mes soucis, et il m'était revenu plus frais et avec un enthousiasme renouvelé.

Je lui ai dit en moi-même : « Repose en paix. » Je le pensais sincèrement; c'était ce qu'il avait de mieux à faire.

M. Fowler arpentait l'estrade et toute la classe attendait, crayons taillés et papier prêt. Il était très grand et se tenait bien droit. Il avait le teint olivâtre et était toujours impeccablement habillé. En agitant ses mains longues et élégantes, il nous a expliqué :

— Je veux que vous y réfléchissiez tous très sérieusement. Il s'agit de brosser un tableau de votre vie future comme si vous aviez réalisé toutes vos ambitions.

— Vous voulez beaucoup de détails, m'sieur?

— Le plus possible. Il faut que ce soit un portrait très fidèle de la façon dont vous envisagez votre avenir.

Il se tourna pour nous regarder calmement.

— Ma dernière recommandation est peut-être la plus importante. Cette vision du futur que vous allez tous dépeindre pour moi doit être la plus vraisemblable et la plus réaliste possible. Je ne veux pas entendre parler de projets délirants ou loufoques, ni de rêves hollywoodiens.

Cette idée a provoqué quelques rires. Après tout, nous étions en Californie. Il a ajouté :

— Je vous demande une anticipation honnête et exacte de la situation dans laquelle je vous trouverais si je vous rendais visite dans une vingtaine d'années. Vous l'intitulerez « Mon but dans la vie » et vous me rendrez votre travail dans un délai de trois semaines.

J'étais dans ma dernière année d'études secondaires et c'était un des premiers dossiers que nous avions à réaliser. Pour moi, cela ne présentait pas de difficultés car je savais exactement ce que je voulais faire dans la vie. En fait, ce n'était que la continuation d'un exercice que je pratiquais depuis des années. Je dessinais des centres équestres, des écuries et des installations d'entraînement depuis l'âge de neuf ans.

Étant donné le sujet que j'avais choisi, je n'avais pas à me soucier de la dernière recommandation de M. Fowler, mon projet n'ayant rien d'hollywoodien, même si j'avais déjà participé à un grand nombre de films. Je me suis mis au travail et j'ai élaboré ce que je pensais être un bon dossier : les plans d'un centre d'entraînement pour chevaux de course ainsi que toutes les explications concernant son fonctionnement et sa gestion.

Cinq jours plus tard, mon dossier m'a été retourné et un grand « F » rouge[1] barrait le haut de

1. La plus mauvaise note.

la première page, avec au-dessous la formule habituelle : « Passez me voir. » Comme j'étais habitué à obtenir de bonnes notes, le choc a été rude. Je suis allé voir M. Fowler immédiatement après la classe et je lui ai montré mon dossier en lui demandant ce qui n'allait pas. Il l'a feuilleté et m'a répondu :

— Je vous avais demandé de présenter des projets vraisemblables et réalistes.

— Oui, je m'en souviens très bien.

— Connaissez-vous le revenu annuel d'un Américain moyen ?

— Non, je suis désolé, je n'en ai pas la moindre idée.

— Six mille trois cents dollars.

J'ai attendu qu'il continue, mais je savais exactement ce qu'il allait me dire.

— Combien d'années vous faudrait-il travailler pour économiser l'argent nécessaire à la réalisation de votre projet ?

— Je n'en sais rien.

Il a tapé du doigt sur le « F » rouge.

— C'est un rêve fou et inaccessible. C'est pourquoi, étant donné les règles que j'avais édictées au départ, je vous ai mis une mauvaise note.

Il m'a rendu le dossier.

— Je connais la situation de votre famille. Votre projet est tout simplement irréalisable, reprenez-le et repensez-y sérieusement, modifiez-le afin de le rendre plus raisonnable, et ramenez-le-moi. Je ne voudrais surtout pas être obligé de vous recaler à la suite d'un malentendu.

Je m'attendais si peu à ce genre de réaction que j'ai eu l'impression de recevoir un coup de poignard. Je découvrais subitement le poids des réalités économiques et je devais affronter l'éventualité que mon rêve puisse ne jamais se réaliser.

Les deux ou trois jours qui ont suivi ont été sinistres. Je suis resté à la maison à me ronger les sangs pour savoir ce que je devais faire. Je ne voyais pas comment je pourrais modifier mon projet. Ma mère s'est rendu compte que j'avais un problème et m'a demandé ce qui n'allait pas. Je me suis confié à elle. Après avoir parcouru mon dossier, elle m'a dit :

— Eh bien, si c'est vraiment le rêve de ta vie, je suis persuadée que tu pourras le réaliser, et je pense que tu devrais rapporter ton dossier à ton professeur sans y changer un seul mot.

Puis elle a ajouté :

— Si tu estimes que ton rêve est inaccessible, tu peux le modifier ; mais je ne crois pas que ce soit à ton professeur de fixer une limite à tes espoirs et à tes rêves.

Je me suis senti ragaillardi. Je suis retourné à l'école et j'ai rendu le dossier à M. Fowler après y avoir ajouté une note manuscrite dans laquelle je lui expliquais que son opinion selon laquelle mon projet était irréaliste me semblait tout à fait respectable, mais que je pensais pour ma part que ce projet était réalisable à long terme, et que je ne croyais pas qu'il ait le droit de restreindre mes ambitions. Après quoi, je lui demandais de noter mon travail en son âme et conscience.

Lorsque j'ai reçu mes notes de fin d'année, j'ai pu constater que j'avais obtenu un « A » dans la matière enseignée par M. Fowler. Je n'ai pas réussi à savoir dans quelle mesure il avait rectifié la note concernant le dossier en question, mais je n'aurais pas pu obtenir un « A » de moyenne s'il avait maintenu son « F ».

Il devait m'être donné de revoir M. Lyman Fowler beaucoup plus tard, en 1987. Mais alors, les rôles seraient inversés.

Une nuit de l'été 1953, le train auquel avait été accroché notre wagon serpentait dans l'Imperial Valley, en Californie. Je n'arrivais pas à m'habituer à l'absence de Brownie. Son fantôme de hongre alezan avec une petite étoile blanche sur le chanfrein hantait toujours cette structure de bois bringuebalante dans laquelle nous avions passé tellement de temps ensemble à parcourir cet immense pays qu'est l'Amérique. Et cette présence fantomatique était particulièrement obsédante la nuit.

Cette fois-là, j'avais tenté d'y échapper en sautant de toit en toit pour rejoindre le fourgon de queue et l'équipe de convoyeurs.

La partie de cartes était terminée et nous avions fini de manger et de boire. Je me rappelle que je regardais le désert de Californie du Sud par la fenêtre ; du moins ce que l'on pouvait en apercevoir sous le clair de lune et dans les carrés de lumière tremblotants, projetés par le train. Brusquement, l'image de Patricia Burden s'est imposée à moi aussi nettement que si j'avais invité cette jeune fille à s'asseoir à côté de moi, et il m'est soudain venu à l'esprit qu'elle allait jouer un rôle capital dans ma vie.

Pat Burden avait toujours été une année derrière moi, à l'école primaire comme dans le secondaire. Son père possédait une société de forage et d'aménagement de puits pour l'alimentation en eau, mais elle avait des parents qui s'occupaient de chevaux et de rodéos.

Lorsqu'elle a fait irruption dans ma tête sans crier gare, j'ai tout de suite su ce que je ferais en la revoyant. Je n'ai pas eu l'impression de prendre ma décision, mais plutôt que quelqu'un d'autre me la soufflait.

A mon retour, je suis allé à sa rencontre dans le

hall de la Salinas Union High School et je l'ai informée qu'elle était « la femme que j'avais choisie ». Elle n'a pas semblé partager mon enthousiasme et m'a envoyé promener.

Plus tard, alors qu'elle était en compagnie de ses amis Sally et Jim Martins, qui se trouvaient être apparentés à ma famille, elle leur a raconté que je n'arrêtais pas de l'importuner, de lui proposer des rendez-vous et de lui parler de tout ce que nous pourrions faire ensemble. Sally et Jim l'ont défiée de sortir avec moi, ne serait-ce qu'une fois, et Pat n'était pas du genre à refuser de relever un défi.

Le lendemain, comme tous les autres jours, je l'ai abordée pour l'inviter, et, cette fois, elle a accepté. Nous sommes allés dîner avant d'aller au cinéma, et depuis ce jour, il y a quarante et quelques années de cela, nous ne nous sommes plus quittés.

Un grand film hollywoodien devait se tourner à Salinas et dans la région durant l'été 1954. Le scénario était une adaptation du livre de John Steinbeck intitulé *A l'est d'Eden*[1]. Steinbeck avait habité Salinas au début du siècle, et j'étais allé en classe avec des membres de sa famille.

Elia Kazan, le réalisateur, avait choisi pour le rôle principal un jeune élève d'une école d'art dramatique de New York, et les producteurs craignaient que cet acteur venu de l'Est n'ait beaucoup de mal à se mettre dans la peau d'un Californien, qui plus est d'un habitant de Salinas.

M. Page, notre vieil ami, était premier assistant réalisateur sur ce film ; il m'a proposé de prendre ce jeune New-Yorkais sous mon aile et de lui faire visiter le pays, afin de l'aider à s'imprégner de cette atmosphère particulière.

1. *East of Eden* (1952).

Cela m'a paru être une très mauvaise idée. Je ne voulais pas qu'un type tout frais émoulu d'une école d'art d'amatique de New York vienne me mettre des bâtons dans les roues. Alors M. Page a précisé que je serais payé deux mille cinq cents dollars pour trois mois, plus les défraiements, et j'ai convenu bien volontiers que son idée était excellente.

— Donc, a poursuivi M. Page, je veux qu'il se familiarise avec tous les aspects de la vie à Salinas.

— D'accord, je le trimballerai partout.

— Est-ce que je peux aller encore un peu plus loin et te demander de l'héberger chez toi pendant un certain temps ?

J'ai donné mon accord et posé une question :

— Comment s'appelle ce jeune acteur inconnu ?

Et M. Page a répondu :

— James Dean.

Le jour où il a débarqué au Competition Grounds, il était vêtu d'un blue-jean, d'un T-shirt et d'un blouson de cuir, et portait une petite valise. Il était débraillé, ébouriffé, insouciant, dingo, impertinent et sûr de lui. Il avait vingt-trois ans et je n'en avais que dix-neuf, mais il paraissait très jeune pour son âge et on aurait dit que j'étais l'aîné.

J'ai pris sa valise, je l'ai conduit jusqu'à ma chambre et je lui ai montré les deux lits superposés, lui proposant de prendre celui du haut. C'est alors que j'ai remarqué ses bottes, des bottes de *midnight cowboy* — de cow-boy de pacotille —, de flambeur de la ville, avec le jean juste un peu trop court pour bien les montrer ; atroce ! Sur le coup, je n'ai rien dit, mais je n'ai pas résisté très longtemps. M. Page nous avait accordé un budget costume ; j'ai proposé à Jim de passer à la boutique de la sellerie Garcia pour acheter une vraie paire de bottes ; il s'est laissé faire, mais il a tenu à garder ses bottes de flambeur. Je lui ai dit :

— Si tu ne les fous pas au feu quand j'en aurai fini avec toi, ça voudra dire que je n'ai pas bien fait mon boulot.

Peu après, lorsqu'il a été habitué à ses nouvelles bottes, il m'a avoué qu'il avait jeté les autres. C'est à partir de ce jour que notre relation s'est transformée en une solide amitié.

Il s'asseyait sur la barrière du corral, et passait des heures à nous regarder faire des exercices, Pat et moi. Nous allions dîner au Mac's Café. Nous le faisions rencontrer le plus de monde possible, mais il se mettait dans un coin, se pelotonnait et restait là, à se passer la main dans les cheveux.

Je lui conseillais de se tenir droit, de sortir de sa coquille et de ne pas toujours rester à l'écart s'il voulait ressembler à un personnage de Steinbeck, un habitant de Salinas. Il me répondait distraitement :

— Ouais, ouais. J'y penserai.

Et il ajoutait, très intéressé :

— Tu peux me montrer comment faire tourner ce lasso ?

On restait debout jusqu'à trois heures du matin, et je lui apprenais à faire le « papillon » — une figure particulière qui consiste à faire tournoyer la boucle du lasso à la verticale d'un côté puis de l'autre. Il pensait, à juste titre, que s'il était capable de réussir un papillon, il parviendrait à se faire accepter par son nouvel entourage. Partout, et en toute occasion, il faisait étalage de son nouveau savoir-faire, et toutes les personnes présentes manifestaient leur approbation d'un hochement de tête.

Il avait envie d'une paire de *chaps*[1]. Lorsqu'il m'accompagnait à une compétition, il empruntait souvent les miennes pour parader en public. Comme

1. Jambières en cuir que portent les cow-boys.

je n'aimais pas beaucoup ça, je lui en ai offert une vieille paire qui avait appartenu à mon père et il a été très content.

Et puis, il est tombé amoureux de Pat, mais n'a pas été un rival pour moi car il ne s'est jamais déclaré. Il se contentait de la suivre comme un petit chien et de ne pas la quitter des yeux.

Au bout de trois mois, M. Page et M. Kazan m'ont convié à une réunion. Le tournage était sur le point de débuter et ils voulaient savoir comment se comportait leur poulain. Je leur ai répondu que j'aimais beaucoup Jim, qu'il était devenu comme un second frère pour moi et qu'il m'avait fait une forte impression, mais j'ai ajouté qu'à mon avis il ne serait jamais un acteur. J'en avais connu des tas en travaillant dans le cinéma, et Jim n'avait rien d'un John Wayne ou d'un Roddy McDowell. Il n'était pas très sociable, ne parlait à personne et ne soulevait pas l'enthousiasme des foules. Pour moi, il ne ressemblait pas à un acteur.

Ils m'ont remercié de ma franchise et je suis rentré à la maison pour me préparer aux différentes tâches que je devais assumer sur le tournage. J'avais été engagé comme *wrangler* — je m'occuperais des chevaux que mon père avait loués à la production —, comme cascadeur et figurant.

Les membres de l'équipe ont débarqué à Salinas. Jim a quitté ma chambre pour aller s'installer à l'hôtel avec eux, mais nous avons continué à sortir le soir, tous les trois : Pat, Jim et moi.

Le troisième jour du tournage, M. Kazan et M. Page m'ont demandé d'assister à la projection des rushes pour visionner avec eux ce qui avait été tourné la veille et l'avant-veille. Ils voulaient que je leur donne mon avis sur l'environnement, l'ambiance du film, et que je m'assure que tout ait l'air authentique.

J'appréhendais ce moment, car j'étais sûr que les faiblesses de Jim allaient être cruellement mises en lumière. Je pouvais imaginer la scène : M. Kazan et M. Page se lamentant et répétant : « Comment faire pour sauver ce film ? » Et moi qui devrais me retenir pour ne pas leur répondre : « Je vous l'avais bien dit. »

Quand j'ai vu Jim sur l'écran, plus grand que nature, je me suis dit que j'aurais mieux fait de fermer ma grande gueule. Je m'en suis tenu à mon rôle de « conseiller pour l'environnement », et je n'ai plus jamais soufflé un mot à propos des capacités professionnelles de Jim. Il était absolument évident qu'il possédait une sorte de charisme tout à fait nouveau ; il électrisait le public.

Quand nous nous sommes retrouvés ce soir-là, tous les trois, Jim a imaginé deux scénarios et les a interprétés pour notre plus grand amusement. D'abord, il a fait semblant de parler au téléphone avec quelqu'un qui lui apprenait que le film avait un succès fou. Il devenait une star de Hollywood et ne savait plus quoi faire de tout son argent. Les filles tambourinaient à sa porte, et il s'offrait tout ce dont il avait envie. Il achèterait dans la région un énorme ranch dont il nous confierait la gestion, et même si le tournage de ses prochains films l'entraînait à l'autre bout du monde, il reviendrait le plus souvent possible, aux commandes de son avion personnel.

Puis il a fait l'inverse : le film était un bide, personne ne venait plus le voir, les producteurs réclamaient le remboursement des cent cinquante mille dollars de son cachet, mais aussi du budget costume ; ils venaient même lui reprendre les bottes de chez Garcia !

Le phénoménal succès de James Dean appartient désormais à l'histoire du cinéma. J'étais à ses côtés sur le tournage de *La Fureur de vivre*[1] et sur celui de *Géant*[2] avec Elizabeth Taylor et Rock Hudson.

Il était devenu une star à Hollywood et il possédait la fortune qui allait avec. Mais il n'avait pas oublié le projet formulé le soir où il jouait « à faire semblant ». Il désirait toujours acheter un ranch et nous en confier la gestion, et ce projet nous emballait.

Il y avait justement une propriété à vendre près de Salinas. M. Pedrazzi père était décédé, et nous étions déjà allés voir les terres en question.

Jim devait participer à une course sur route à Salinas. Il avait prévu de faire le voyage au volant de son spider Porsche, en compagnie de son mécanicien, et de passer la soirée et la nuit avec nous chez les parents de Pat. Ainsi, nous visiterions tranquillement la propriété en question. Pat et moi pensions que notre avenir était assuré. Depuis que nous nous étions liés d'amitié avec Jim, notre vie avait pris une nouvelle orientation, très prometteuse.

Le 30 septembre 1955, il roulait donc en direction de Salinas où nous l'attendions. Nous lui avions demandé de nous téléphoner lorsqu'il ne serait plus très loin pour nous préciser l'heure de son arrivée, de façon que nous soyons prêts.

Wolf Weutherich, le mécanicien de Jim, avait nos noms et nos numéros de téléphone dans la poche de sa salopette et il était sur le point de s'arrêter pour nous appeler. Comme chacun sait, ils ont percuté une autre voiture. Weutherich a eu une jambe et la mâchoire fracturées, l'autre passager s'en est tiré avec une contusion au nez, Jim a eu la nuque brisée.

Après l'accident, Weutherich était tellement

1. *Rebel Without A Cause* (1955), un film de Nicholas Ray.
2. *Giant* (1956), un film de George Stevens.

sonné et traumatisé qu'il est parti droit devant lui. Il a fini par trouver une cabine téléphonique et son premier appel a été pour nous. En dépit de sa mâchoire fracturée, il a réussi à marmonner que James Dean était mort.

Ce fut pour nous une terrible expérience. D'autant plus que nous étions tous les deux seuls avec notre chagrin. Nous ne savions rien de la famille de Jim, et ses parents ignoraient tout de notre existence. Son corps a été transporté dans le Middle West et nous n'avons même pas pu assister à son enterrement.

La nouvelle vie qui s'ouvrait devant nous s'est refermée brutalement, et nous avons tout simplement repris le chemin de l'école.

En 1955, grâce à mes performances en football américain, j'ai obtenu une bourse pour aller à Cal-Poly[1], ce qui m'a permis de payer non seulement mes droits d'inscription mais également ma pension. Par ailleurs, j'étais le seul étudiant de première année à faire partie de l'équipe de rodéo de l'université, ce qui n'avait rien de surprenant étant donné mon expérience.

Dès la première saison ma carrière de footballeur a pris fin à cause d'une blessure au genou dont je ne me suis jamais vraiment remis, et j'ai dû me rabattre sur la lutte.

J'avais passé le conseil de révision, mais ils ne m'avaient pas encore appelé sous les drapeaux. C'est au cours de la visite médicale que ma cécité aux couleurs a pu être mise en évidence.

Récemment, à l'âge de soixante et un ans, je suis

1. California Polytechnic State University, à San Luis Obispo.

allé consulter un spécialiste en Angleterre ; il m'a donné une lentille de contact qui m'a permis de me faire une petite idée de la vision en couleurs. J'ai été stupéfait. J'ai ressenti une sorte de décharge d'énergie qui m'a mis dans tous mes états. Je me suis dit que si les gens normaux devaient supporter cela à longueur de journée, ce n'était pas étonnant qu'ils soient si distraits et si nerveux. C'était pour moi une révélation et j'ai réalisé que je n'aurais pas pu faire autant de choses dans ma vie si j'avais été capable de voir les couleurs.

A Cal-Poly, j'ai choisi trois matières principales : psychologie, biologie animale et économie agricole.

Woody Proud, le propriétaire du ranch Proud qui se trouvait à proximité de l'université, m'a proposé de m'installer chez lui durant mes études. Il pensait que ma réputation lui attirerait des clients et m'a offert d'occuper gratuitement une maison, à condition que j'accepte de la partager avec deux autres étudiants de Cal-Poly qui, eux, payaient un loyer. A vrai dire, il s'agissait plus d'une cabane que d'une maison. Une autoroute qui passait dans les environs avait été détournée récemment, et Proud avait racheté une partie des bungalows d'un motel désaffecté, puis les avait fait transporter sur sa propriété.

Cela me permettait néanmoins de payer mes études et de garder près de moi mes trois chevaux de rodéo : Miss Twist, Finito et Hyena.

Je m'entraînais très dur avec l'équipe de l'université. Ils étaient contents d'avoir une nouvelle recrue capable de disputer toutes les épreuves, et nous nous entendions très bien.

Un des premiers rodéos auxquels nous ayons participé s'est déroulé à Eugene, Oregon, en octobre 1955. La route pour s'y rendre traversait une région montagneuse et désertique. Je commençais à m'intéresser à la façon dont les chevaux supportaient le stress et la fatigue des voyages en van. Un ou deux ans plus tard, j'ai eu l'occasion de faire équipe avec Sheila Varian et d'étudier le problème à fond, en transportant nos chevaux sur de longues distances, par des routes très sinueuses. Nous avions choisi un van sans cloisons intérieures en pensant que si les chevaux étaient libres de leurs mouvements, ils auraient toute latitude pour adopter la position qui leur paraîtrait la plus confortable.

Dans la quasi-totalité des cas, ils choisissaient de se tenir non pas dans le sens de la marche ni à quatre-vingt-dix degrés, mais à quarante-cinq degrés. Il leur était ainsi plus facile de résister aux effets des démarrages, des arrêts et des virages. J'ai donc conduit mon vieux van jusqu'à un atelier de soudure pour faire monter les cloisons sur charnières afin de pouvoir installer mes chevaux à quarante-cinq degrés par rapport à la route. On était en 1960 et, à ma connaissance, c'était le premier van à être aménagé de cette façon. Je n'ai pas eu l'occasion de repenser à ce problème jusqu'au jour où tous les carrossiers ont commencé à fabriquer des vans conçus sur le même modèle. Aujourd'hui, environ quatre-vingts pour cent des chevaux de présentation voyagent à quarante-cinq degrés.

Mais revenons en 1955 et à ce trajet jusqu'à Eugene, Oregon. Nous étions répartis dans trois véhicules tractant des remorques tout à fait classiques. A l'aller, nous avons roulé en convoi et le voyage s'est passé sans incident. Au retour, par contre, nous sommes rentrés séparément. Je me trouvais avec Don Switzer dans un pick-up auquel était accroché un van. En traversant les montagnes du sud de l'Oregon, nous avons été pris dans un blizzard précoce, soufflant du nord-ouest, qui nous a contraints à rouler lentement. La route était encore praticable et nous nous rassurions en pensant que chaque tour de roue nous rapprochait de chez nous.

Derrière nous, dans le van, il y avait le cheval de Don et Miss Twist qui avaient été tous les deux très brillants à Eugene. A l'intérieur du pick-up, nous avions mis le chauffage au maximum. Nous progressions de plus en plus difficilement, sans apercevoir la moindre maison, sans croiser une seule voiture, et le paysage autour de nous disparaissait sous une couche de neige immaculée. C'est alors qu'un des pneus du van a crevé. J'ai regardé Don et je lui ai demandé :

— Il y a une roue de secours ?

Il a fait non de la tête. Nous sommes sortis du pick-up pour constater les dégâts. Les flocons tourbillonnaient autour de nous et nous avions de la neige jusqu'aux genoux. Il ne restait plus qu'une chose à faire : débarquer les chevaux pour que Don puisse gagner Weed, la ville la plus proche ; mais nous n'étions pas très sûrs de la distance qui restait à parcourir.

Me laissant avec les chevaux, Don a redémarré. Je lui ai fait un signe de la main en regardant les feux arrière disparaître dans le blizzard. Le van zigzaguait dangereusement.

Miss Twist détestait la neige et ne savait comment s'en défendre. Elle ne cessait de tourner en rond pour présenter son arrière-main au vent et essayer de se protéger. Je me suis demandé ce que je pourrais faire pour garder les chevaux en bonne forme jusqu'au retour du pick-up, et j'ai décidé d'avancer en suivant la route. Même si je n'arrivais pas à trouver un endroit où nous abriter, je rejoindrais Don un peu plus tôt.

Au bout d'un ou deux kilomètres, j'ai été heureux

de découvrir une station-service isolée. Elle était déjà partiellement ensevelie sous la neige, et comme je n'apercevais pas le pick-up, j'en ai conclu qu'on ne devait pas y vendre de pneus — cela aurait été trop beau. Par contre, il y avait sous l'auvent un espace carré, libre de neige, où nous pourrions nous réfugier. C'était une aubaine.

Conduisant Miss Twist et le cheval de Don par leur licou, j'ai avancé dans la neige qui devenait de plus en plus profonde. Le blizzard nous cinglait les yeux et il nous fallait un certain courage pour marcher contre le vent et regarder où nous allions. Quelques minutes plus tard, nous avons atteint la station-service et nous nous sommes mis à l'abri sous l'auvent. La neige s'était amassée de tous côtés et on se serait crû dans une grotte. Nous étions tous les trois très contents d'être parvenus jusque-là et, protégée du vent, Miss Twist s'est calmée rapidement.

Tout en me félicitant de ma chance, j'ai commencé à explorer les alentours. J'ai regardé à travers la vitrine, mais je n'ai pas vu âme qui vive. J'en ai conclu que la station devait être fermée. De toute manière, ils n'auraient pas vendu beaucoup d'essence ce jour-là car il ne passait pas grand-monde sur cette route.

C'est pourquoi j'ai sursauté lorsque, cinq minutes plus tard, la porte d'entrée s'est ouverte avec fracas et qu'une vieille dame est sortie en brandissant un balai et en hurlant d'une voix suraiguë. Les deux chevaux se sont cabrés et se sont enfuis en se frayant un chemin à travers la neige. La vieille femme me menaçait toujours avec son balai, criant :

— Vous faites du tort à mon commerce !

Et puis, elle a disparu aussi brusquement qu'elle était apparue. J'étais si stupéfait que j'en suis resté bouche bée. J'avais l'habitude de fréquenter des endroits paumés, mais je n'avais jamais été confronté à une telle hostilité.

Il fallait que j'aille récupérer les chevaux. J'ai donc suivi leurs traces dans la neige, ce qui était plutôt facile. Ils avaient descendu une pente douce, à l'arrière de la station-service.

Je n'arrivais pas à comprendre la réaction de cette femme. Comment avait-elle pu se sentir menacée alors que je me contentais de m'abriter de la neige ? Si elle m'avait offert une tasse de thé chaud, je lui en aurais été reconnaissant pour le restant de mes jours.

En arrivant vers le bas de la pente, j'ai constaté que les traces remontaient sur l'autre versant et j'ai continué la poursuite. Au fond du vallon, il y avait un ruisseau gelé que la neige avait recouvert, le dissimulant à la vue. Si je n'avais pas suivi les traces des chevaux, tout se serait très bien passé, mais Miss Twist et son compagnon de fugue m'avaient précédé et la glace s'était brisée. Je suis tombé dans le trou et je me suis retrouvé dans l'eau jusqu'à la taille.

Je n'avais pas le choix, je ne pouvais que continuer. Les traces obliquaient vers la droite. Je marchais le plus vite possible pour tenter de me réchauffer. Tout en remontant la pente, je me suis imaginé en train de parler à Don de cette mégère :

— On aurait dit qu'elle sortait tout droit d'un film d'épouvante ! Elle s'est précipitée sur moi avec son balai et m'a chassé. Les chevaux ont pris la fuite comme s'ils avaient vu le diable en personne...

J'ai fini par rattraper les chevaux et, les tenant par la corde qui était attachée à leur licou, j'ai fait demi-tour et repris la direction de la route. Il fallait que j'y revienne le plus vite possible pour ne pas risquer de manquer Don. La visibilité était devenue presque nulle, mais il me suffisait de remonter nos traces.

Cette bonne femme était complètement cinglée. Elle m'avait accusé de « faire du tort à son commerce » alors qu'elle n'avait probablement pas vu une voiture depuis avant la guerre.

Au fond du vallon, il a fallu que je retraverse le ruisseau, mais cela n'avait plus guère d'importance car j'étais déjà trempé jusqu'aux os.

Quand j'ai atteint la station-service, j'ai d'abord pensé à aller trouver la vieille femme pour lui expliquer ce qui m'était arrivé, mais je me suis dit qu'elle n'était pas du genre à m'écouter gentiment, et que la même scène d'horreur allait se reproduire ; aussi, lorsque j'ai aperçu le grand pin qui se dressait un peu plus loin, au bord de la route, je me suis dit qu'il était plus engageant que la mégère, et qu'il serait de meilleure compagnie. Ses branches, très serrées et porteuses d'une grande quantité d'aiguilles, couvraient une vaste circonférence, et il nous offrirait un aussi bon abri que l'auvent de la station-service.

Nous avons dû baisser la tête pour passer sous les branches basses. Nous étions en sécurité et au bord de la route. Je me suis assis contre le tronc, sans lâcher les cordes attachées au licou des chevaux. Tant que je les garderais dans mes mains, tout irait bien. A vrai dire, je ne parvenais plus à bouger mes doigts, mais cela ne m'inquiétait pas outre mesure. En dépit des tremblements qui m'agitaient de façon spasmodique, je commençais à me sentir euphorique. Je ne pouvais plus bouger du tout, mais je m'en moquais éperdument. Je me sentais bien, et ce n'était pas grâce à cette bonne femme. Qui pouvait-elle bien être ? En réalité, cela m'était complètement égal. J'étais étonnamment heureux à présent ; seulement un peu fatigué. J'ai sombré dans l'inconscience.

J'ai vaguement entendu un grondement et senti que les cordes m'échappaient. Je n'y pouvais rien, et tout s'est obscurci.

Lorsque Don est revenu, après avoir fait réparer le pneu, il a aperçu les chevaux qui se tenaient près d'un grand pin étonnamment vert au milieu de tout ce blanc. Il s'est arrêté, a attrapé Miss Twist et son propre cheval, et s'est demandé où je pouvais bien être. Il a regardé partout, mais sans succès. Puis il s'est rendu compte que le pin avait, en fait, subi l'équivalent d'une avalanche : la neige qui s'était accumulée sur les branches les plus hautes avait dû glisser sur celles qui se trouvaient immédiatement au-dessous, et ainsi de suite jusqu'à ce que la totalité de la neige s'amoncelle au pied de l'arbre, me recouvrant comme une tombe.

Don a tout de suite compris ce qui s'était passé et, après avoir attaché les chevaux, il a commencé à creuser en criant mon nom. Il a rapidement trouvé mon chapeau noir et a redoublé d'efforts pour me dégager au plus vite. Mes vêtements étaient gelés. Il m'a transporté jusqu'au pick-up, m'a déshabillé et m'a roulé dans les couvertures des chevaux. Puis il a fait remonter Miss Twist et son cheval dans le van et a pris la direction de l'hôpital le plus proche. La promptitude de sa réaction m'a sans aucun doute sauvé la vie.

Je me suis réveillé au service des urgences. J'étais sous perfusion et toutes mes extrémités étaient enveloppées dans des protections thermiques. Mes oreilles ont pelé entièrement et mes doigts et mes orteils ont été longs à se remettre, mais j'ai eu la chance de n'en perdre aucun. Don et le personnel de l'hôpital m'ont ressuscité d'entre les morts.

Je me demande encore qui pouvait bien être cette femme. Où est-elle à présent ? Si elle est allée au ciel, elle doit certainement y tenir une baraque foraine : des âmes éminemment méritantes viennent implorer son aide et elle prend un malin plaisir à les repousser ; et il en sera ainsi pour l'éternité.

Pat et moi nous sommes mariés le 16 juin 1956, et nous sommes allés nous installer sur le ranch Proud dans quelque chose qui ressemblait davantage à une vraie maison. Debbie, notre premier enfant, est née moins d'une année plus tard. Ce fut le premier des trois plus beaux jours de notre vie ; le deuxième et le troisième étant ceux qui ont vu naître nos deux autres enfants : Lori et Marty.

Soudain, l'argent s'est mis à filer plus vite. Il sortait si rapidement de ma poche que j'avais à peine le temps de lui dire au revoir. Après quoi, il me restait à trouver où je pourrais bien aller dénicher les dollars suivants. Je n'arrivais pas à gagner suffisamment de primes pour nous faire vivre et payer l'entretien des chevaux. L'été, je participais à environ quatre rodéos par mois, mais l'hiver il n'y en avait plus qu'un.

Pour mettre en pratique ses connaissances commerciales, Pat a ouvert un magasin à l'enseigne de « Garcia » — une sorte de franchise avant l'heure. Garcia fabriquait les meilleurs articles de sellerie de tout l'ouest des États-Unis, et le magasin de Pat était bien situé, entre Cal-Poly et le ranch Proud.

Vers la fin de nos études universitaires, notre situation économique a semblé vouloir s'améliorer à la suite de notre rencontre avec un certain Homer Mitchell. Il m'avait confié deux chevaux pour que je les entraîne selon mes méthodes, et le résultat l'avait impressionné.

Il désirait acheter une propriété proche de l'océan

— dans les environs de San Luis Obispo —, et il me proposait de l'aider à ouvrir un centre d'entraînement dont il me confierait la gestion. Lorsqu'il serait plus âgé, il viendrait se retirer là.

Je lui ai trouvé une propriété de quarante hectares à proximité d'Edna, à moins de dix kilomètres de Pismo Beach. A cette époque-là, Pismo Beach n'était pas aussi développé qu'aujourd'hui et la région était l'une des plus belles de la côte.

Homer Mitchell m'a donné son accord, tout était parfait. Nous l'avons accompagné au bureau des dépôts fiduciaires, et nous l'avons vu sortir de la poche intérieure de son pardessus un chéquier et un stylo, puis rédiger et signer un chèque de cent soixante mille dollars. Pour lui, cela semblait être quelque chose de banal, mais pour nous, c'était comme si nous l'avions vu marcher sur les eaux. Nous ne pensions pas qu'une telle somme d'argent pouvait exister, même dans une banque.

La propriété a été baptisée Laurellinda. Nous avons signé avec Mitchell deux contrats : un pour lui louer la propriété, et un autre par lequel il s'engageait à nous confier trois chevaux à entraîner, notre rémunération couvrant environ la moitié du montant de la location.

Nous nous estimions très heureux. Lori, notre seconde fille, était née. Nous étions sur le point de quitter l'université et nous allions pouvoir gagner notre vie en faisant ce que nous aimions. Nous étions jeunes et résolument optimistes. L'avenir s'annonçait radieux.

Les années soixante ont été une époque de changement. La majorité de la jeunesse a glissé vers l'extrême gauche de l'éventail politique. Les jeunes gens brûlaient leurs livrets militaires, et les jeunes femmes leurs soutiens-gorge.

Je dois reconnaître que nous avons ignoré ces changements. Notre système de valeurs était différent, et nous considérions les nouvelles idées comme une mode qui passerait vite. Nous ne pouvons pas nous vanter d'avoir vu juste, mais il faut dire à notre décharge que nous étions trop occupés pour être de bons observateurs. Nous avions deux enfants en bas âge et Pat était enceinte du troisième. Nous avions aussi nos chevaux, mais pas un sou en poche.

Sur Laurellinda, la propriété de Homer Mitchell, tout était à faire : l'habitation, les écuries, les dépendances, etc. Il n'y avait que deux cabanes en mauvais état. Homer les a montrées du doigt en disant :

— Une boîte d'allumettes suffira à nous en débarrasser.

Nous lui avons demandé en chœur :

— Où allons-nous habiter ?

— Vous louerez quelque chose en ville et vous viendrez ici pour travailler. Les impératifs financiers commandent : il faut construire les installations pour les chevaux avant la maison.

Nous n'avions pas du tout l'intention de louer quoi que ce soit. Nous n'en avions pas les moyens et nous voulions absolument habiter sur place. On ne peut pas s'occuper de chevaux comme on fait des heures de bureau ; c'est un travail de tous les instants.

Les deux cabanes se trouvaient justement à l'endroit où devaient être construites les écuries. Il a donc fallu les déplacer de quelques dizaines de mètres. L'une était en fait un ancien wagon de chemin de fer, et l'autre un garage en forme de boîte. Nous les avons appuyées l'une contre l'autre et rafistolées. Ce n'était à mes yeux qu'une solution temporaire, car j'étais persuadé qu'avec ma réputation les clients allaient se bousculer; je pensais même qu'ils étaient déjà en route. Dès qu'ils seraient là, nous pourrions louer une grande caravane pour attendre confortablement que la maison soit terminée.

Non seulement les clients ne se sont pas bousculés, mais comme Pat avait fermé son magasin pour pouvoir se consacrer entièrement aux enfants, il nous manquait toujours un sou pour faire deux sous.

Je ne savais pas comment m'y prendre pour que tous ces gens qui auraient dû nous confier leurs chevaux se décident à le faire. Je donnais quelques leçons, et on m'avait amené des juments poulinières, mais cela ne suffisait pas à régler nos problèmes. Je n'avais que quatre chevaux à entraîner et j'étais désespéré. Les primes que je gagnais dans les rodéos ne suffisant pas, il fallait que je trouve autre chose.

Quelqu'un m'a suggéré d'aller travailler pour Don Dodge. Je le connaissais, bien sûr, comme tout le monde; c'était sans doute l'entraîneur le plus coté, et les clients faisaient vraiment la queue devant chez lui.

— Crève-toi le cul pour lui. Défonce-toi. Il a beaucoup à t'apprendre et, s'il croit en toi, tu seras tiré d'affaire; il t'enverra des clients. Mais surtout n'oublie pas qu'il est impossible de l'impressionner.

Après tout, je n'avais rien à perdre. Je lui ai téléphoné pour lui demander si je pouvais travailler pour lui pendant quelque temps.

— Ouais. Viens si tu veux, Monty, mais attends-toi à travailler dur. Tu peux amener deux de tes chevaux; quand tu repartiras, je te dirai ce que tu me dois. Parce que je vais t'apprendre quelque chose, et Dieu sait que tu en as besoin.

— O.K., Don. Il me tarde de commencer.

— Monty ?

— Oui ?

— Tu dois me promettre de faire exactement tout ce que je te dirai. O.K. ?

— Je vous le promets.

J'ai fait monter dans un van deux des chevaux que j'entraînais, Selah Reed et Finito, et je suis allé à North Sacramento, au 3400 North Del Paso Boulevard. L'adresse est restée gravée dans ma mémoire.

Don Dodge entraînait une quarantaine de chevaux appartenant à quelques-uns des plus célèbres propriétaires du monde. Il avait environ quarante-cinq ans, était brun et mince, et mesurait plus d'un mètre quatre-vingts. Son nez en bec d'aigle et ses yeux rapprochés lui donnaient un regard intense qui plaisait aux femmes. A cheval, il avait de l'allure.

J'étais à peine entré dans sa cour qu'il m'a mis au travail :

— Je suis content de te voir, Monty. Billy Patrick a justement besoin d'aide.

D'un geste de la main, il m'a montré un gamin rouquin qui charriait des seaux d'eau. J'ai fait descendre mes chevaux du van et je les ai conduits jusqu'aux deux stalles que m'a indiquées Don — elles étaient beaucoup moins confortables que les boxes où il logeait ses pensionnaires.

J'ai aidé Billy à nettoyer une quarantaine de boxes et à nourrir la quarantaine de chevaux qui les occupait. Ensuite, il a fallu charrier d'autres seaux d'eau, car Don n'avait pas confiance dans les distributeurs automatiques. Pour finir, nous avons dû astiquer toute la sellerie qui avait servi ce jour-là.

Nous avons terminé aux environs de sept heures du soir, et je me suis dirigé vers la maison. J'avais envie de me laver et de me changer avant le dîner. J'ai pensé que nous allions prendre un verre et avoir une petite conversation, Don et moi, et que pendant le repas je pourrais commencer à gagner son amitié ; mais en me voyant entrer, il m'a demandé :

— Tu as trouvé un endroit où loger ?

J'en suis resté bouche bée.

— Je pensais que vous auriez une chambre pour moi...

— Non, pas du tout.

Mon cœur a flanché.

— Un peu plus loin, il y a une dame qui prend des pensionnaires. On l'appelle Old Mother Harris.

Il lui a téléphoné pour lui annoncer ma venue et, après avoir raccroché, il m'a dit :

— Tu pourras y prendre tes repas.

Maudissant le sort, j'ai suivi le boulevard jusque chez Mother Harris. Elle m'a expliqué qu'une chambre en pension complète me coûterait... une somme bien au-dessus de mes moyens. La chambre seule était déjà à deux dollars la nuit, mais je n'avais pas le choix.

J'ai téléphoné à Pat. J'entendais les enfants crier et je la savais dans ces deux cabanes qui menaçaient de s'écrouler. Je lui ai demandé si je pouvais disposer d'un peu plus d'argent, et elle m'a répondu non, bien sûr ; nous devions faire chacun avec ce que nous avions.

La seule nourriture que je pouvais m'offrir était un aliment complet pour cure d'amaigrissement, qui avait la consistance d'une colle liquide, et coûtait quatre-vingt-dix cents la boîte. Je n'ai presque mangé que ça pendant dix semaines. Le seul bon côté de la chose, c'était qu'il y avait trois parfums différents : chocolat, vanille et fraise. Après avoir fait mon choix, il me suffisait de percer deux trous sur le dessus de la boîte et d'aspirer le contenu.

J'arrivais chez Don Dodge à quatre heures et demie du matin pour nourrir les chevaux et nettoyer leurs boxes. Don faisait son apparition à sept heures et demie, et aboyait ses ordres. Je montais pour lui un minimum de dix chevaux durant la matinée. Ensuite, je mettais en perce une boîte d'aliment de régime, et je la vidais avant de continuer.

Dans le courant de l'après-midi, Don venait me voir entraîner mes deux chevaux. Il criait toujours à pleins poumons. C'était un véritable tyran, mais je serrais les dents. Je me gardais bien de dire ce que je pensais, et je me contentais de faire ce qu'il me disait. J'apprenais énormément de choses.

Il me posait un tas de questions à propos des deux autres chevaux que j'avais laissés à Laurellinda. Qu'il s'intéresse à mes quatre chevaux alors qu'il avait quarante pensionnaires me semblait dérisoire. Je lui parlais de Panama Buck, un étalon qui appartenait à Lawson Williams, et qui aurait été capable de s'accoupler avec son reflet s'il s'était vu dans une glace. Je lui donnais tous les détails, y compris les noms des propriétaires et le prix que je leur demandais pour la pension et l'entraînement de leurs chevaux. Je me souviens d'avoir pensé : pourquoi est-il tellement intéressé ? Est-ce qu'il se réjouit de mes malheurs ?

Billy et moi passions la fin de l'après-midi et le début de la soirée à venir à bout des corvées quotidiennes : nourrir les chevaux, nettoyer les boxes, astiquer la sellerie. Il nous arrivait de terminer vers neuf heures ; j'avalais une boîte d'aliment de régime et j'allais me coucher.

De temps en temps, Don m'invitait à dîner et je me jetais sur la nourriture comme un affamé que j'étais ; j'ai participé à deux rodéos et gagné de quoi m'offrir plusieurs repas ; mais la plupart du temps, j'étais au régime colle liquide.

Au bout de dix semaines, j'avais l'air d'un squelette ambulant. On pouvait me compter les côtes et j'étais pâle comme un mort. J'avais charrié tellement de seaux d'eau que mes mains étaient devenues calleuses, et les cris incessants de Don m'avaient épuisé.

Le moment de mon départ approchait et Don m'a invité à passer le voir à son bureau. Nous devions faire le bilan de mon séjour et il me dirait combien je lui devais. Après le traitement sévère qu'il m'avait infligé, et l'esclavage que j'avais supporté sans broncher ni faiblir, il me tardait d'être payé de retour. Je me suis dit : nous y voilà ; il va me recommander à toutes les personnes qu'il connaît ; je l'ai bien mérité.

Il m'a fait asseoir, s'est installé en face de moi, m'a regardé droit dans les yeux et m'a dit :

— Eh bien, Monty, je t'ai vu à l'œuvre. Tu as un petit don, et tu peux peut-être en tirer parti. Mais à présent, les choses sont différentes. Tu n'es plus à l'université, dans ton équipe de rodéo à la con.

— Non, je m'en rends compte, mais j'espère être capable de m'en sortir tout seul.

— Il va te falloir travailler encore beaucoup plus dur que chez moi si tu veux faire quelques progrès.

Je n'en croyais pas mes oreilles. J'étais brusquement si fatigué et si démoralisé que j'aurais pu le rouer de coups de poing.

— Tu te souviens que tu m'as promis de faire tout ce que je te dirais ?

— Absolument ; une promesse est une promesse.

Il s'est penché en avant et m'a parlé lentement et clairement :

— Je veux que tu rentres chez toi et que tu téléphones à Lawson Williams pour lui dire que son cheval ne vaut rien et qu'il gaspille son argent. Dis-lui qu'il vienne le reprendre immédiatement. Ensuite, fais la même chose pour le propriétaire de ce cheval que tu as amené chez moi.

En entendant cela, j'ai eu l'impression de tomber en vrille.

— Je ne peux pas faire ça ! Je n'ai que quatre chevaux à entraîner et vous me demandez de réduire mes revenus de moitié ! Je ne comprends pas pourquoi je devrais faire une chose pareille !

— Je ne te dois pas d'explication, mais puisque tu le demandes, je peux te dire que tu vas le faire pour une excellente raison : pour impressionner Lawson Williams. Son cheval n'arrivera à rien ; tu le sais et je le sais. Tu vas lui dire la vérité, il te respectera pour ta franchise et te confiera aussitôt cinq autres chevaux.

J'ai pris le temps d'assimiler ce qu'il venait de me dire. Je comprenais son raisonnement mais je le trouvais trop risqué. Quelqu'un comme moi, qui n'avait que quatre chevaux à entraîner, ne pouvait pas se séparer de deux d'entre eux.

— Et maintenant, ajouta-t-il, ton compte.

Je m'attendais à ce qu'il me congratule pour le travail que j'avais abattu. Considérant la situation dans laquelle je me trouvais, il était même possible qu'il me glisse quelques dollars dans la main. Au lieu de cela, il m'a dit :

— Tu me dois cinquante dollars par jour. Ce qui fait un total de trois mille deux cents dollars.

Il m'a fait une facture.

— Tu me paieras dès que tu pourras. Un jour, tu comprendras que c'est la meilleure affaire que tu aies jamais faite.

Je suis rentré à Laurellinda en piteux état. J'ai montré la facture à Pat et je lui ai raconté toute l'histoire. Elle était aussi dépitée que moi.

Pourtant, peut-être parce que je l'avais payé si cher, le conseil de Don a fini par me sembler judicieux, et je me suis fait peu à peu à l'idée de le suivre. J'aurais besoin de prendre mon courage à deux mains, mais il n'y avait pas d'autre solution.

J'ai tourné autour du pot pendant un certain temps sous prétexte de trouver la meilleure manière de présenter la chose à Lawson Williams, mais il n'y en avait qu'une : l'attaquer de front.

— Monsieur Williams ?

— Oui ?

— Monty Roberts à l'appareil.

— Salut, Monty. Comment ça va ?

J'ai eu une dernière hésitation avant de me jeter à l'eau :

— Monsieur Williams, je ne voudrais surtout pas vous faire gaspiller votre argent. A mon avis, Panama Buck ne vaut pas les dépenses qu'il vous occasionne. J'aimerais que vous veniez le rechercher...

Lawson Williams m'a coupé la parole :

— Espèce de petite fripouille ! Même s'il se levait d'un bond entre vos jambes, vous seriez incapable de reconnaître un bon cheval ! Je ne suis pas près de vous en confier un autre !

Il m'a raccroché au nez, et, le lendemain, quelqu'un est venu chercher Panama Buck. A présent, je ne pouvais vraiment plus subvenir aux besoins de ma famille. Nous allions tous en être réduits à nous nourrir de boîtes d'aliment de régime.

Peu après, Selah Reed, le seul cheval prometteur que j'entraînais encore, s'est fracturé un antérieur, et il a fallu l'abattre. C'était la fin. Je touchais le fond. Je ne cessais de marcher de long en large, des idées de suicide plein la tête. Tout allait complètement de travers et je n'étais plus d'aucun secours à

Pat et aux enfants. Ça ne valait plus la peine de continuer.

Un jour, le téléphone a sonné :

— Allô ! M. Gray à l'appareil. Joe Gray. J'ai une entreprise de pose de pipelines.

— Bonjour, monsieur Gray.

Qui pouvait bien être ce gars-là ?

— J'ai déjeuné hier avec M. Williams. Il n'arrêtait pas de se plaindre de vous, mais d'après ce que je l'ai entendu dire, vous devez être l'entraîneur de chevaux le plus honnête que je connaisse.

Une vague d'émotion m'a submergé. Je me suis souvenu des boîtes d'aliment de régime, du regard intense de Don Dodge et de l'avis qu'il m'avait donné. Tous mes souvenirs ont reflué en masse et j'ai compris que j'allais être payé de toutes mes peines.

— Que puis-je pour vous, monsieur Gray ?

— Eh bien, je sais que Panama Buck ne vaut pas grand-chose, et j'ai envie de vous faire confiance. J'ai une jument que j'aimerais vous amener. Elle s'appelle My Blue Heaven.

J'ai eu l'impression d'atteindre enfin le bout du tunnel ; je pouvais apercevoir la lumière du jour. Joe Gray a poursuivi ses explications :

— Vous comprenez, je suis inquiet pour la sécurité de mes filles. J'ai cette petite jument Quarter-Horse grise de six ans, et je pensais que ce serait un bon cheval de présentation. Elle a subi un entraînement intensif, mais il s'est passé quelque chose, et maintenant, plus personne ne peut la tenir.

— Elle est dangereuse ?

— Extrêmement dangereuse. On ne peut plus la faire obéir.

Lorsque ses filles essayaient de la monter, elle prenait le mors aux dents, s'emballait et allait se jeter contre les barrières ou alors tournait brusquement pour les éviter et chutait en pleine vitesse.

Il m'a confié la jument en me précisant que son intention était de la vendre. Il partait avec toute sa famille passer trois semaines de vacances sur les bords du lac Shasta, et il voulait que je trouve un acheteur d'ici leur retour, même si je devais pour cela en demander un prix ridicule.

Lorsque My Blue Heaven est descendue du van, j'ai tout de suite vu que c'était une belle bête qui avait de l'allure et l'œil vif. J'étais impatient de la monter.

Elle ne supportait ni le mors ni la bride, et je me suis rappelé que M. Gray m'avait dit qu'on lui avait imposé des mors de plus en plus durs pour essayer de la retenir et l'obliger à s'arrêter. Je lui ai passé un *hackamore* et je me suis mis en selle. A ma grande surprise, j'ai découvert que cette jument avait été bien entraînée. Pourtant, dès qu'elle prenait peur, elle devenait difficile à contrôler — je m'en suis rendu compte plutôt deux fois qu'une —, mais elle exécutait les exercices mieux que tous les autres chevaux avec lesquels j'avais disputé des compétitions.

Je l'ai débarrassée du *hackamore* et de la selle, et je l'ai lâchée en liberté dans le corral circulaire. Elle ne portait plus le moindre petit morceau de corde ou de cuir. Je voulais avant tout gagner sa confiance, ensuite, je pourrais peut-être lui montrer qu'il était possible de prendre du plaisir à s'arrêter, et briser ainsi le cercle vicieux de fautes et de punitions dans lequel elle se trouvait enfermée.

Je lui ai fait face pour la chasser. J'ai lancé une longue rêne légère dans sa direction pour la forcer à fuir plus vite jusqu'à ce qu'elle fasse le tour du corral au petit galop, et je l'ai regardée droit dans les yeux. Elle n'a pas tardé à m'envoyer les signaux habituels exprimant son désir de discuter. Elle a tiré la langue un court instant et sa mâchoire inférieure s'est mise à bouger comme si elle ruminait. Son oreille intérieure était braquée dans ma direction, et elle a fini par baisser la tête.

Encore un tour de corral et je me suis placé à quarante-cinq degrés par rapport à elle, déplaçant mon regard de façon à fixer un point situé quelques centimètres en avant du bout de son nez. Elle s'est arrêtée immédiatement, et je l'ai quittée des yeux. Je ne la voyais pas mais je la sentais en attente, et je n'entendais plus que les battements de mon cœur. Elle se demandait si elle pouvait me faire confiance. Elle s'interrogeait : où cela allait-il la mener ?

Un moment plus tard, elle a fait un premier pas dans ma direction, puis un deuxième. Elle était encore hésitante, et je ne pouvais qu'attendre.

Elle s'est finalement retrouvée près de moi. Je l'ai apaisée et je lui ai promis de ne pas trahir sa confiance. Nous allions résoudre ses difficultés ensemble et nous entraider : elle m'aiderait à me faire une réputation en tant qu'entraîneur et je la débarrasserais de ces affreux mors qui lui sciaient la bouche.

On lui avait appris à s'arrêter de la façon la plus traditionnelle qui soit : si on tire suffisamment fort sur la bouche du cheval, il est forcé de stopper. Comme ils avaient eu de plus en plus peur d'elle, ils lui avaient imposé des mors de plus en plus durs. C'était un mauvais calcul, car plus le mors était sévère, plus elle réagissait violemment.

Mon intention était de l'amener à aimer s'arrêter, à être heureuse d'avoir réussi un arrêt, et de lui apprendre à répondre à la voix et aux mouvements du corps de son cavalier. Je m'efforçais de tirer le moins possible sur sa bouche et de créer des situations auxquelles elle avait envie de mettre fin en s'arrêtant ; par exemple en la sollicitant jusqu'à ce que la fatigue la pousse à désirer une pause. Au bout de quelques jours elle en est arrivée à espérer entendre le mot « ho ! » et sentir le poids de mon corps se déporter vers l'arrière de la selle ; et elle a associé ce commandement et cette sensation à des idées de soulagement et de plaisir. Elle a rapidement compris qu'elle pouvait éviter toute traction sur le mors en acceptant de ne pas opposer de résistance et de s'arrêter bien sagement au commandement ; et, à compter de ce jour, elle a commencé à aimer ça.

Même si ses difficultés étaient anciennes et profondes, elle a été assez intelligente pour les résoudre au mieux, et elle est devenue une spécialiste des arrêts.

Deux semaines environ après le départ en vacances de la famille Gray, une compétition devait se dérouler au Alisal Guest Ranch, dans la Santa Ynez Valley. C'était une réunion très populaire et de haut niveau, et j'ai pensé que si My Blue Heaven réussissait là une bonne performance, elle pourrait se vendre un meilleur prix.

Je ne suis pas parvenu à joindre les Gray, car ils se trouvaient dans les montagnes entourant le lac Shasta, loin de tout téléphone ; mais j'ai quand même décidé d'inscrire la jument et de continuer à l'entraîner. La prime au gagnant représentait une coquette somme à laquelle venait s'ajouter une selle western Jedlicka entièrement faite à la main, avec le sigle du trophée gravé dans le cuir des quartiers. Une selle pareille vaudrait aujourd'hui dans les cinq mille dollars.

Une vingtaine de bons chevaux étaient inscrits dans la même catégorie, mais My Blue Heaven s'est comportée en vraie professionnelle et a remporté la première place. Je n'ai pas été étonné, mais la tournure prise par les événements avait quelque chose de magique. Le conseil de Don Dodge commençait à porter ses fruits. My Blue Heaven avait obtenu ce qu'elle désirait, j'étais en passe d'en faire autant, et j'entrevoyais la possibilité que les filles de Joe Gray aient finalement ce qu'elles avaient espéré : un cheval de grande classe.

J'ai réussi à entrer en contact avec des amis de la famille Gray, à Santa Maria, et j'ai pu m'introduire dans leur maison grâce à l'amabilité de la personne qui s'occupait de leurs animaux et de leurs plantes. J'ai déposé la selle Jedlicka au milieu de leur salle à manger, avec un petit mot par lequel je leur demandais s'ils étaient toujours décidés à vendre My Blue Heaven.

A leur retour, le changement d'attitude et la victoire de leur jument les ont rendus fous de joie ; plus particulièrement les filles ; et Joe Gray m'a demandé de continuer à entraîner My Blue Heaven.

L'année d'après, elle s'est classée à la deuxième place du championnat du monde des *reined cow horses ;* un exploit qu'elle a renouvelé l'année suivante, n'étant devancée, à deux reprises, que par Mona Lisa, l'un des plus fameux *reined cow horses* de tous les temps, dont le propriétaire-entraîneur n'était autre que Don Dodge.

My Blue Heaven a été le premier cheval que j'ai entraîné à concourir dans le circuit professionnel. Elle a représenté pour moi une grande chance et un moment important de ma formation. A Monterey, elle avait remporté la compétition en réussissant les meilleurs arrêts.

Je l'ai montée pendant deux saisons, puis les deux filles de Joe Gray ont pris le relais et l'ont conduite à la victoire dans de multiples compétitions disputées dans l'ouest des États-Unis.

J'ai fini par régler la facture de Don Dodge, joignant à mon règlement un petit mot pour le remercier du meilleur conseil que j'aie jamais reçu. Six mois après, j'avais quinze chevaux à entraîner.

En 1961, la maison d'habitation de Laurellinda a été finalement achevée, et nous avons pu quitter les deux cabanes dans lesquelles nous campions. Notre fils Marty est né le 1er février, et le moment m'a paru opportun pour inviter mes parents à nous rendre visite.

Mon père a jeté un œil sur les chevaux que j'entraînais et, tandis que nous faisions le tour de la propriété, il a rabâché la même vieille rengaine :

— Attends un peu, ces salauds de chevaux finiront par te jouer un mauvais tour. Ils t'échapperont et te régleront ton compte. Il faut que tu les reprennes en main.

Il ne pouvait plus me faire de mal. J'ai regardé les rides qui marquaient profondément son visage et je me suis dit qu'il avait presque cinquante-quatre ans alors que j'en avais seulement vingt-six. J'avais échappé à son emprise, et son opinion m'était devenue indifférente. Malgré tout, j'éprouvais encore la même fureur rentrée que le jour où il avait fait naître en moi ce sentiment, et j'étais bien décidé à ce qu'aucun de mes chevaux ne connaisse la colère, la peur ou le ressentiment.

Un peu plus tard au cours de cette même journée, mon père s'est mis à jouer avec ses petits-enfants. Debbie avait cinq ans, Lori trois et Marty était un bébé. Les deux aînées avaient certaines obligations, comme de ranger leurs affaires et de tenir leur chambre propre. Chacune avait son cheval et « l'étrillait » quotidiennement, mais, bien sûr, il était nécessaire de passer derrière elles pour parfaire le travail. Mon père m'a dit :

— Tu sais, Monty, tu es trop dur avec ces enfants.

Ma mère n'en croyait pas ses oreilles, et elle a préféré quitter la pièce. C'était tellement surprenant d'entendre mon père dire cela que le monde aurait tout aussi bien pu s'arrêter de tourner.

— Dur, moi ? Est-ce que par hasard tu ne te rappellerais pas à quel point tu as été dur avec moi ?

— Je le sais, mais ce sont de si gentilles enfants.

J'étais complètement ahuri.

— Tu veux dire que je n'étais pas « gentil » ?

Il a esquivé ma question, se contentant d'ajouter :

— Et puis, ce sont des petites filles.

Ce qui déconcertait le plus mon père, c'était les résultats indéniables que j'obtenais avec ma méthode d'entraînement, et son efficacité particulière dans le traitement des chevaux en difficulté.

Hey Sam était un pur-sang que l'on m'a confié en 1961. Il était né et avait été élevé sur le ranch Parker, à Hawaï, avant d'être acheté par Robert Anderson. Je l'ai entrepris selon mes méthodes et je l'ai formé avant de l'envoyer à Hollywood Park, prêt à participer à des courses.

D'abord, tout s'est très bien passé, et Hey Sam a effectué ses débuts sur la piste dans une forme exceptionnelle, mais ensuite il a eu affaire à un entraîneur que Robert Anderson n'avait pas vraiment choisi, et les choses ont commencé à se gâter.

Trois mois environ après son départ de Laurellinda, on m'a demandé de venir le voir à Hollywood Park, et j'ai très rapidement décelé la cause de ses difficultés : la personne qui le montait à l'entraînement l'arrêtait toujours au même endroit, en fin de séance, avant de le ramener dans son box.

Hey Sam avait commencé à associer cet endroit de la piste avec la fin de travail et le retour à l'écurie. Lorsqu'il estimait qu'il avait assez travaillé et qu'il méritait de s'arrêter, il se plantait à l'endroit habituel, s'attendant à ce qu'on le ramène dans son box. Les réactions de son entraîneur avaient déclenché la spirale infernale de fautes et de punitions, et Hey Sam en était arrivé à s'arrêter quand l'envie l'en prenait, et à quitter la piste de façon spectaculaire.

En course, il se comportait de la même façon, généralement au niveau du poteau des huit cents mètres — c'est-à-dire à peu près à la mi-course —, se précipitant vers le bord extérieur de la piste et se jetant dans la haie qui la bordait. Lorsque l'on réussissait à le tirer de là, il n'était plus qu'une loque tremblante.

Son jockey avait pensé corriger cette mauvaise habitude en le cravachant sévèrement à l'approche du poteau des huit cents mètres, afin de l'obliger à franchir la zone difficile; puis, lorsqu'il le sentait se dérober vers l'extérieur, il lui cravachait le flanc droit pour tenter de le ramener vers la corde.

Dans un premier temps, cette méthode avait paru efficace, mais au moment où l'on a fait appel à moi, Hey Sam avait trouvé la parade : il accélérait l'allure en vue du poteau des huit cents mètres et profitait ensuite de la moindre occasion pour déboîter brusquement sur sa droite et aller se planter au bord de la piste, refusant de bouger malgré les coups de cravache. C'était un triste spectacle et les commissaires l'avaient interdit de course.

J'étais très déçu. J'avais entrepris ce cheval, je l'avais entraîné, et il était parti de chez moi en parfait état et prêt à participer à des courses. Ma réputation était en jeu.

Je ne voyais qu'une solution : le ramener à Laurellinda et tout reprendre de zéro pour tenter de rétablir la communication.

Une fois de plus, je suis revenu à ce que m'avaient appris Brownie et quelques autres. Les chevaux ne cèdent pas sous la poussée, ils y résistent, surtout si cette poussée est appliquée sur leurs flancs. Les chiens sauvages qui s'en prennent aux chevaux les attaquent au ventre, jusqu'à ce qu'ils réussissent à déchirer la peau et à crever le péritoine afin que les intestins s'échappent. Les chiens peuvent alors relâcher leur étreinte et se contenter de suivre leur proie à la trace, certains qu'elle ne tardera pas à mourir et qu'ils pourront la dévorer. Pour le cheval, la meilleure défense contre ce genre d'attaque ne consiste pas à fuir mais à affronter ses assaillants à coups de pied, car la fuite ne peut qu'aggraver l'effet des morsures. Je suis persuadé qu'il faut voir là la cause du phénomène que connaissent bien tous les bons entraîneurs : si vous enfoncez un doigt dans le flanc d'un cheval, il ne cédera pas à la poussée, mais y résistera, et même y répondra. C'est sans doute l'une des choses les plus importantes dont un entraîneur doit se souvenir. J'ai appelé cela la règle numéro sept : « Les chevaux sont des animaux qui répondent à la sollicitation. »

Je savais donc que les coups de cravache infligés à Hey Sam, sur son flanc extérieur, ne pouvaient qu'avoir l'effet inverse de celui escompté.

J'ai dû travailler avec lui six mois environ en évitant d'exercer la moindre pression sur son flanc extérieur. Au lieu de cela, j'ai utilisé ma jambe intérieure, lui apprenant à tourner la tête vers la corde et à être heureux de le faire. Ce n'était pas un mauvais cheval et il n'avait pas une once de méchanceté. Il s'est montré bon élève et son comportement a changé de façon significative.

Ensuite, j'ai eu la chance de pouvoir le confier à Farrell Jones que je connaissais depuis des années. C'était ce qui pouvait lui arriver de mieux. Farrell m'a regardé monter Hey Sam sur l'hippodrome de Golden Gate Fields, dans le nord de la Californie, puis il l'a confié à un jockey qui a utilisé les mêmes techniques que moi.

Hey Sam a disputé peu après sa première course depuis sa disqualification, et l'a remportée à la côte de cinquante contre un. J'ai été soulagé en apprenant la nouvelle. C'était un bon début pour lui, et un triomphe personnel pour moi.

Durant sa carrière, Hey Sam a remporté douze victoires et rapporté plus de cent mille dollars à son propriétaire. Une grande réussite qui a marqué le début de mon histoire d'amour avec le monde du turf.

Le cheval que j'ai peut-être le plus aimé de ma vie portait un nom d'homme : Johnny Tivio. C'était un étalon Quarter-Horse inscrit au stud-book, qui mesurait un mètre cinquante au garrot, et pesait plus de cinq cent quarante kilos. Sa robe bai clair avait des reflets cuivrés qui rendaient son poil chatoyant.

Je l'avais remarqué à cause de sa couleur, et je le voyais régulièrement dans des compétitions. Il n'était pas très bien entretenu, mais sa robe était toujours plus brillante que celle de ses rivaux, comme si son éclat venait de l'intérieur. C'est pourquoi j'avais l'œil sur lui depuis un moment déjà.

Il était entraîné par Harry Rose qui lui devait la plupart de ses succès. Rose était du genre robuste et brutal. Il vivait intensément et c'était un joueur invétéré.

Un jour, alors que Pat et moi suivions la route

conduisant au Competition Grounds de Salinas, nous avons dépassé un bar aux allures de tripot sordide devant lequel était garée une voiture avec un van en remorque. Au passage, j'ai vu qu'il y avait deux chevaux dans le van, dont Johnny Tivio. J'ai dit à Pat :

— Harry est en train d'assécher les réserves d'alcool de la ville.

Nous étions de retour sur ma terre natale, non pour une réunion de famille, mais pour prendre part à une compétition de chevaux de travail. Étant donné le statut du Competition Grounds, c'était un événement de première importance.

Nous avons installé Fiddle d'Or et My Blue Heaven pour la nuit dans l'une des écuries du Grounds, et nous sommes repartis par la même route. La voiture et le van de Harry Rose n'avaient pas bougé.

Le lendemain, nous sommes revenus de bonne heure afin de préparer nos deux chevaux pour les éliminatoires de la compétition qui avait lieu le jour même. La voiture et le van étaient garés à peu de distance du bar, devant une petite maison. Johnny Tivio et son compagnon avaient passé la nuit dans une position très inconfortable.

Nous nous sommes occupés de Fiddle d'Or et de My Blue Heaven, leur faisant exécuter deux ou trois exercices d'échauffement. Quelques minutes avant huit heures et le début des éliminatoires, Harry Rose a dévalé à toute vitesse la pente qui conduisait au Competition Grounds. Derrière la voiture, le van faisait des embardées et ses deux occupants hennissaient et se cognaient contre les cloisons en cherchant à garder leur équilibre.

La voiture s'est arrêtée en cahotant. Harry Rose en est sorti, traînant derrière lui une fille avec une drôle d'allure, qui n'a cessé de lui tourner autour tandis qu'il faisait descendre les deux chevaux du van. Il a sellé Johnny Tivio, a bondi en selle, hissé la fille pour la prendre en croupe, et s'est éloigné en caracolant.

Ce jour-là, Johnny Tivio a remporté toutes les épreuves. Il était resté enfermé dans un van la nuit entière et n'avait pas eu droit à une seule minute de préparation, mais cela ne l'avait pas empêché de battre allégrement nos deux chevaux. Il est entré sur la piste comme s'il était chez lui et que nous devions nous estimer heureux d'être autorisés à le côtoyer.

J'étais stupéfait et, en même temps, j'en voulais un peu à Harry Rose de négliger ce cheval. J'ai dit à Pat :

— Ce cheval vaut son pesant d'or. Un jour, il sera à moi.

Quelques mois plus tard, la section locale de la Société protectrice des animaux a reçu un appel téléphonique d'une dame qui se plaignait qu'on ait abandonné devant chez elle, deux jours auparavant, un van dans lequel se trouvait un cheval. Le van et son malheureux occupant ont été conduits à la fourrière, et le numéro d'immatriculation a permis à la police de retrouver son propriétaire : un certain Carl Williams. Accusé de mauvais traitements infligés à un cheval nommé Johnny Tivio, Carl a donné aux policiers toutes les explications nécessaires, et les a lancés sur la piste de son entraîneur : Harry Rose.

Sachant que je m'intéressais depuis longtemps à son cheval, Carl m'a téléphoné aussitôt après pour me proposer d'acheter Johnny Tivio pour six mille dollars. J'ai sauté sur l'occasion :

— Marché conclu.

Je ne possédais pas la totalité de la somme et j'ai dû demander à George Smith, un client et un vieil ami, d'entrer pour moitié dans cette affaire.

Johnny Tivio était en mauvaise forme et ses fers s'étaient incrustés dans ses sabots, mais il était à moi. Nous nous sommes occupés de lui et nous avons soigné ses pieds. C'était toujours une bête pleine de bonne volonté, et chaque mot gentil, chacune de nos attentions le rendait plus fort et meilleur encore. Mais à la minute où il est entré à Laurellinda, il est devenu le patron. Nous nous sommes mis à travailler pour lui et non le contraire. Il n'était pas satisfait de son box et nous avons dû disposer la litière différemment afin qu'il puisse déféquer dans un certain coin. Son air hautain et son comportement à l'écurie nous ont contraints à nous montrer à la hauteur. De toute évidence, il se jugeait supérieur à tous les autres chevaux. Certes, il n'était pas contre le fait qu'ils puissent exister, non, mais seulement avec son accord, et à condition qu'il ne s'agisse pas de Palomino[1] ; surtout pas ! Il les détestait. Apparemment, il avait eu un Palomino comme compagnon d'écurie au début de son existence et, comme les choses avaient dû très mal se passer, il en avait tiré la conclusion que tous les Palomino étaient à mettre dans le même sac, et il n'en supportait pas la vue.

Johnny Tivio a connu une réussite exceptionnelle. Je pouvais l'engager dans n'importe quelle épreuve réservée aux chevaux de travail, il en sortait toujours victorieux. Il a été l'un de ces rares chevaux que tout le monde s'accorde à considérer comme les meilleurs de leur génération. Il a tout gagné pour moi, année après année.

— Hé, Monty, a crié Slim, regarde ça !
— Quoi donc ?

1. Race de chevaux à robe dorée, crinière et queue blanches, argent ou ivoire, et yeux sombres.

Je connaissais Slim Pickens depuis mon enfance, et il était comme un oncle pour moi.

— Le plus joli poulain que tu aies jamais vu !

Il jouait avec un tout jeune Palomino qui essayait de lui arracher le bâton qu'il tenait à la main.

— Regarde bien.

Slim a lancé le bâton en l'air, et le poulain s'est retourné, est allé d'un pas tranquille jusqu'à l'endroit où le bâton était tombé, l'a pris dans sa bouche et, tout en le mâchonnant, l'a rapporté bien sagement.

— C'est un vrai chiot.

J'ai reconnu que c'était incroyable.

— Et tu n'as pas tout vu !

Il a fait face au poulain et s'est frappé la poitrine en criant :

— Hop ! Hop !

Le poulain s'est cadré et a posé ses antérieurs sur les épaules de Slim.

— Tu vois ? Il va devenir le cheval le plus génial et le plus Walt Disney que l'on ait jamais vu !

Slim Pickens était acteur, et un studio de cinéma l'avait engagé pour tourner dans un film produit par la compagnie Walt Disney et intitulé *Un champion à quatre pattes*[1], qui racontait l'histoire d'un cheval de course. Ils avaient l'intention d'utiliser ce poulain pour les séquences consacrées à l'enfance du cheval en question. Le tournage devait se dérouler sur la ferme de Slim, à Soledad, et Slim serait le personnage principal de cette partie du film. Le poulain s'appelait Barlet.

A cette époque-là, Barlet était vraiment mignon, mais le problème, c'est qu'il a trouvé drôle de continuer à faire les mêmes numéros à l'âge de deux ans.

1. *The Horse with the Flying Tail.*

Entre-temps, un entraîneur nommé Martin Clark l'avait promené à travers tout l'ouest des États-Unis. Barlet était quasiment invaincu en tant que *halter-horse* — une compétition au cours de laquelle chaque cheval est présenté par une personne qui le tient par le licou[1], et jugé uniquement sur sa conformation — et il était bien placé pour remporter le titre national.

C'est à la fin du mois d'octobre 1962 que j'ai revu Barlet, au Cow Palace de San Francisco, à l'occasion de la compétition comptant pour le championnat de la spécialité. Lorsque je suis arrivé avec mes chevaux — My Blue Heaven, Midge Rich et un autre —, j'ai appris que Martin Clark avait installé Barlet dans l'un des boxes qui se trouvaient à l'intérieur du Cow Palace et avait été obligé d'entourer le box d'une double clôture électrique pour empêcher son cheval d'escalader les cloisons. Barlet avait parfaitement compris qu'il devait se tenir tranquille tant qu'il entendait le bruit lancinant du transformateur, mais dès que Martin a coupé le courant pour le faire sortir du box, il est devenu fou furieux.

A la fin de la journée, Martin n'avait toujours pas réussi à approcher son cheval. Alors, il est venu me trouver et m'a fait une proposition :

— Si tu réussis à faire sortir Barlet de son box, à le faire participer à cette compétition et à le conduire malgré tout à la victoire finale dans ce championnat, je te céderai la moitié de mon droit de propriété sur lui, et tu pourras le ramener à San Luis Obispo pour l'entraîner.

C'était une offre alléchante. Si Barlet était couronné étalon de l'année, sa valeur avoisinerait les

1. *Halter :* licou.

trente à quarante mille dollars. C'était également un formidable défi à relever, et je ne pouvais pas croire qu'il puisse exister un cheval que je ne parvienne pas à reprendre en main.

En arrivant devant le box, j'ai coupé le courant et ouvert la porte. Aussitôt, Barlet s'est précipité sur moi, en couchant les oreilles et en montrant les dents. Il avait vraiment l'intention de me faire mal. J'ai fait un bond en arrière et refermé la porte juste avant qu'il ne m'atteigne.

Me trouvant dans l'impossibilité de l'approcher, j'ai été contraint de réexaminer la situation. Ce cheval était allé trop loin pour être encore capable de demander à être pardonné. Depuis son plus jeune âge, il avait été abîmé, non pas à force de cruauté mais à la suite de mauvais traitements involontaires. On avait essayé d'en faire un chien de cirque, et, à un certain moment, la situation avait dégénéré.

Je suis allé chercher un lasso et j'ai attrapé Barlet afin de le maîtriser suffisamment pour pouvoir pénétrer dans son box. Je voulais utiliser une technique que m'avait enseignée Don Dodge et que nous appelons le *come along*[1]. Il s'agit d'une corde que l'on entortille autour de la tête en la faisant passer sur certains ganglions nerveux, et qui permet de contrôler aisément n'importe quel cheval.

J'ai pu ainsi faire sortir Barlet de son box et essayer de gagner sa confiance en appliquant la méthode que j'ai déjà exposée à plusieurs reprises. Il m'a fallu beaucoup plus de temps qu'avec My Blue Heaven et le résultat n'a pas été aussi satisfaisant ; mais il a tout de même été suffisant, dans un premier temps, pour que je puisse présenter Barlet lors de cette compétition.

1. Viens avec moi.

Ensuite, il m'a fallu tout reprendre de zéro pour parvenir à gagner mon pari. Barlet a finalement remporté le championnat national, je suis devenu son copropriétaire et je l'ai ramené à San Luis Obispo.

Au cours des années suivantes, il a participé aux compétitions de la *reined cow horse division,* et remporté de nombreuses victoires, mais je dois bien avouer qu'il n'a jamais été un cheval équilibré. Il est rare de pouvoir faire totalement confiance à un cheval qui a été rendu méchant, même si les responsables sont des personnes très bien intentionnées comme Slim Pickens. Les chevaux de ce genre souffrent de méfiance chronique et ne peuvent être montés que par des professionnels parfaitement avertis des dangers qu'ils encourent ; faute de quoi, les conséquences peuvent être très graves.

Barlet était un cheval véritablement méchant. Durant la période où j'ai travaillé avec lui, il m'a attaqué à plusieurs reprises. Il était sévèrement perturbé, mais on en était malheureusement réduit aux suppositions en ce qui concernait les causes de ses troubles et de sa méfiance vis-à-vis des hommes. Il existait entre nous un arrangement basé sur un système complexe de discipline et de récompenses qui m'a permis de contrôler sa névrose pendant trois ou quatre ans.

Malheureusement, ses difficultés ont fini, à la longue, par avoir raison de lui. Il est mort des suites d'un affrontement avec un hongre qui a eu lieu sur ma ferme de San Luis Obispo. Il a défoncé une barrière pour atteindre son adversaire et s'est fracturé un antérieur durant le combat qui a suivi.

3

LE SYNDROME DU CHÂTEAU DE SABLE

En 1964, à l'âge de vingt-neuf ans, j'ai rencontré un homme qui devait changer ma vie et celle de ma famille, pour toujours. Il allait nous conduire au sommet de la réussite, avant de nous faire toucher le fond.

A cette époque-là, nous avions un vétérinaire qui s'appelait Jim Burns. Un jour, Jim est venu me trouver pour me dire qu'il avait assisté à une vente de Quarter-Horse près de Solvang, dans la Santa Ynez Valley. Il avait retrouvé à cette occasion une vieille connaissance, un homme très riche qui s'était porté acquéreur de plusieurs chevaux, et possédait des biens dans la Santa Ynez Valley et à Montecito, un village proche de Santa Barbara, et l'un des quatre endroits les plus cossus de Californie, avec Beverley Hills. Jim Burns a ajouté qu'il s'agissait de Hastings Harcourt, le fils du fondateur de la société d'édition Harcourt, Brace & World.

M. Harcourt avait une soixantaine d'années, était marié, avait un fils, et était considéré comme un millionnaire excentrique. Jim Burns avait été le vétérinaire de ses animaux et de ceux de sa belle-fille, et il avait appris que les chevaux achetés par son ancien client lors de la vente en question avaient été transportés jusqu'à une propriété qu'il possédait dans la Santa Ynez Valley.

Jim Burns pensait que M. Harcourt aimerait confier certains de ses nouveaux chevaux à un entraîneur, et il a ajouté qu'il serait heureux de me recommander.

Quelques jours plus tard, j'ai reçu un coup de téléphone de M. Harcourt, me demandant si je serais d'accord pour entraîner quelques-unes de ses nouvelles acquisitions. J'ai accepté et, le lendemain ou le surlendemain, je suis allé à Santa Ynez chercher trois jeunes Quarter-Horse que j'ai ramenés à Laurellinda.

Au bout d'une semaine, j'ai appelé M. Harcourt pour lui donner mon avis sur ses chevaux ; l'un des trois, un hongre de trois ans, m'avait fait bonne impression et avait les qualités requises pour disputer les épreuves de la *Western pleasure-horse division*[1]. Il a semblé satisfait d'apprendre cette bonne nouvelle et m'a invité à venir le rencontrer.

Pat et moi avons parcouru la centaine de kilomètres qui nous séparait de Juniper Farms, la propriété de la Santa Ynez Valley où M. et Mme Harcourt se chauffaient au soleil.

Quand j'ai vu M. Harcourt, je lui ai trouvé l'air malheureux. La peau de son visage était marquée et grumeleuse, il était trop gros, et, lorsqu'il souriait, son sourire ne montait jamais jusqu'à ses yeux.

Mme Harcourt a paru se désintéresser de notre présence et son attitude semblait dire, en réponse à la nouvelle toquade de son mari : « C'est reparti... »

M. Harcourt m'a fait part de son désir de me voir engager un de ses chevaux pour la compétition qui devait se dérouler à Santa Barbara trois mois plus

1. Compétition réservée aux « chevaux de loisirs ».

tard seulement. Il a reconnu volontiers qu'il ignorait tout des chevaux et s'est révélé un homme sympathique qui se livrait sans retenue à l'ivresse de sa nouvelle passion.

Je lui étais reconnaissant de l'intérêt qu'il me portait. Il me fournissait du travail à un moment où j'en avais diablement besoin et, à en croire Jim Burns, il avait les moyens de devenir un propriétaire important.

Aussi, dès le lendemain, j'ai commencé à entraîner Travel's Echo. On ne pouvait guère espérer qu'un cheval puisse figurer honorablement dans une compétition de haut niveau, comme celle de Santa Barbara, avec seulement quatre-vingt-dix jours d'entraînement, mais je ne me suis pas découragé pour autant. Je me suis mis au travail en adoptant une attitude constructive, et Travel's Echo a répondu de même.

Pat et moi devions monter plusieurs chevaux lors de cette compétition; ainsi, même si leur protégé inexpérimenté ne connaissait pas encore une grande réussite, M. et Mme Harcourt pourraient voir leurs entraîneurs présenter trois chevaux de classe internationale. Il y aurait Johnny Tivio, bien sûr, qui ne manquerait pas de rafler tous les trophées importants, comme à son habitude. Pat monterait Julia's Doll, une jument à la solide réputation qui concourrait dans la *pleasure-horse division.*

Le jour de la compétition, M. et Mme Harcourt se sont installés au bord de la piste du Earl Warren Showground, dans une loge d'où ils ne pouvaient manquer ce qui se passait sur la piste, et comme ils avaient invité huit ou dix de leurs amis, pour la plupart des personnalités très en vue de la bonne société de Montecito, ils faisaient partie du spectacle tout autant que les chevaux.

Johnny Tivio a fait sa démonstration habituelle, et les Harcourt ont dû être très impressionnés. Night Mist a été égale à elle-même, remportant les deux épreuves auxquelles elle a participé. Julia's Doll était en grande forme et Pat l'a conduite à la victoire. Il me restait à monter Travel's Echo, le cheval des Harcourt, dans la *western pleasure-horse division,* une compétition réservée aux chevaux de quatre ans et moins.

En entrant sur la piste, j'ai été stupéfait de voir que nous aurions à affronter plus de cinquante concurrents. Travel's Echo a semblé conscient de l'importance de l'enjeu et s'est débrouillé comme s'il avait derrière lui deux années d'entraînement intensif.

Tout en suivant nos évolutions, les Harcourt parlaient à leurs amis, plus connaisseurs qu'eux en matière d'équitation, leur demandant ce qui se passait et comment se comportait leur cheval.

Ces mêmes amis ont fait comprendre aux Harcourt qu'ils ne devaient pas se faire trop d'illusions ; leur cheval était jeune et n'avait que trois mois d'entraînement. Mais, à leur grande surprise, Travel's Echo les a fait mentir en se qualifiant pour la finale à dix, ce qui a eu pour effet d'électriser les Harcourt.

Lors de la finale, Travel's Echo a réussi à enlever la troisième place derrière deux des meilleurs chevaux des États-Unis, et devant d'autres concurrents qui avaient déjà remporté plusieurs compétitions.

Lorsque j'ai reçu le trophée et la rosette, j'étais devant la loge des Harcourt. Leurs amis étaient debout et applaudissaient, et eux-mêmes arboraient un large sourire, manifestement très heureux de ce qui leur arrivait.

Nous nous sommes tous retrouvés à la sortie. Pat

était là avec les enfants, et les Harcourt et leurs amis se sont précipités pour féliciter et caresser Travel's Echo. Étant donné la personnalité de M. Harcourt, la position dont il jouissait au sein de la communauté et les sommes qu'il distribuait aux œuvres de bienfaisance, photographes de presse et journalistes se pressaient pour immortaliser l'événement et rendre compte de l'enthousiasme de l'heureux propriétaire. Lorsqu'il a déclaré que son cheval avait obtenu ce résultat après seulement quatre-vingt-dix jours d'entraînement, les crayons ont couru encore plus vite sur les blocs-notes.

Le succès de Travel's Echo a créé autour de nous une ambiance particulièrement favorable, et, trois jours plus tard, les Harcourt ont fait un saut jusqu'à San Luis Obispo à bord de leur avion privé, un DC 3 Taildragger. M. Harcourt voulait voir nos installations et discuter d'un nouveau projet. Il m'a expliqué qu'il possédait déjà quelques pur-sang, mais probablement pas d'un niveau satisfaisant ; et, tout en me regardant à travers les verres épais de ses lunettes à monture noire, il m'a demandé :

— Avez-vous une quelconque expérience des chevaux de course ?

— Depuis mon enfance, j'ai toujours entraîné quelques pur-sang, mais je n'ai jamais eu la chance de m'occuper de chevaux capables d'accomplir de grandes performances.

Deux jours plus tard, le pilote des Harcourt est venu me chercher, comme convenu, pour m'emmener dans trois endroits différents où je devais évaluer successivement un groupe de juments, trois poulains, deux yearlings et deux chevaux à l'entraînement. M. Harcourt était dans le vrai ; comme je le lui ai confirmé par téléphone, les pur-sang que je venais de voir n'avaient guère de chances de remporter des courses de haut niveau.

Peu après, Harcourt a avancé un autre pion. Il désirait que je me rende à la vente de yearlings qui devait se tenir à Del Mar. Il m'accordait un budget de vingt mille dollars pour acheter deux pur-sang capables de courir sur les plus grands hippodromes de Californie.

Il m'offrait la chance de ma vie, et c'était terriblement excitant. J'avais déjà assisté à des ventes de yearlings à la demande d'autres clients, mais avec des budgets maximum de deux mille dollars par tête, pour acheter des chevaux destinés à disputer des courses de troisième catégorie. Mes achats s'étant toujours révélés judicieux, je pensais être capable de choisir des chevaux aptes à courir et à rester sains de corps et d'esprit.

Bien sûr, cette nouvelle proposition était d'un tout autre calibre, mais j'étais persuadé que Pat et moi possédions les compétences nécessaires, et que nous ne pouvions pas laisser passer la chance d'en faire la démonstration.

M. Harcourt a pris contact avec la société chargée de la vente pour me désigner officiellement comme son représentant, et fixer à vingt mille dollars le crédit dont je pouvais disposer, comme prévu.

Je suis allé à Del Mar, et je me souviendrai toute ma vie de l'instant où j'ai aperçu ce poulain alezan qui marchait à moins de cinquante mètres devant moi. Je n'avais jamais vu un jeune pur-sang qui me plaise autant. A l'arrêt, sa symétrie et son équilibre naturel étaient parfaits, et lorsqu'il se déplaçait, cette symétrie et cet équilibre restaient aussi parfaits que possible. J'ai suivi le poulain jusqu'à sa stalle, j'ai demandé à le voir de plus près, et je l'ai trouvé encore plus impressionnant.

Quand on l'a amené sur la piste de présentation, personne ne s'est beaucoup intéressé à lui — il n'avait même pas de nom — et j'ai enlevé les enchères à cinq mille dollars seulement. Le marteau est retombé. Le poulain était à moi. J'ai signé le reçu : « Monty Roberts, agent. » A présent, j'étais vraiment en affaires avec Hastings Harcourt.

Nous avons tout de suite trouvé un nom pour le poulain alezan : Sharivari, ce qui signifie « cérémonie du mariage » en gaélique. J'avais également acheté un poulain bai que nous avons appelé Bahroona. Ironie du sort, le bai s'est montré le plus précoce des deux. Dès l'année suivante — 1965 —, il a disputé sa première course à Hollywood Park et l'a emporté de quinze longueurs. M. Harcourt était au comble de l'excitation. Je participais, ce jour-là, à un rodéo dans le nord de la Californie, et il m'a téléphoné pour m'annoncer la victoire de Bahroona, et me dire qu'il m'envoyait son avion afin que je puisse rejoindre au plus vite Montecito où une réception était organisée pour fêter l'événement.

Le voyage s'est bien passé, mais alors que nous survolions le lac Cachuma, nous préparant pour l'atterrissage, le moteur a calé et nous avons commencé à piquer vers l'eau. J'ai cru ma dernière heure arrivée, heureusement le pilote a réussi à passer sur le réservoir de secours, à relancer le moteur et à sortir du piqué. Cet incident a été très mauvais pour mes nerfs, mais il était, curieusement, tout à fait en accord avec la situation : à cette époque de ma vie, j'avais vraiment l'impression de me trouver sur le grand huit.

Les Harcourt sont venus me chercher à l'aéroport de Santa Barbara et m'ont conduit chez eux. La soirée battait son plein. Pat était déjà là. Hastings Harcourt et Fran, sa femme, se délectaient des regards d'admiration de leurs invités. Au milieu du brouhaha des conversations et des rires, Harcourt m'a lancé :

— Nous allons frapper un grand coup.

J'ai tendu l'oreille et les bruits de la réception m'ont paru diminuer d'intensité tandis que je buvais ses paroles.

— J'ai des propriétés dans la Santa Ynez Valley. Pensez-vous que cette région soit propice à la création d'un centre d'entraînement pour pur-sang ?

J'avais toujours rêvé de m'occuper de chevaux dans la Santa Ynez Valley. Il me paraissait tout à fait déplacé d'avoir une conversation aussi sérieuse au milieu de l'euphorie générale, mais j'ai répondu qu'à mon avis cette région possédait le climat et le sol le plus favorable des États-Unis, et que ce serait une merveilleuse idée d'y créer un centre d'élevage et d'entraînement pour pur-sang.

M. Harcourt débordait de projets.

— Trouvez l'endroit idéal et j'achèterai les terrains nécessaires pour des installations de classe internationale.

Je me suis mis à l'ouvrage immédiatement avec l'enthousiasme juvénile d'un homme de trente ans qui a la possibilité de faire ce dont il rêve depuis toujours. J'avais été préparé à cette tâche depuis ma plus tendre enfance. Grâce à mon expérience approfondie et aux trois diplômes que j'avais obtenus à Cal-Poly, je n'ignorais rien des sols et de leur fertilisation, des fourrages, de la conception des installations, de l'élevage des chevaux, et surtout des techniques d'entraînement.

Après avoir visité les diverses propriétés que Harcourt possédait dans la Santa Ynez Valley, je suis arrivé à la conclusion qu'aucune d'elles ne convenait vraiment. L'une était trop boisée, l'autre trop caillouteuse, et la troisième avait des problèmes d'adduction d'eau.

J'ai expliqué à Harcourt qu'il était indispensable

de s'installer au bord de la rivière, et je lui ai montré sur la carte un endroit situé à proximité de Solvang. Il s'agissait d'une petite vallée latérale de cinq kilomètres sur deux, dont le fond, pratiquement plat, était recouvert d'une couche de terre arable de plus de cinq mètres de profondeur. Mais il y avait plus important encore : sous la terre arable, se trouvait une épaisse strate de diatomite — un sédiment siliceux formé par l'accumulation d'algues microscopiques au fond de l'océan qui, des milliers d'années auparavant, recouvrait cette partie de la vallée — et ce matériau de base enrichissait la terre d'une quantité considérable de calcium et d'autres minéraux.

De plus, étant donné la hauteur de la nappe aquifère, il suffirait de forer à dix-sept ou dix-huit mètres de profondeur pour obtenir des débits de plus de deux mille litres à la minute, un record pour la Californie du Sud. Quant au climat, il était parfait : sec et sans températures extrêmes, car l'océan tout proche le rafraîchissait en été et l'adoucissait en hiver.

M. Harcourt s'est mis à acheter des terrains. Il a commencé par acquérir une cinquantaine d'hectares qui appartenaient à M. Jacobson, puis il a fait des offres alléchantes à ses voisins. M. McGuire lui a cédé cinquante autres hectares et M. Petersen vingt-cinq ; et ainsi de suite.

Au bout de trois mois nous avons procédé à l'arpentage de la nouvelle propriété et commencé à élaborer le plan d'ensemble des futures installations. M. Harcourt était aussi enthousiaste que moi et consacrait une partie de sa fortune, considérable, à faire que notre projet soit le plus ambitieux possible et qu'il voie le jour dans les délais les plus brefs.

Je suis allé voir Johnny Tivio dans son box à Laurellinda.

— O.K., Johnny, tu vas enfin vivre dans un endroit à ta mesure. Que dirais-tu de dessiner les plans de ton futur petit palais ?

Si jamais un cheval de travail s'est estimé digne de vivre dans un établissement pour pur-sang, c'est bien Johnny Tivio.

Au milieu de cette frénésie d'activité, je devais rencontrer M. Harcourt chez lui, à Montecito, quelques jours plus tard. La veille de notre entrevue, j'ai reçu un coup de téléphone de sa secrétaire particulière. Après avoir tourné autour du pot, elle a fini par me dire que son patron se posait des questions au sujet du projet de centre d'élevage et d'entraînement, et elle m'a conseillé de partir du principe que ledit projet était abandonné.

Je n'en revenais pas, et lorsque j'ai eu digéré tout ça, j'étais complètement anéanti. Je ne comprenais plus rien. Quelques jours auparavant, Harcourt fonçait encore tête baissée, comme si sa vie en dépendait.

J'ai passé une partie de la nuit à réfléchir à ce que je devais faire, mais je tournais en rond sans parvenir à trouver une porte de sortie. Jusqu'au moment où j'ai réalisé que la secrétaire ne m'avait pas dit que le rendez-vous était annulé, du moins pas formellement. Dans la mesure où M. Harcourt ne m'avait pas appelé lui-même, j'ai décidé d'aller chez lui, à l'heure convenue, comme si je n'avais pas eu sa secrétaire au téléphone. Au moins, je l'entendrais me dire pourquoi il avait pris la décision d'abandonner ce projet.

Le lendemain, j'ai parcouru les cent soixante kilomètres qui me séparaient de Montecito, le cœur au bord des lèvres. Je n'avais aucune idée de ce qui m'attendait à l'arrivée. Comme je l'ai déjà dit, Montecito est d'un standing équivalent à celui de

Beverley Hills, et j'ai suivi des rues bordées d'arbres et de maisons magnifiques.

Je me suis arrêté devant la grille des Harcourt pour m'annoncer par l'interphone. Je craignais que l'on ne me refuse l'entrée, mais la personne qui m'a répondu a commandé immédiatement l'ouverture du portail. J'ai descendu l'allée d'accès, traversant une forêt miniature. Le gravier crissait sous les pneus. Je suis arrivé au rond-point qui se trouvait devant la maison et avait pour centre une grande fontaine.

Tout était silencieux. Pour la première fois, j'avais le temps d'admirer les lieux. Sur la gauche, se trouvait une maison pour les invités dont j'aurais bien fait ma résidence principale. La demeure du maître de céans occupait la partie sud du rond-point. C'était un parfait exemple du style californien des années vingt, mais en y regardant de plus près, j'ai constaté qu'elle avait subi de nombreuses modifications et additions qui en avaient fait une résidence impressionnante.

J'ai garé ma voiture devant l'habitation réservée aux invités, et je suis allé sonner à la porte d'entrée de la demeure principale. On m'avait ouvert le portail, il y avait donc forcément quelqu'un. La maison étant très grande, j'ai attendu longtemps avant de sonner de nouveau. Personne n'a répondu. Le silence était impressionnant. Au bout de quelques minutes, j'ai abandonné tout espoir et je suis revenu vers ma voiture.

J'avais la main sur la poignée de la portière lorsque j'ai aperçu, du coin de l'œil, quelqu'un derrière moi, de l'autre côté du rond-point. Je me suis retourné et j'ai vu M. Harcourt traverser rapidement un espace découvert, et pénétrer dans la maison par une porte latérale. L'étrangeté de son comportement et sa précipitation laissaient supposer qu'il cherchait à m'éviter, mais je me suis dit qu'après tout il se dépêchait peut-être pour être à l'heure à notre rendez-vous.

Je suis donc revenu vers la porte d'entrée et j'ai sonné pour la troisième fois. Pas de réponse. La maison était toujours aussi silencieuse et peu accueillante. Je me suis souvenu de la conversation que j'avais eue avec la secrétaire et j'en ai conclu que j'étais désormais *persona non grata.* Tout était bien fini.

J'ai regagné ma voiture et je suis rentré à Laurellinda. Je ne pensais pas avoir commis de faute, mais notre projet était pourtant au point mort. J'ai tenté de joindre Harcourt par téléphone dans l'après-midi, mais une domestique m'a répondu qu'il était occupé.

Pat a pris la chose avec philosophie, me disant que nos vies allaient simplement reprendre leur cours normal, comme si M. Harcourt n'avait jamais existé. Même s'il rappelait pour s'excuser, nous ferions mieux de ne pas donner suite à ce projet, car cet homme était manifestement instable.

Quatre jours plus tard, j'étais en plein travail lorsque l'on est venu me prévenir que M. Harcourt me demandait au téléphone. Descendant immédiatement de cheval, je suis allé répondre, l'estomac noué.

Harcourt m'a salué très cordialement et s'est excusé. Il venait de traverser une mauvaise passe, psychologiquement parlant, et quelque chose de fâcheux s'était produit au sein de la société familiale d'édition ; mais il avait pris conseil et rectifié son erreur ; à présent, il était prêt à reprendre notre projet et à le mener tambour battant.

Il m'a demandé si je voulais bien me rendre en

Europe pour visiter ce qui se faisait de mieux outre-Atlantique. A mon retour, profitant du savoir acquis, je pourrais activer les choses. Il lui tardait de repartir du bon pied. Il a ajouté :

— Je ne veux pas que vous soyez un simple entraîneur ou un quelconque gérant. J'aimerais que nous soyons partenaires dans cette affaire du centre d'entraînement de Flag Is Up Farms. En contrepartie de votre contribution, je propose que vous receviez cinq pour cent des parts de l'entreprise, et que vous soyez autorisé à acquérir, par la suite, une participation plus importante. Nous allons signer un contrat, et les frais de rédaction de l'acte seront à ma charge. Il vous faudra passer voir Anthony Romasanta et lui expliquer tout ce que vous désirez voir figurer dans ce contrat. J'en prendrai connaissance quand vous l'aurez mis au point.

J'ai fait ce qu'il m'avait demandé et nous avons rédigé un contrat qui m'a paru juste et équitable pour les deux parties. Puis toute la famille Roberts s'est lancée à corps perdu dans la conception et la création du meilleur centre d'élevage et d'entraînement de pur-sang qui soit au monde. Les revirements de situation avaient été brutaux et éprouvants, mais nous étions finalement retombés sur nos pieds.

J'ai pris l'avion pour l'Europe. J'avais rendez-vous avec Tim Vigors, un gentleman-farmer, courtier en chevaux de race, qui possédait des propriétés en Irlande et en Angleterre. Comme il avait été également pilote de chasse durant la Seconde Guerre mondiale, nous étions convenus qu'il piloterait le Baladue, immatriculé GATSY, qui avait été mis à notre disposition, pour nous transporter partout où je le souhaiterais.

Nous avons entamé notre périple par Newmarket où nous nous sommes posés sur l'hippodrome.

Après avoir été les hôtes de sir Noel Murless, à Warren Place, nous avons visité des haras dans toute la Grande-Bretagne, et atterri sur la plupart des principaux champs de courses. J'ai pris des notes sur la conception, le fonctionnement et la gestion de toutes les installations que nous avons vues. J'ai également fait quelques photographies.

Puis nous avons traversé la Manche, nous nous sommes posés sur un petit aérodrome proche de Paris, et nous avons gagné Chantilly où se trouvaient regroupés une dizaine de centres d'entraînement, ce qui n'a pas manqué de m'épater. J'ai été également impressionné par les dimensions de toutes ces installations, ainsi que par le soin apporté au moindre détail.

Nous avons fait un saut jusqu'en Normandie pour aller voir la propriété que possédaient Alec Head et Roland de Chambre, et celle appartenant à Guy de Rothschild. Tout cela valait bien un cours universitaire sur les différentes façons de concevoir et de gérer des équipements destinés aux chevaux de course.

Ensuite, nous sommes passés de France en Allemagne, et d'Allemagne en Irlande. Je ne suis pas certain que tous ces déplacements aient été parfaitement légaux, mais qu'importe.

Après avoir consacré une semaine à visiter une bonne partie des champs de courses et des centres d'élevage et d'entraînement irlandais, je suis revenu à Londres où j'ai repris l'avion pour la Californie.

J'ai rendu compte des résultats de ma mission à M. Harcourt, lui expliquant à quel point l'expérience avait été enrichissante. Tandis que je voyageais en Europe, il avait lu des articles relatifs au sujet qui nous préoccupait, mais concernant d'autres parties du monde, et je me suis donc envolé pour l'Argentine, l'Australie et la Nouvelle-Zélande.

A mon retour, j'ai eu une nouvelle entrevue avec M. Harcourt, et je lui ai fait part de mes dernières découvertes, remarques et recommandations. J'étais fin prêt à m'asseoir à ma table de travail pour concrétiser mes idées en dessins et en plans.

Pat et moi avons préparé les enfants aux douze à dix-huit mois d'activité débordante qu'allaient nécessiter la conception, la construction et la mise en route des installations de la société Flag Is Up Farms Incorporated, Solvang, Californie.

J'avais disposé les bâtiments en quatre ensembles.

D'abord le centre de reproduction, avec une écurie pour les étalons, des enclos pour l'accouplement, une écurie de huit boxes réservée au poulinage, un corral circulaire, un laboratoire vétérinaire, des bureaux, et des logements pour huit employés.

Le deuxième ensemble, où j'entreprendrais les poulains et entraînerais les chevaux, comprendrait deux corrals circulaires et couverts, un manège couvert, des boxes pour quatre-vingts chevaux, une piste d'entraînement, un parcours de cross-country de quatre kilomètres, deux vastes granges pour stocker fourrage et paille, une installation pour préparer nos propres compléments alimentaires, des bureaux, et des logements pour cinquante employés.

Le troisième ensemble se composerait d'une clinique vétérinaire et d'un centre de rééducation, avec des boxes pour quarante chevaux, une piscine pour l'hydrothérapie, une installation de traitement aux rayons X, des paddocks, des bureaux, et des logements pour six employés.

Enfin, il y avait la maison d'habitation. Je l'avais située sur la mesa qui dominait de cinquante mètres l'extrémité nord de la propriété ; elle serait construite dans le style traditionnel californien mais avec des baies vitrées beaucoup plus grandes. Elle ferait face au sud et toutes les pièces principales ouvriraient de ce côté-là. Sa position dominante lui permettrait de jouir d'une vue magnifique sur toute la vallée.

Le rêve de ma vie prenait forme sous mes yeux, et il allait procurer à ma famille un cadre de vie idéal. Notre avenir s'annonçait sous d'heureux auspices.

Nous avons transporté les premiers chevaux à la « Ferme » en juillet 1966. Johnny Tivio est entré le premier dans l'écurie, à pas lents, et a pris, bien sûr, la meilleure place, sans se soucier le moins du monde des autres qui devraient se disputer le reste des boxes.

Bahroona et Sharivari sont arrivés ensuite et ont choisi d'être voisins. Ils auraient fait honneur à n'importe quel centre d'entraînement. Bahroona avait continué sur sa lancée en remportant la plus importante course pour chevaux de deux ans, qui se disputait à l'occasion du meeting de Hollywood Park. Il avait une pointe de vitesse éblouissante et devait devenir par la suite un excellent reproducteur.

Sharivari avait démarré sa carrière un peu plus tard que son compagnon d'entraînement, mais c'était un cheval d'exception. Après avoir remporté ses deux premières courses, il était le meilleur trois ans de Californie avant le Kentucky Derby, et le favori des bookmakers. Il devait devenir par la suite un reproducteur très coté, et le père de plusieurs cracks.

En octobre de la même année, nous avons déménagé pour nous installer dans notre nouvelle maison qui surplombait la Ferme et la Santa Ynez Valley, et nous avons eu l'impression de pénétrer au paradis.

La fortune nous avait souri et nous avions saisi notre chance à deux mains. Le travail ne manquait pas, mais nous étions tous contents de le faire.

C'est à cette époque-là que l'on m'a envoyé un jeune homme nommé Hector Valadez. Il avait dix-huit ans, pesait une quarantaine de kilos et semblait bâti pour devenir jockey. Je l'ai aussitôt mis au travail, mais il n'avait finalement pas très envie de monter en course. Depuis, il n'a pas cessé d'entraîner pour moi entre huit et douze chevaux par jour, à l'exception de deux courtes périodes durant lesquelles il est allé travailler chez des amis à moi.

En 1975, Hector a fondé une famille et travaillé dur pour réaliser son rêve : être père de famille. Aujourd'hui, il a deux fils adultes, mais il ne pèse toujours qu'une quarantaine de kilos. Personne n'a passé autant de temps à mes côtés dans le corral circulaire. Depuis trente ans qu'il travaille avec moi, il a dû « étrenner » quinze cents chevaux environ.

Peu après notre installation à Flag Is Up Farms, mes parents sont venus nous rendre visite, et je leur ai fait faire le tour du propriétaire. Mon père n'a pas aimé les barrières :

— Rien ne vaut le chêne du Kentucky et les barrières en planches.

Il a désapprouvé ma décision de planter des arbres :

— C'est une erreur. Ces arbres vont te gêner dès que tu vas vouloir t'en approcher. Attends un peu, ils t'enlèveront ton chapeau chaque fois que tu passeras dessous.

A son avis, la piste d'entraînement aurait dû être plus longue, la galerie du manège avait été mal construite, il aurait fallu mettre du sable sur le sol du manège, et j'avais consacré beaucoup trop d'argent aux corrals circulaires. Avant de repartir, il m'a donné un conseil au sujet de ma carrière :

— Ne laisse pas tomber les chevaux de présentation, cette histoire de chevaux de course va te bouffer jusqu'au trognon.

Nos chevaux obtenaient de bons résultats, et nous recevions notre part de leurs victoires et de leurs places d'honneur. Tous ces cracks étaient, pour la plupart, des chevaux que j'avais sélectionnés alors qu'ils n'étaient encore que des yearlings : Gladwin, un magnifique poulain, fils de First Landing, acheté à Saratoga, avait déjà remporté une course du groupe un ; Aladancer, un produit de la première portée de Northern Dancer, acheté également à Saratoga, avait lui aussi remporté une classique ; Cathy Honey, une fille talentueuse de Francis S., était devenue une des pouliches de trois ans les plus cotées des États-Unis ; Petrone, acheté en France, à l'âge de trois ans, pour cent cinquante mille dollars, devait gagner plus de quatre cent mille dollars de prix et se retirer après avoir remporté plusieurs classiques.

Les années 1967 à 1970 ont été des années fructueuses pour Flag Is Up Farms.

Un jour, M. Harcourt est venu à la maison et m'a confié ses problèmes psychologiques. Il avait un peu bu, et la conversation a vite pris une tournure très intime. Il a ôté ses lunettes à monture noire et à verres épais, dénudant brusquement ses yeux larmoyants d'émotion.

— Ce n'est pas une vie que de devoir supporter cette maladie ! s'est-il exclamé en se frappant la poitrine.

Il m'a décrit les effets de ce qu'il appelait sa « maladie bipolaire » ; une affection qui l'avait conduit à souffrir de psychose maniaco-dépressive depuis son plus jeune âge. J'étais désolé pour lui, mais je ne voyais pas en quoi je pouvais l'aider.

Alors, il m'a expliqué que ses problèmes psychologiques l'avaient amené à se retirer de l'entreprise familiale, et avaient provoqué la rupture d'un grand nombre d'associations financières ou commerciales auxquelles il avait participé. Personne n'était prêt à le supporter.

J'ai compris qu'il me demandait de le prendre en charge, de m'occuper de lui et de tolérer tous ses caprices, toutes ses bizarreries, même les plus illogiques. Il a poursuivi son introspection morbide :

— Savez-vous que je suis une thérapie depuis trente ans ? Qu'en pensez-vous ?

— Je pense que ça doit vous coûter cher.

— Un homme de mon âge suivant encore une thérapie, c'est ridicule, non ?

Il était reconnaissant à sa femme d'avoir appris à le comprendre mieux que personne.

— Elle sait comment il faut me prendre. Lorsque je suis dans la lune, elle sait me faire redescendre sur terre ; et quand je trébuche dans l'obscurité, elle m'aide à me relever.

Au contraire, ceux qui étaient en affaires avec lui finissaient par l'abandonner, rebutés par ses sautes d'humeur.

— Ils sont logiques alors que je ne le suis pas.

— Eh bien, je suppose que les affaires réclament une bonne dose de logique.

Visiblement, il n'écoutait pas ce que je lui disais. Il cherchait à me faire un aveu. Soudain, il a dit :

— Savez-vous, Monty, que mes relations avec votre famille et notre collaboration à Flag Is Up Farms sont ce qu'il y a de plus important à mes yeux ? Je ne veux pas qu'il y ait de problèmes entre nous.

— Je suis tout à fait d'accord.

J'étais sincère. Je ne tenais surtout pas à ce que

ses troubles psychologiques viennent compromettre notre entreprise. Nous avions déjà vécu une expérience de ce genre et elle avait eu un effet dévastateur.

— Je veux que vous sachiez comment vous comporter avec moi afin que notre association dure jusqu'à la fin de mes jours.

— Je ne demande pas mieux.

— Je sais ce que nous allons faire : je vais vous prendre un rendez-vous chez mon psychiatre. C'est moi qui paierai. Il vous apprendra à mieux me connaître. Je suis sûr que vous y arriverez aussi bien que Fran.

A présent que nous avions parlé ouvertement de ses problèmes, et que nous avions élaboré une sorte de plan pour nous en accommoder, je me sentais soulagé. Je pensais aussi que j'avais des responsabilités envers ce pauvre homme.

M. Harcourt a fait ce qu'il avait dit, et je suis allé voir son psychiatre dans une clinique de Santa Barbara. Il avait une bonne quarantaine d'années, était mince, mesurait plus d'un mètre quatre-vingts, parlait d'une voix douce, et avait des manières directes et raffinées. Il n'appréciait guère cette entrevue, et il a bien pris soin de me rappeler très précisément pourquoi nous nous trouvions réunis dans son cabinet. En réalité, il n'a même fait que ça durant ma première visite. Je suppose qu'il devait répugner à violer le secret médical, même avec le consentement exprès de son patient.

Lors de ma seconde visite, il m'a laissé entendre qu'il savait tout de Pat et de moi, de nos antécédents et de nos origines familiales respectives. Puis il a abordé le cas de M. Harcourt, le rapportant au « syndrome du château de sable ».

— Tous les enfants prennent beaucoup de plaisir

à profiter de la marée descendante pour construire un magnifique château de sable, mais certains d'entre eux parviennent au summum de l'excitation lorsque la marée remonte... et le détruit.

Il m'a laissé le temps d'assimiler ce qu'il venait de me dire, avant d'ajouter :

— Et plus le château de sable est grand, plus M. Harcourt prend de plaisir à assister à sa destruction.

Plus tard, ce même après-midi, alors que je me trouvais sur la terrasse de notre maison, j'ai regardé à mes pieds toutes ces installations que j'avais disposées avec tant de soin sur le fond plat de la vallée et que le soleil éclairait de ses derniers rayons avant de disparaître derrière les montagnes qui fermaient l'horizon à l'ouest, et je me suis souvenu de l'enthousiasme de M. Harcourt, de son dévouement passionné à notre projet durant toute la période où nous l'avions conçu puis concrétisé. A présent, je savais que nous n'avions fait que bâtir un nouveau château de sable.

Un jour de septembre 1971, je me trouvais sur le champ de courses de Del Mar, à quatre cents kilomètres au sud de Flag Is Up Farms, quand j'ai reçu un coup de téléphone m'annonçant que le pilote viendrait me chercher pour me ramener à la Ferme, car M. Harcourt voulait me voir d'urgence.

Je suis arrivé à Flag Is Up Farms à deux heures de l'après-midi environ. M. Harcourt et un nommé Osborne T. Brazelton III m'attendaient déjà dans une voiture, devant la maison. Pat était sortie avec les enfants pour me laisser seul avec eux. La personne qui nous aidait à venir à bout des tâches ménagères a préparé du thé et du café et les a servis dans le patio qui surplombait la Ferme.

Harcourt et Brazelton ont choisi soigneusement

leurs sièges, s'asseyant du même côté de la table et me laissant seul de l'autre côté, face à eux. Harcourt avait l'air sévère et l'humeur sombre, une impression encore accentuée par ses lunettes à grosse monture noire et le terrible aspect de sa peau. Osborne T. Brazelton III était un avocat cynique qui semblait sorti tout droit d'une série télévisée. A l'image de Harcourt, il était grand — près d'un mètre quatre-vingt-quinze — et de forte corpulence. Il avait à peine plus de trente ans et ses cheveux blonds étaient coiffés avec soin et laqués. Il était vêtu d'un costume sur mesure coupé dans un tissu fait de fibres synthétiques dont certaines scintillaient.

Harcourt a sorti d'une poche de sa veste une boîte à pilules en argent, l'a posée sur la table, entre nous deux, l'a ouverte et a disposé devant lui une vingtaine de comprimés, cachets, pilules et gélules, de diverses couleurs, formes et grosseurs. Puis il a levé les yeux et mes cheveux se sont hérissés sur ma nuque. Son regard perçant, froid et inquiétant m'a glacé jusqu'aux os, et j'ai compris que le pire était à craindre.

— Je tenais simplement à ce que vous réalisiez que j'avais besoin de toutes ces pilules pour tenir une journée. Vous connaissez mon médecin et vous savez tout de mes problèmes. Je ne vous ennuierai donc pas avec un tas de détails, je suis sûr que vous comprenez la gravité de mon état.

Il a marqué une pause, mais je n'ai pas dit un mot.

— Je dois vendre la Ferme et tous les chevaux le plus vite possible. C'est une catastrophe pour moi, mais je dois le faire. Je suis très triste de devoir me séparer de tout ça, mais ce qui m'est le plus pénible c'est de me séparer de vous, de Pat et de vos enfants. Depuis presque six ans, vous avez pris une place importante dans ma vie, mais, lorsque ma santé est en jeu, je ne peux laisser personne se mettre en travers de ma route.

Je reconnaissais les symptômes : M. Hastings Harcourt était sur le point de tomber en chute libre. Il a conclu :

— Os Brazelton, ici présent, va s'occuper de la partie juridique de cette affaire et coordonner avec vous la liquidation de tous mes biens. Naturellement, si vous trouvez un acheteur pour la Ferme, vous pourrez peut-être rester sur la propriété dans les mêmes conditions. Je ferai tout ce qui est en mon pouvoir pour éviter le démembrement de Flag Is Up Farms, je vous le promets, dans la mesure où ça ne retardera pas les choses, car j'ai besoin d'être tiré d'affaire très rapidement. A présent, je vais vous laisser, et aller attendre Os dans la voiture. Il va vous faire part de quelques-unes de mes idées au sujet de cette liquidation.

Harcourt s'est levé, a contourné la table et s'est avancé vers moi les bras grands ouverts. Je me suis levé à mon tour et je l'ai laissé me prendre dans ses bras et me serrer contre lui en disant :

— Je suis désolé de vous laisser tomber, vous et votre famille, mais je ne peux pas faire autrement.

Il s'est retourné, s'est éloigné, et a disparu à l'intérieur de la maison. Il n'avait même pas bu son café. J'ai eu pitié de ce malheureux vieil homme. J'étais étonné et effrayé qu'un comportement aussi destructeur puisse exister et continuer à tourmenter un être qui se connaissait parfaitement bien et pouvait s'offrir les meilleurs traitements. En ce qui me concernait, cela valait peut-être mieux ainsi ; avec un peu de chance, le nouvel acquéreur ne laisserait pas ses problèmes psychologiques compliquer les relations entre propriétaire et gérant-entraîneur. Les choses pourraient très bien tourner à notre avantage, cela dépendait en grande partie de ce que cet avocat avait à me dire.

D'une voix ferme, Brazelton m'a ordonné de m'asseoir.

— Je veux que nous récapitulions ensemble certaines choses.

Je lui ai obéi et j'ai eu l'impression d'être un collégien dans le bureau du directeur. Une sensation très désagréable, dans la mesure où il était mon cadet de cinq ou six ans.

— Il faut que je sorte M. Harcourt de ce mauvais pas dans les plus brefs délais. Si vous ne vous avisez pas de me mettre des bâtons dans les roues, nous pourrons nous entendre, et je vous aiderai à réussir la transition.

J'ai attendu ses suggestions.

— M. Harcourt n'ignore pas que les gens de la profession seront plus intéressés à acheter la propriété et les chevaux si vous êtes mêlé à la vente. Votre réputation et votre approbation conféreront une importante plus-value à cette transaction et précipiteront sa conclusion.

— D'accord.

— Il souhaiterait que vous expliquiez à tout acheteur potentiel que vous possédez cinq pour cent des parts de l'entreprise, et que seuls les quatre-vingt-quinze pour cent restants sont à vendre. Vous leur direz aussi que vous avez un droit de préemption sur au moins dix pour cent des chevaux, mais M. Harcourt ne vous demandera pas de lui payer ces chevaux, car ces dix pour cent représenteront votre commission sur la vente de la propriété.

— C'est très bien, merci.

Je priais pour que tout soit aussi facile que ça. Harcourt semblait vouloir se montrer raisonnable. Brazelton a ajouté :

— Il pourrait même aller jusqu'à quinze ou vingt pour cent, en fonction du prix obtenu et des conditions de la vente.

— C'est très correct.

— Par contre, nous voulons que vous nous fournissiez rapidement une liste des chevaux que vous n'avez pas l'intention d'acheter, afin que nous puissions les mettre en vente le plus vite possible.

— Je vais faire ça immédiatement.

Puis Brazelton a lâché une bombe :

— En outre, M. Harcourt veut que son cheval appelé Travel's Echo soit abattu.

Ces mots m'ont frappé de plein fouet. Jusque-là, j'étais heureux d'accepter la décision de M. Harcourt, en espérant que le nouvel acquéreur voudrait bien s'attacher mes services ; mais, brusquement, la règle du jeu était changée : M. Harcourt ordonnait que Travel's Echo soit abattu ! J'étais si triste que je ne parvenais pas à y croire. Une question m'est venue sur les lèvres :

— Mais pourquoi... ?

Brazelton m'a interrompu :

— M. Harcourt ne veut pas que Travel's Echo appartienne à quelqu'un d'autre, il veut que vous l'abattiez vous-même.

Je n'ai rien dit. J'étais complètement déboussolé. Cette volonté d'empêcher ce cheval d'appartenir à une autre personne était une idée plutôt sentimentale, mais le moyen employé pour parvenir à ce but était si cruel qu'il en devenait illogique. Soudain, je me suis souvenu des propres mots de Harcourt : « Ils sont logiques alors que je ne le suis pas. »

Je ne supportais pas l'idée de la mort de ce cheval. Je le revoyais à Santa Barbara, il y avait presque cinq ans de cela, en train de réaliser une grande performance devant les Harcourt ; je me souvenais de leurs sourires et des applaudissements de leurs amis. Os Brazelton a poursuivi :

— Il vous demande aussi d'abattre personnellement les poneys de trait de Mme Harcourt.

Elle avait acheté une petite bande de poneys de trait dont elle pensait qu'elle aimerait se servir de temps en temps, mais elle n'était seulement jamais venue les voir, ce qui n'empêchait pas le personnel de Flag Is Up Farms d'en prendre grand soin. Brazelton a répété :

— Elle non plus ne veut pas qu'ils puissent appartenir à quelqu'un d'autre.

Il a marqué une pause, le temps de consulter certains des papiers étalés devant lui avant de poursuivre :

— M. Harcourt a été très déçu par les performances de deux de ses chevaux : Veiled Wonder et Cherokee Arrow. Il vous demande de les abattre, de préférence aujourd'hui. Il ne veut pas que vous essayez de les vendre. Il estime que ces chevaux l'ont déshonoré ; il avait placé en eux de grands espoirs, et ces espoirs ont été trompés.

C'était le bouquet final. Je ne ressentais plus ni stupeur, ni tristesse, ni incompréhension, seulement de la colère et de la détermination. Je ne les laisserais pas faire. D'une façon ou d'une autre, j'empêcherais que cet homme dérangé et ses avocats-hommes de main fassent massacrer ces chevaux. Aucun de ceux qui m'avaient été confiés ne serait sacrifié pour satisfaire le caprice d'un homme déséquilibré, simplement parce qu'il était en mesure de s'offrir un procès.

Brazelton s'est levé, prêt à partir.

— Je reprendrai contact avec vous quotidiennement pour faciliter la liquidation.

Il a tourné le dos et a disparu dans la maison. J'ai

entendu la porte d'entrée se refermer avec un petit bruit sec. Il devait se diriger vers la voiture dans laquelle l'attendait M. Harcourt. Je me retrouvais seul dans le patio, regardant cette Ferme que j'avais créée, et sentant le grand vide qu'avait laissé en moi le choc assené par Brazelton.

J'étais au moins sûr d'une chose : je n'avais pas le temps de m'apitoyer sur mon sort ; si je ne réagissais pas rapidement, je serais vite dépassé par les événements. Tout en faisant les cent pas, j'ai réfléchi à la manière dont je devais m'y prendre. J'avais la signature, et donc la possibilité d'agir ; il fallait seulement que je trouve la meilleure façon de sauver la vie de ces animaux.

Les mots de Brazelton résonnaient dans ma tête : « ... très déçu par leurs performances... ces chevaux l'ont déshonoré... » Cherokee Arrow et Veiled Wonder étaient de jeunes pur-sang pleins de vie qui gagnaient des courses, et ne nous avaient déçus que parce que nos espoirs étaient disproportionnés.

Je suis descendu jusqu'à leurs boxes. C'était dur de les voir ainsi, totalement inconscients de ce qui se tramait. Je leur ai caressé le bout du nez, tout en pensant à ce que j'avais de mieux à faire. Ensuite, j'ai poussé jusqu'au bâtiment administratif pour y feuilleter quelques dossiers. Un mois auparavant nous avions fait estimer tous les chevaux de Harcourt, y compris Veiled Wonder et Cherokee Arrow. J'ai vérifié soigneusement ; c'était bien ce que je me rappelais : Veiled Wonder avait été estimé trois mille cinq cents dollars, et Cherokee Arrow trois mille.

La seule solution, c'était de les vendre immédiatement, mais il fallait que le paiement soit dûment enregistré par la comptabilité de Flag Is Up Farms, car je ne voulais pas que l'on puisse m'accuser de les avoir volés.

J'ai téléphoné à un ami pour lui demander de se porter immédiatement acquéreur des deux chevaux, en envoyant un chèque de six mille cinq cents dollars. Bien sûr, je lui ai promis de lui rendre l'argent dès que possible. Il a accepté, et j'ai tout de suite fait le nécessaire pour expédier les deux chevaux en Angleterre où ils resteraient un certain temps en quarantaine avant de partir pour Alton Lodge, Nouvelle-Zélande, où Sharivari et Bahroona se trouvaient déjà en tant qu'étalons destinés à la monte.

Quand on les a sortis de leurs boxes pour les faire monter dans le van, Veiled Wonder et Cherokee Arrow prirent cela pour un déplacement de routine. Ils ne se doutaient pas qu'ils allaient faire le tour du monde et ignoraient qu'ils venaient d'échapper à une mort certaine. Détendus et en grande forme, ils sont entrés dans le van les oreilles dirigées vers l'avant.

J'avais de plus en plus de mal à comprendre les raisons qui poussaient M. Harcourt à agir de cette façon. Que se passait-il dans sa tête ? Comment allait-il réagir en apprenant que je m'étais refusé à tuer ses chevaux ? Même si, par déontologie, j'avais désobéi à ses instructions, Harcourt n'avait subi aucune perte puisque la Ferme avait reçu le juste prix de ses deux chevaux. J'ai décidé de le considérer comme une personne malade prenant des décisions irrationnelles. Je ne pouvais pas permettre que ces animaux soient les victimes de sa maladie.

Il fallait ensuite que je m'occupe des poneys de trait. J'ai téléphoné à une personne qui avait la possibilité de les héberger, et elle est arrivée à la Ferme dans l'heure qui a suivi. Tout le personnel disponible est venu aider à les sortir de leurs boxes et à les faire monter dans la remorque. Ces poneys étaient de joyeuses petites créatures, pleines de bonne volonté, mais qui avaient été jusque-là sous-utilisées. Heureusement pour eux, ils auraient désormais une existence plus intéressante.

Enfin, j'ai appelé un voisin :

— Pourriez-vous prendre un cheval en pension chez vous, dans le plus grand secret ?

— Que se passe-t-il ?

— Je ne peux rien vous dire, mais si je vous assure que la vie de ce cheval est en danger, le prendrez-vous comme pensionnaire, sans rien dire à personne ?

— Eh bien, je pense que oui ; d'accord.

— Vous venez de lui sauver la vie.

— Envoyez-le-moi tout de suite. Comment s'appelle-t-il ?

— Il vaut beaucoup mieux que je ne vous le dise pas.

Je suis allé chercher Travel's Echo dans son box, je l'ai fait monter dans un van, et il a été conduit à un kilomètre de là, pour y rester caché jusqu'à ce que les événements retrouvent leur cours normal. Cette frénésie d'activité m'a occupé jusque tard dans la soirée, et j'ai tenu à terminer cette folle journée en rendant visite à Johnny Tivio, afin de reprendre contact avec une réalité moins déprimante, et de vérifier qu'il était toujours là, bien vivant et en bonne santé. Comme d'habitude, son box était d'une propreté exemplaire : il n'urinait presque jamais à l'intérieur, et tout le crottin formait un tas dans un coin. Je lui ai dit :

— Tu es une vraie petite ménagère, n'est-ce pas, mon gars ? Tu veux venir habiter avec nous, dans la maison, et avoir ta chambre à toi, hein ?

Il me regardait, silencieux et impassible. Ce soir-là, plus encore que de coutume, je me suis senti à son service, et non le contraire.

Tôt le lendemain matin, j'ai reçu un coup de téléphone :

— Monsieur Roberts ?

C'était une voix de femme, standardisée et indifférente ; le genre de voix qui répond lorsque vous appelez pour vous plaindre que votre lave-vaisselle tout neuf est déjà en panne.

— Lui-même.

— Je vous appelle de la part de Hastings Harcourt.

— Oui ?

— Pouvez-vous me confirmer que le cheval nommé Travel's Echo a bien été abattu ?

Il fallait que je mente, mais les mots restaient bloqués dans ma gorge. Je n'avais jamais eu besoin de tromper qui que ce soit, mais, cette fois, c'était absolument indispensable.

— Oui, il s'en est allé...

— Avez-vous aussi abattu les deux chevaux nommés Veiled Wonder et Cherokee Arrow ?

— Oui, je peux vous assurer de leur disparition.

— Pouvez-vous également me confirmer que les poneys de trait de Mme Harcourt ont bien été abattus ?

— Oui, ils ne sont plus là.

— Et enfin, j'ai besoin de savoir si vous vous êtes chargé personnellement de régler le sort de ces animaux ?

— Oui, absolument.

— Merci, monsieur Roberts.

La communication a été interrompue. La voix désincarnée s'en était allée.

Les quelques mois suivants ont été pour nous une période de chaos. Nous avons dû envoyer les juments poulinières, les poulains, les yearlings et les chevaux de course à des ventes se déroulant dans un rayon de quatre ou cinq mille kilomètres. Les enfants avaient respectivement dix, douze et quatorze ans, et ils avaient beaucoup de mal à comprendre ce qui se passait ; je dois bien avouer qu'ils n'étaient pas les seuls.

J'ai immédiatement contacté des gens de la profession, dans le but de trouver au plus vite un acquéreur pour Flag Is Up Farms. C'était pour nous une question de vie ou de mort, car Brazelton et les Harcourt ne cessaient de nous harceler, et si nous ne trouvions pas très rapidement un repreneur, la Ferme serait démembrée et vendue par lots.

Tous les membres de ma famille étaient tendus et inquiets, mais j'étais raisonnablement confiant : j'avais réussi à éviter l'abattage des chevaux, et Harcourt m'avait manifestement cru, car personne n'était venu vérifier. Il y avait aussi — je croisais les doigts — un acheteur potentiel pour la Ferme. Malgré tout, nous nous efforcions de continuer à vivre normalement, mais ce n'était pas toujours possible.

Deux mois plus tard, dans le courant de la première semaine de décembre 1971, l'acheteur potentiel, Rudolf Greenbaum, de Los Angeles, a confirmé son intention d'acheter Flag Is Up Farms, douze yearlings, deux étalons — Gladwin et Petrone —, le matériel roulant, les équipements et les harnachements ; en d'autres termes : le fonds de commerce.

Le prix a fait l'objet d'une négociation qui a finalement abouti dans la troisième semaine de décembre, et M. Greenbaum a déposé alors deux cent mille dollars en dépôt fiduciaire auprès d'une compagnie d'assurances de Santa Barbara. Le marché était conclu. Nous étions tirés d'affaire ; notre situation s'était même améliorée : nous n'aurions plus à nous préoccuper des problèmes psychologiques de Hastings et Fran Harcourt.

C'est alors que les choses se sont véritablement gâtées. Le pire était encore à venir.

Le 3 janvier 1972, Brazelton m'a téléphoné pour me dire qu'il était contraint de surseoir à la vente de la Ferme, et qu'il arrivait pour m'expliquer la situation.

Il est entré dans mon bureau, m'a demandé de rester assis et s'est mis à arpenter la pièce tout en prononçant son réquisitoire :

— M. Harcourt est très contrarié. Il a découvert que vous n'aviez pas abattu Veiled Wonder et Cherokee Arrow, et qu'un de vos amis vous avait servi de prête-nom pour en prendre possession. Cela ressemble à un vol.

— Ils ont été payés à leur juste prix et, dans la mesure où M. Harcourt voulait les faire abattre, il a touché six mille cinq cents dollars de plus qu'il n'aurait dû.

Brazelton a laissé passer un temps avant de me dire calmement :

— Lorsque j'en aurai terminé... vous ressemblerez à Jesse James[1].

J'ai compris ce qui se passait. Il n'était plus question de chevaux, ni d'argent, ni de ma famille, ni même de Flag Is Up Farms, mais seulement du syndrome du château de sable. La vente de la Ferme s'était déroulée trop en douceur au goût de M. Harcourt, elle n'avait pas fait assez de vagues.

Je suis resté assis, me demandant comment j'avais pu me retrouver mêlé à une histoire pareille. C'était vraiment incroyable. Je ne voulais pas que l'on me colle sur le dos une étiquette de voleur de chevaux ; je ne voulais pas non plus passer en jus-

1. Célèbre hors-la-loi abattu d'une balle en pleine tête, le 3 avril 1882, par Robert Ford, un des membres de sa bande.

tice à cause de cet homme parce que je me refusais à abattre ses chevaux. Je n'avais qu'une envie : seller Johnny Tivio et faire une longue promenade afin d'oublier tous mes ennuis. Au lieu de cela, on m'a inculpé de vol de chevaux, et M. Harcourt s'est servi de ses ressources considérables pour nous persécuter avec obstination, ma famille et moi. Je me suis retrouvé en prison, mon affaire a fait la une des journaux, les commentaires de la presse ont détruit ma réputation, ma famille a été malade d'inquiétude et notre avenir réduit à néant.

Tandis que j'étais assis au milieu d'un troupeau d'inculpés — autant de fétus de paille jetés au vent puis mis en botte derrière des barreaux, dans l'attente de la décision concernant leur éventuelle mise en liberté provisoire sous caution —, je me suis souvenu avec amusement de mon précédent séjour en prison.

En 1964, j'étrennais une voiture flambant neuve, une Oldsmobile 98, bleu-vert métallisé ; et ce jour-là, je tractais un van dans lequel se trouvaient Johnny Tivio et Night Mist. Hoss Dilday était assis à côté de moi et nous avions près de neuf cents kilomètres à parcourir pour atteindre l'endroit où devait se dérouler la prochaine compétition. Nous écoutions une des cassettes que l'on m'avait offertes récemment, et nous étions heureux. Je goûtais pleinement le plaisir de rouler sur cette route déserte en écoutant la plus merveilleuse des musiques : Herb Alpert et son Tijuana Brass. Nous venions de traverser Huron dans cette Oldsmobile dernier modèle, et nous avions derrière nous les deux chevaux les plus géniaux qui aient jamais existé. J'ai dit à Hoss :

— Quel bonheur de conduire cette bagnole. C'est certainement la plus chouette que j'aie jamais eue. C'est sûrement ça la grande vie.

Je venais à peine de prononcer ces mots quand une violente explosion s'est produite sous le capot et que des flammes ont jailli de sous le tableau de bord. J'ai regardé Hoss, il était blême de peur. J'ai garé la voiture sur le bas-côté. Le feu faisait rage et les flammes sortaient de sous le capot.

Hoss a jailli de la voiture. Avant de l'imiter, j'ai jeté mes cassettes par la portière ouverte et retiré les clés, en pensant que j'en aurais besoin pour libérer les chevaux.

Les flammes léchaient déjà la banquette avant et, comme nous avions perdu de l'essence, il y avait sous la voiture, sous le van et sur la route, derrière nous, une traînée de feu. J'ai pensé que le réservoir pouvait exploser et, tandis que Hoss s'empressait de sortir les harnachements, je suis allé ouvrir la porte du van pour faire descendre les chevaux, et je les ai lâchés dans le désert qui bordait la route. Nous n'avions pas mis plus de deux ou trois minutes pour évacuer tout ce qui avait de l'importance à nos yeux. Un homme est arrivé au volant d'un pick-up, nous a crié au passage qu'il allait prévenir les pompiers, puis est reparti à toute vitesse en direction de Huron.

Pendant que Hoss s'occupait des chevaux, je suis revenu dételer le van et le repousser en arrière en m'arc-boutant des deux jambes ; la route et les roues n'opposant pas trop de résistance, j'ai réussi à le faire reculer de trois ou quatre mètres ; ainsi, en cas d'explosion, j'aurais au moins sauvé la remorque.

Persuadé que toute cette animation avait été organisée à son intention, Johnny Tivio trouvait que cela manquait de rafraîchissements. Il n'était pas sûr d'avoir la meilleure place et l'a fait savoir à la direction. Il est vrai que le spectacle en valait la peine. Les flammes avaient atteint la banquette arrière. Le pneu avant droit a éclaté, le caoutchouc s'est mis à brûler, et la voiture s'est subitement embrasée, comme une torche.

Tout de suite après, nous avons entendu une sirène, et nous avons vu arriver de Huron la plus incroyable voiture de pompiers que l'on puisse imaginer, même si Johnny Tivio n'a pas paru surpris outre mesure. Elle devait dater des années trente et semblait sortie tout droit d'un film hollywoodien; avec des échelles et des hommes qui pendaient de tous les côtés. A cause de la chaleur, les pompiers étaient tous en maillot de corps. Ils ont arrêté leur véhicule au beau milieu de la route, et allumé le gyrophare. Il leur a fallu quatre ou cinq minutes pour mettre les lances en batterie et envoyer l'eau, puis deux ou trois minutes de plus pour venir à bout de l'incendie. A ce moment-là, ma voiture ressemblait à un marshmallow trop rôti, il n'en restait plus grand-chose.

L'homme au pick-up, qui était allé donner l'alerte, est revenu. Il a demandé à quelques pompiers de l'aider à atteler mon van à son pick-up et à charger les selles et les harnais à l'arrière, nous expliquant qu'il allait nous ramener à Huron. Il avait déjà parlé aux policiers et ceux-ci nous proposaient de garer le van sur le parking qui jouxtait le poste de police. Nous pourrions faire descendre les chevaux, les nourrir et les abreuver; et aussi téléphoner pour obtenir de l'aide.

Notre sauveur se révéla être un fan de Johnny Tivio. Il l'avait souvent vu en compétition et ne parvenait pas à croire qu'il venait de sauver son idole.

Il faisait nuit lorsque nous avons fait descendre les chevaux et dételé le van juste à côté du minuscule poste de police. Nous avons attaché Johnny Tivio et Night Mist sur le côté de la remorque et Hoss est demeuré auprès d'eux.

Le poste de police était à peu près grand comme un box d'écurie. J'y suis entré pour téléphoner à Pat, à San Luis Obispo. Je l'ai tirée de son sommeil et je lui ai raconté ce qui venait de se passer.

Ensuite, j'ai demandé au policier de service s'il y avait une possibilité de trouver une chambre pour la nuit.

— A vrai dire, il n'y a en ville qu'un hôtel de passe avec une fille dans chaque chambre.

J'ai fait non de la tête.

— Eh bien, si vous voulez dormir en prison, sur une couchette, vous êtes les bienvenus...

Et il m'a conduit jusqu'à ma cellule. C'est ainsi que nous avons passé la nuit à la prison de Huron. Le caractère jovial de ce premier emprisonnement et la gentillesse de tous ceux que nous avions rencontrés ce jour-là m'ont rappelé à quel point ma seconde incarcération était injuste. Assis dans cette cellule collective, je me suis rappelé mon retour à Laurellinda, huit ans plus tôt. Une lettre m'y attendait. On me demandait de bien vouloir rapporter ma voiture au garage sans attendre, pour une révision. Une erreur avait été commise et le moteur risquait de prendre feu à tout moment.

Quelqu'un a prononcé mon nom, me tirant de ma rêverie. J'ai relevé la tête. Un shérif adjoint se tenait dans l'embrasure de la porte.

— Suivez-moi.

Dès que nous nous sommes retrouvés dans le hall, loin des oreilles indiscrètes, il a ajouté :

— Je ne comprends pas. Ça ne s'était jamais produit jusqu'ici. Un simple citoyen a réussi à convaincre quelqu'un de haut placé de vous permettre de recevoir un appel téléphonique. Normalement, c'est interdit, mais on a l'ordre de vous laisser parler à cette personne.

Il m'a fait entrer dans une petite pièce où se trouvait un téléphone mural. Un autre shérif adjoint m'a tendu le combiné. Ce ne pouvait être que Harcourt. Lui seul avait le pouvoir de piétiner le règlement.

— Allô ?

— Allô ! a répondu une voix à l'autre bout de la ligne. Glen Cornelius à l'appareil.

— Glen ! ?

J'ai été stupéfait d'entendre la voix d'un ami, de quelqu'un de bien. Il est allé droit à l'essentiel :

— Je suis sur le point d'aller chez vous pour assister à une réunion. Je voulais que vous sachiez qu'il y a des gens dans cette communauté qui croient en votre innocence et sont décidés à stopper Harcourt.

Puis il m'a posé franchement la question :

— Avez-vous volé ces deux chevaux ?

— Non, je ne lui ai rien pris du tout.

— Très bien. Le montant de votre caution a été fixé à cinquante mille dollars. Je suis assis dans mon salon et j'ai les cinquante mille dollars à côté de moi, en liquide, dans un sac. Je vais d'abord aller chez vous, assister à cette réunion ; ensuite, j'ai prévu de pousser jusqu'au poste de police pour vous tirer de là.

Ce message de soutien qui tombait du ciel m'a rempli d'espoir. Tous ces hauts et ces bas, c'était plus que je ne pouvais supporter, et j'ai eu du mal à retenir mes larmes. Le groupe d'amis qui s'est réuni chez nous, ce jour-là, pour nous apporter son aide et se préparer à combattre à nos côtés, se composait de Marge et Vince Evans, George et Kathy Smith, John et Glory Bacon, Peggy et Slick Gardner, Raymond et Rosalie Cornelius, Glen et Ora Cornelius, le Dr Jack Algeo et Cae, son épouse.

Lorsque je suis sorti de prison, le lendemain, Flag

Is Up Farms était cerné d'un cordon de puissants projecteurs et des gardes au service de M. Harcourt étaient postés tout autour de la maison. Nos avocats nous ont conseillé de quitter immédiatement la propriété.

Tous les véhicules appartenaient à la Ferme, et nous étions donc sans moyen de transport. Slick, le fils de Mme Gardner, est arrivé dans les minutes qui ont suivi. Comme il n'avait pas de van, il a aidé Pat à charger ce dont nous aurions le plus besoin pour nous installer momentanément sur le ranch Gardner.

Je suis descendu en courant jusqu'aux écuries pour harnacher Johnny Tivio, Jess et Cadillac, les trois chevaux qu'il fallait éloigner de Flag Is Up Farms au plus vite. Tandis que j'étais occupé à seller Johnny, un des membres du personnel administratif, une femme, est venu me rappeler que tous les chevaux devaient rester sur la Ferme tant que leur appartenance n'avait pas été clairement définie.

Je lui ai souri tout en continuant à m'occuper de Johnny. Elle savait très bien à qui appartenaient ces trois chevaux. Elle savait également que Harcourt s'efforçait de faire abattre des chevaux par tous les moyens, et elle n'ignorait pas que même une armée ne serait pas parvenue à me séparer de Johnny Tivio, on aurait seulement pu nous enterrer côte à côte.

J'ai chargé Jess et Cadillac de toutes les selles et tous les harnais qu'ils pouvaient porter, j'ai enfourché Johnny et j'ai descendu l'allée principale en conduisant les deux autres chevaux par la bride. Nous sommes passés devant tous ces bâtiments que j'avais si soigneusement conçus, et ces paddocks que j'entretenais depuis six ans. Tout était paisible et bien organisé. La beauté des lieux a eu sur moi le même effet que de coutume : j'étais fier de tout cela. Je l'avais dessiné, j'avais construit toutes ces barrières qui couraient en droite ligne à travers les pâtures, j'avais conduit les travaux d'adduction d'eau. Parmi tous les chevaux qui paissaient dans les paddocks, il y en avait que j'entraînais, d'autres que j'avais entrepris, d'autres encore que j'étais sur le point d'entreprendre. J'ai pensé qu'ils ignoraient tout de nos problèmes et que nous ne connaissions pas suffisamment les leurs, mais j'étais bien décidé à remédier à cet état de choses, et plus résolu que jamais à me consacrer totalement à mon travail, à développer mon aptitude à prendre en charge les chevaux en difficulté, à perfectionner les techniques que j'avais mises au point pour entreprendre les jeunes chevaux.

Tous ces hectares qui s'étendaient de part et d'autre de l'allée principale seraient encore là bien longtemps après la mort de Harcourt et la mienne. Cette magnifique vallée survivrait à toutes les blessures que les humains essayaient de lui infliger.

Johnny Tivio avançait clopin-clopant, se demandant où ce parcours inhabituel allait le mener, mais prenant tout le monde en charge, comme toujours ; ses oreilles bougeaient d'avant en arrière, car il était attentif à ce que je pouvais faire ou dire, mais il surveillait également ce qui se passait devant nous. A ce moment-là, l'assurance de Johnny, sa confiance en lui et son sentiment de supériorité par rapport à tout ce qui l'entourait m'ont paru être des qualités aussi rares que l'or, magiques et d'une valeur inestimable. Décidément, j'adorais ce cheval.

En quittant la Ferme, je me suis posé deux questions : quand cesserions-nous d'être les victimes de ce fléau ? Reviendrions-nous jamais à Flag Is Up Farms, dans cet endroit que j'avais découvert et auquel j'avais consacré huit années de ma vie ?

J'ai obligé Johnny Tivio, Jess et Cadillac à longer le bas-côté droit et, au bout de quelques centaines de mètres, nous avons quitté la route pour franchir le portail du ranch Gardner. Au fur et à mesure que nous remontions l'allée d'accès, je me sentais soulagé; chaque pas de Johnny m'éloignait de nos ennuis et me rapprochait du groupe de bâtiments blancs qui s'accrochaient au flanc de la montagne. J'étais reconnaissant à Peggy et Slick de nous avoir offert sans hésitation un abri sûr. Je n'avais aucune idée de la durée de notre séjour : un jour? une semaine? un mois? une année?

Durant l'année qui a suivi, les charges qui pesaient contre moi se sont effilochées. Harcourt et ses avocats s'efforçaient toujours d'arracher une qualification de vol avec circonstances aggravantes, mais dans la mesure où je n'avais tiré aucun profit personnel du fait d'avoir désobéi aux instructions de mon employeur, au sujet de Veiled Wonder et Cherokee Arrow, leurs arguments étaient incroyablement minces, et ils ne pouvaient guère m'accuser que d'un délit, pas d'un crime.

Il s'en est suivi une interminable bataille juridique triangulaire — une période durant laquelle Pat et moi avons rencontré plus d'avocats que nous n'avons pris de repas chauds. Greenbaum, l'homme qui pensait avoir acheté Flag Is Up Farms, attaquait Harcourt en justice, lui réclamant dix millions de dollars de dommages et intérêts. Le cabinet Hollister avait intenté, en mon nom, un procès pour poursuites injustifiées, réclamant à Harcourt trente millions de dollars de dommages et intérêts. Quant à Harcourt, il s'entêtait à m'accuser de vol qualifié et dépensait énormément d'argent pour tenter d'obtenir gain de cause.

C'est alors que David Minier, le *district attorney,*

s'est lavé les mains de cet imbroglio, et a annoncé qu'il était candidat au poste de gouverneur de Californie. Après quoi, les documents relatifs à Flag Is Up Farms ont été, tour à tour, enterrés ou ressortis par les deux secrétaires du *district attorney,* suivant les caprices des avocats de Harcourt.

Je me suis retrouvé au centre d'un procès dont je ne veux plus jamais entendre parler. Le seul fait d'envisager d'avoir à le décrire m'exaspère, et personne ne peut être contraint d'avoir à lire un tel compte rendu. Vociférations et postures théâtrales n'aboutissant à aucun résultat, un juge en retraite a finalement été appelé à reprendre du service pour nous départager.

C. Douglas Smith était mince, avait les cheveux gris, l'air distingué et posé, et le regard froid derrière ses lunettes. En entrant dans la salle d'audience, chacun cherchait à se faire entendre, à défendre sa cause. L'avocat du cabinet Hollister voulait obtenir que Harcourt ait à payer la totalité des trente millions de dollars. Mon avocat au criminel réclamait ma relaxe pure et simple. Os Brazelton s'efforçait de conserver son autorisation de pratiquer. Harcourt se débattait à présent pour éviter la prison, car il risquait d'être accusé de poursuites intentées dans l'intention de nuire.

Le juge a écouté un moment le concert de vociférations, avant de prendre la parole pour réclamer le silence, et annoncer qu'il avait pris connaissance de toutes les pièces du dossier, dépositions et documents probants, et n'avait rien vu là-dedans qui puisse être qualifié de crime, du moins, de la part de l'accusé. Il m'a montré du doigt en disant :

— Je veux que cet homme retrouve le sourire.

J'adorais ce juge. J'avais effectivement très envie de sourire. Il me semblait qu'il y avait très longtemps que je ne l'avais plus fait. Je me suis assis et j'ai attendu la fin de l'audience.

Quand Harcourt a réalisé la légèreté de ses arguments, il a été pris de panique et s'est mis à brader des parcelles de Flag Is Up Farms.

Peu de temps après, mes avocats sont venus me trouver pour me dire qu'on leur avait proposé un arrangement. Ils n'étaient pas certains que celui-ci soit suffisamment avantageux pour moi, mais il était de leur devoir de me le soumettre. Il fallait que j'accepte de plaider *nolo contendere,* c'est-à-dire que je ne conteste pas qu'en refusant d'abattre Veiled Wonder et Cherokee Arrow, et en me vendant ses deux chevaux à moi-même, j'avais commis un délit — mais pas un crime —, même si je les avais payés à leur juste prix. Il fallait également que je renonce à poursuivre mon persécuteur en justice et à lui réclamer trente millions de dollars de dommages et intérêts.

Si j'acceptais cet arrangement, toutes les charges pesant contre moi seraient abandonnées, et la California Horse Racing Board[1] me rendrait immédiatement ma licence, accompagnée d'une lettre d'excuses. Dans le cas contraire, il faudrait affronter les risques et les incertitudes d'un long procès et lutter contre les avocats de Harcourt pendant un certain nombre d'années.

Si j'acceptais cet arrangement, Harcourt ne me contesterait plus la propriété de Veiled Wonder et Cherokee Arrow, reconnaissant ainsi que je n'avais aucun tort envers lui, même si j'admettais par ailleurs avoir commis un délit ! Lorsque j'ai entendu cet argument-là, je n'ai pas pu m'empêcher de sou-

1. La Commission californienne des courses de chevaux.

rire. Cela valait la peine d'avoir supporté tout cela pour que ces deux chevaux me reviennent, totalement inconscients des ennuis qu'ils m'avaient causés. Il me tardait de les revoir et de pouvoir leur dire ce que j'avais sur le cœur.

Enfin, c'était la dernière compensation mais non la moindre, Harcourt acceptait de nous céder Flag Is Up Farms pour nous dédommager d'avoir engagé contre nous des poursuites dans l'intention de nous nuire.

Tout était terminé. Nous pouvions rentrer chez nous.

Une année s'était écoulée depuis que Pat, Debbie, Lori, Marty et moi avions quitté la Ferme. Durant notre séjour au ranch Gardner, nous avions joliment aménagé une vieille grange, et Johnny Tivio, Jess et Cadillac la considéraient comme leur nouvelle demeure.

Je les ai fait monter dans un van et nous avons parcouru les quelques centaines de mètres qui nous ramenaient à Flag Is Up Farms. Johnny a été satisfait de retrouver son vieux box. Il n'avait certainement pas envisagé qu'il pourrait ne jamais revenir à la Ferme, mais il était visiblement content de revoir les écuries élégantes et les paddocks aux vastes dimensions, alignés côte à côte, en travers de cette magnifique vallée.

Lorsque nous sommes entrés dans la maison sur la mesa, on aurait dit une grande et vieille grange poussiéreuse, abandonnée non pas depuis douze mois mais depuis un siècle. Le bruit de nos pas sur les parquets faisait résonner les pièces vides de meubles. Des toiles d'araignée pendaient des chevrons, et on sentait encore la sinistre présence des fantômes des événements qui avaient entraîné notre départ.

Nous avons remis l'eau, rebranché l'électricité, et ouvert les fenêtres en grand pour laisser l'air et la vie entrer à flots. Pat a téléphoné au garde-meubles pour organiser la récupération de notre mobilier, puis nous avons parcouru la Ferme pour retrouver chaque lieu, chaque bâtiment, chaque paddock. Certaines parcelles périphériques, dont celle sur laquelle se trouvait le centre de reproduction, avaient été vendues, mais nous avions sauvegardé l'essentiel.

Nous avons fini par nous faire à l'idée que Flag Is Up Farms était bien à nous, et que nos vies allaient retrouver leurs cours normal.

Désireuse de mettre de la lumière et de la couleur dans notre existence, Pat s'est mise à peindre comme une folle, couvrant les murs de la maison de ses tableaux. Quant à moi, j'avais hâte de revenir vers ce pour quoi j'étais fait : m'occuper des chevaux. C'est peut-être cette impatience, ce regain d'enthousiasme qui m'ont conduit à me montrer trop zélé et à commettre une grossière erreur de jugement au sujet d'un cheval appelé Fancy Heels.

J'avais parlé à nos amis Dave et Sue Abel, qui habitaient Elko, Nevada, de mon intention d'assister aux compétitions qui se déroulaient annuellement à Elko, et auxquelles participeraient, comme tous les ans, un fort contingent de *reined cow horses;* des chevaux appartenant à des ranchs sur lesquels ils faisaient de longues journées de travail, développant ainsi naturellement leurs aptitudes sans avoir à endurer la corvée quotidienne que représentent les exercices spécialement étudiés pour la préparation à la piste; une corvée qui a tendance à dégoûter les chevaux de présentation de leur travail. C'est pourquoi on déniche souvent à Elko de merveilleux athlètes équins, solides, travailleurs et possédant un bon état d'esprit.

Le jour où les compétitions ont débuté, j'ai très vite remarqué un cheval qui m'a beaucoup impressionné. Fancy Heels avait des qualités athlétiques, une « bonne bouche », et une parfaite connaissance du comportement des bovins. Je me suis dit que si je l'emmenais en Californie, il pourrait faire suffisamment de progrès pour gagner des compétitions de haut niveau. Je pensais qu'une petite retouche par-ci, par-là suffirait à transformer un bon cheval de travail en un excellent cheval de présentation.

Le samedi, Fancy Heels a remporté sa catégorie, ce qui lui a valu d'être qualifié pour les épreuves du lendemain, qui devaient regrouper les meilleurs chevaux de chaque catégorie. J'étais impatient de l'acheter avant qu'il ne remporte la finale haut la main ; c'est pourquoi, dès le samedi après-midi, j'ai demandé à Dave Abel de me présenter à Randy Bunch, son propriétaire.

— Eh bien, a reconnu Randy, il est à vendre, c'est sûr. C'est pour ça que je l'ai amené en ville. A l'heure qu'il est, j'aurais mieux à faire au ranch, mais j'avais absolument besoin de le vendre.

— Combien en demandez-vous ?

Randy a réfléchi un moment avant de répondre :

— Trois mille cinq cents dollars.

J'ai été surpris par la modicité du prix demandé, et nous sommes tombés immédiatement d'accord. Nous avons échangé une poignée de main, je lui ai signé un chèque, et je me suis empressé de le rassurer :

— Il ne faut surtout pas que ça vous empêche de remporter la finale de demain.

— Non, non ! Attendez ! Le cheval est à vous, c'est vous qui le présenterez demain.

— Hé ! Une minute, je ne l'ai jamais monté, et je n'ai ni vêtement ni harnachement.

Il m'a fait signe d'approcher.

— Venez voir, je veux vous montrer quelque chose.

Fancy Heels s'est poussé sur le côté et nous nous sommes avancés jusqu'au fond de son box. Du pied, Randy a écarté la litière, découvrant une bouteille de whisky à moitié vide ; il l'a ramassée et, la brandissant entre nous, il m'a dit :

— Il a fallu que je boive tout ça pour arriver à gagner les éliminatoires. Je n'ai pas l'intention de boire le reste pour remporter la finale. Je suis venu en ville pour vendre ce cheval, je l'ai vendu et, à présent, je dois partir si je veux être de retour au ranch avant dix heures ce soir. Bonne chance pour demain.

J'ai regardé Dave Abel d'un air suppliant, mais il a haussé les épaules.

— Les gens d'ici sont comme ça, Monty. Je crois que tu vas être obligé de présenter ce cheval. On te trouvera bien une paire de *chaps,* une bride et une selle.

Ce soir-là, j'ai monté Fancy Heels pendant une heure, juste le temps de me faire une opinion. Le lendemain matin, nous nous sommes échauffés pendant une demi-heure. Et puis, je me suis retrouvé dans l'arène, au beau milieu d'un troupeau, sur un cheval que j'avais à peine monté, tentant d'isoler une vache rétive.

Notre travail sur le troupeau n'a pas été mal du tout et Fancy Heels a pris la tête de la compétition. Notre performance sur une seule vache a été acceptable, avec pourtant quelques passages un peu brouillons. Restait l'épreuve en solo : les arrêts et les voltes. Nous nous en sommes bien tirés, ce qui nous a permis de décrocher la deuxième place au classement final.

J'ai organisé le transport de Fancy Heels jusqu'à Flag Is Up Farms, Solvang, Californie. Il me tardait de me mettre au travail avec lui et de l'engager dans des compétitions de niveau national.

Au bout d'une semaine d'entraînement, j'éprouvais un profond respect pour Randy Bunch. Il était clair que les changements nécessaires seraient beaucoup plus difficiles à obtenir que je ne l'avais prévu. Fancy Heels était un cheval de travail mature et solidement installé dans ses habitudes, et je ne trouvais pas le moyen de le faire progresser.

Au bout d'un mois, il avait régressé de dix pour cent environ par rapport à ce fameux dimanche à Elko. Au bout de deux mois, la régression avait atteint les vingt pour cent. Je me suis dit : « Pas de panique ! Je suis un bon entraîneur de chevaux de course, je me suis occupé, et je m'occupe encore de chevaux de travail qui ont été champions du monde, dont le légendaire Johnny Tivio. Je sais que je peux y arriver. »

Pourtant, au bout de quatre mois, j'avais tellement fait régresser Fancy Heels que j'ai été obligé de reconnaître, pour son bien, que j'avais échoué et qu'il me fallait renoncer. Ce que je pouvais faire de mieux pour lui, c'était de le vendre à un bon ranch où il retrouverait le travail qu'il aimait.

Pendant les nombreuses heures durant lesquelles j'avais monté Fancy Heels, je m'étais répété des dizaines et des dizaines de fois : « On n'apprend pas à un vieux singe à faire la grimace. »

Et pourtant, si, c'est possible, mais je n'utilisais pas la bonne méthode. J'étais impatient de travailler avec ce cheval, et je suis parti du principe que je pouvais lui imposer des changements rapides. J'ai bouleversé ses habitudes et exigé de lui ce que je jugeais bon, ce que je considérais comme un critère d'excellence, sans tenir aucun compte de ses goûts et de ses sentiments ; et cela n'a pas marché. Si j'avais la chance de pouvoir retravailler avec lui, j'éviterais de lui imposer des délais, de précipiter les choses.

Fancy Heels m'a enseigné à respecter les chevaux et à ne pas exiger d'eux la perfection immédiate. En ce qui me concerne, cette expérience a été un échec, mais elle m'a beaucoup appris. Je suis convaincu que durant les vingt années qui se sont écoulées depuis, les centaines de chevaux en difficulté dont j'ai eu à m'occuper ont bénéficié des enseignements de cet échec.

En 1974, j'ai reçu l'un des pires coups de téléphone que l'on puisse imaginer :

— Monty ?

— Oui ?

— Crawford a fait une mauvaise chute. Il s'est brisé la colonne vertébrale.

Mon vieux copain Crawford Hall se trouvait au service des soins intensifs de l'hôpital de Fresno. Alors qu'il montait un jeune cheval, celui-ci, pris de panique, s'était brusquement enlevé jetant Crawford à terre.

Dave Abel, un ancien camarade de classe de Crawford, se trouvait à Flag Is Up Farms le jour où j'ai appris la nouvelle. Nous avons sauté dans la voiture et pris la direction du nord à toute vitesse.

Chemin faisant, nous avons fouillé dans nos mémoires et rassemblé nos souvenirs. Crawford Hall était le fils de Clark Hall qui possédait et exploitait lui-même un ranch important à Shandon, à proximité de l'endroit où James Dean a trouvé la mort.

Clark Hall était un grand sportif et un touche-à-tout. A la fin des années quarante, c'était un bon spécialiste de *team-roping*. Il participait à de nombreuses compétitions locales, dont l'enjeu était constitué par un « pot », mais aussi à quelques-uns des plus grands rodéos.

Alors que j'avais entre dix et douze ans, il m'était arrivé de faire équipe avec Clark Hall, ce qui m'avait donné l'occasion de mieux le connaître et d'aller quelquefois sur son ranch. A l'époque, son fils Crawford était encore un cavalier débutant.

Plus tard, pendant mes études à Cal-Poly — l'université se trouvait seulement à quatre-vingts kilomètres de Shandon —, j'avais souvent revu Crawford. C'était au début et au milieu des années cinquante. A ce moment-là, il commençait à disputer des compétitions pour chevaux de présentation, et à participer à des rodéos, dans la catégorie junior.

Ensuite, au début des années soixante, il avait fréquenté assidûment Laurellinda parce que nous avions alors sur le ranch une stagiaire nommée Sandra Lewis dont Crawford s'était entiché et qu'il devait épouser par la suite. Leur mariage avait été pour nous comme une fête de famille, et nous étions devenus très amis. Ils étaient allés s'installer à Fallon, Nevada, où il s'occupait d'une exploitation agricole qui produisait des céréales et du fourrage destinés au ranch de son père, mais nous avions gardé le contact.

Malheureusement, cela n'avait pas marché entre Sandra et Crawford. Malgré tous leurs efforts pour essayer d'arranger les choses, ils avaient fini par se séparer.

En 1973, Crawford était allé travailler à Tulare chez un très bon ami à moi, un ancien camarade de classe nommé Greg Ward qui entraînait des *cutting horses,* des *reined cow horses,* et des Quarter-Horse pour les courses. Crawford avait été engagé comme cavalier à tout faire, montant *cutting horses* et *reined cow horses;* ce qui ne l'empêchait pas d'entraîner également des chevaux de course. Et voilà qu'il devrait se faire à l'idée de ne plus jamais remonter sur un cheval.

A notre arrivée à l'hôpital de Fresno, on nous a conduits directement à l'unité de soins intensifs où Crawford était soigné pour une lésion grave à la moelle épinière. Je n'oublierai jamais la vision que nous avons eue lorsque nous sommes entrés dans la pièce. Crawford avait un boulon à tête annulaire vissé au sommet du crâne, deux autres boulons traversaient ses chevilles, et ces trois boulons étaient fixés par des fils métalliques à un dispositif — ressemblant à s'y méprendre à une broche avec son tournebroche — qui permettait d'obtenir l'élongation nécessaire, mais aussi de le faire pencher d'un côté ou de l'autre afin de mieux répartir son poids et de limiter ainsi les dommages causés aux organes vitaux.

Le toubib nous a attirés à l'écart pour nous fournir très calmement quelques explications :

— Crawford est insensible des épaules aux orteils, ce qui signifie qu'il va rester tétraplégique, et ne conservera que cinq à six pour cent de l'usage de ses bras. Il a subi un très grave accident et il a de la chance d'être encore en vie, mais il lui faudra beaucoup de courage.

Nous sommes revenus à son chevet et nous avons attendu de pouvoir lui parler. J'ai gardé un souvenir très vivace de cette première conversation et de la façon dont il s'efforçait de supporter le traumatisme. Il était le jouet de sentiments contradictoires, tiraillé entre espoir et désespoir, et terriblement choqué.

— Si je ne peux plus m'occuper de chevaux, je préfère en finir tout de suite.

— Si j'étais à ta place, je dirais la même chose que toi, mais ne te fais pas de soucis, on va trouver une solution.

— Au moins, promettez-moi une chose.

— Quoi donc ?

— Si je ne suis plus bon qu'à vendre des billets de loterie, promettez-moi de m'endormir pour le compte en me faisant avaler suffisamment de pilules. Vous m'entendez ?

— Tu n'auras pas besoin de vendre des billets de loterie.

— Bon sang ! Je ne serai sans doute même pas capable de faire ça. Ce qui est sûr, c'est que je serai incapable de prendre les pilules et de les porter à ma bouche tout seul. Il faudra que vous le fassiez pour moi si je vous le demande.

— O.K. On va voir ce qui est possible.

— Il faut que je fasse quelque chose. Je ne veux pas rester allongé à ne rien foutre. Il doit bien y avoir un petit boulot pour moi quelque part.

C'était désespérément triste à voir, et nous étions de tout cœur avec lui.

En revenant à Flag Is Up avec Dave Abel, je me suis mis à réfléchir tout haut, me demandant s'il serait possible d'employer Crawford à la Ferme. Les déplacements y étaient faciles : les bureaux et les principaux bâtiments étaient au même niveau et de plain-pied, quant aux écuries, au manège couvert, à la piste d'entraînement et aux corrals circulaires, ils communiquaient entre eux par des allées aisément praticables. Si Crawford pouvait apprendre à se servir d'un fauteuil roulant électrique, il pourrait veiller à la bonne marche de Flag Is Up Farms et m'informer de ce qui n'allait pas, de ce qu'il faudrait faire, des améliorations à apporter.

J'ai parcouru la Ferme afin de trouver l'endroit

idéal où installer une de ces maisons modulaires conçues spécialement pour les tétraplégiques.

L'idée prenait forme. Crawford serait mon observateur et m'aiderait dans la mesure du possible. Il trouverait lui-même sa place et définirait sa fonction par rapport à ses capacités. Dave Abel trouvait cette idée excellente. Il était fou de joie à la pensée que son ami pourrait avoir une chance de continuer à s'occuper de chevaux, et de retrouver la vie qu'il aimait par-dessus tout.

Deux jours plus tard, j'ai appelé l'hôpital de Fresno pour parler à Crawford de mon offre d'emploi. Mais il a fallu attendre quatre ou cinq mois encore pour qu'il puisse venir jusqu'à Solvang en compagnie de Lisa Guilden, une amie qu'il avait connue avant l'accident. Ils avaient acheté un minibus spécialement équipé pour monter et descendre avec un fauteuil roulant, ce qui leur permettait de se déplacer, même si c'était difficile et épuisant pour Crawford. Bien sûr, ce qui lui était arrivé pouvait advenir à n'importe lequel d'entre nous, mais c'était lui qui allait devoir supporter ce sort cruel, et ce ne serait pas facile.

Par contre, il avait la possibilité de se perfectionner dans le maniement de son fauteuil, et ceux de l'avenir seraient plus performants. Je me souviens de l'avoir entendu dire que les fabricants développaient sans cesse des technologies de plus en plus sophistiquées. Il pensait qu'il finirait par être capable de se déplacer à l'intérieur de la Ferme aussi bien qu'une personne normale.

Les médecins et les kinésithérapeutes qui s'occupaient de la rééducation de Crawford sont venus nous trouver et, l'un après l'autre, ont essayé de nous convaincre que nous nous étions attelés à une tâche presque impossible. Les médecins nous ont expliqué que le corps humain éprouve des difficultés considérables à s'adapter à la tétraplégie, et qu'ils se sentaient donc dans l'obligation de prévenir les employeurs éventuels de cet état de fait. Ils ne voulaient pas que nous sous-estimions les difficultés que Crawford aurait à affronter, et que dans un élan de sympathie nous ne fassions naître en lui un faux espoir. Ils ont énuméré les douzaines de problèmes auxquels il fallait s'attendre, et ont fini par nous dire que, selon toute probabilité, Crawford ne vivrait pas plus de trois à cinq ans. Par contre, s'il parvenait à franchir le cap des cinq années, il aurait toutes les chances d'avoir une durée de vie normale.

Quelques mois plus tard, Crawford est venu s'installer à Flag Is Up Farms dans la maison modulaire que sa famille lui avait procurée pour qu'il puisse être sur place vingt-quatre heures sur vingt-quatre. Il avait trouvé un meilleur fauteuil qui lui permettait d'aller et venir à sa guise dans la Ferme.

Je lui ai expliqué que j'aimerais qu'il soit pour moi comme une seconde paire d'yeux. Depuis le début, il avait insisté pour que je lui apprenne tout ce que je savais des chevaux de course pur-sang et du monde du turf. Il était avide d'informations et apprenait vite. En un rien de temps, il a acquis une parfaite connaissance des besoins des chevaux. En fait, il a commencé à prendre en charge une partie de la gestion de la Ferme avant même que je ne réalise qu'il en était capable.

Au bout d'un an à peine, je suis arrivé à la conclusion qu'il devrait effectivement mener le jeu et gérer le fonctionnement quotidien du centre d'entraînement, ce qui me permettrait de prendre un peu de recul et de me contenter d'un rôle de superviseur.

En 1975, l'année où Crawford est arrivé à Flag Is Up Farms, j'ai acheté un yearling que j'ai appelé An Act. La préparation de ce cheval a été une bonne école pour Crawford parce que An Act s'est révélé un sérieux espoir et a remporté le derby de Santa Anita.

L'année suivante, j'ai acheté deux chevaux appelés Alleged et Super Pleasure. Ce dernier n'a pas laissé le souvenir d'un grand cheval de course, et pourtant il avait, à mon avis, autant de talent que n'importe lequel des chevaux que j'avais entraînés ou possédés jusque-là. Malheureusement, un problème de gorge l'a condamné à n'être qu'un sprinter, et nous n'avons donc jamais su ce qu'il aurait pu devenir autrement.

Avec Alleged, An Act et Super Pleasure, Crawford possédait une bonne base sur laquelle il pouvait s'appuyer, et une excellente jauge pour évaluer avec précision les autres chevaux que nous entraînions. Les années n'ayant fait qu'ajouter à ses connaissances et à son expérience, il est devenu l'une des personnes les plus compétentes avec lesquelles un propriétaire de chevaux de course puisse avoir affaire. Sa vie est tout entière vouée à la gestion du centre d'entraînement de Flag Is Up Farms, et, pour un propriétaire, c'est un avantage inappréciable de savoir que ses chevaux sont entre les mains de quelqu'un qui se consacre entièrement à son travail, vingt-quatre heures sur vingt-quatre, et sept jours sur sept.

Lorsque Crawford est arrivé chez nous, sa conception de l'entraînement était tout à fait classique. Il avait été formé par des traditionalistes, et il lui avait paru naturel d'adopter les méthodes qui étaient en usage depuis des siècles. Pourtant, il a évolué avec le temps, et adopté une philosophie proche de la mienne. Il est aujourd'hui réputé pour son travail avec les jeunes cavaliers qui viennent monter pour nous. Il ne cesse de leur répéter :

— Laissez le cheval tranquille. Laissez-le aller avant de le corriger. Il s'en trouvera beaucoup mieux. Laissez-lui faire quelques pas dans la direction qu'il a choisie avant de le ramener peu à peu dans le droit chemin. Ne vous contentez pas de lui imposer votre volonté.

Inévitablement, le jeune cavalier qui s'efforce de contrôler sa monture, lance d'un ton sec :

— Mais il va se sauver !

Et Crawford lui réplique, ironique :

— Se sauver ? On a le Pacifique sur notre gauche et l'Atlantique sur notre droite ; où pourrait-il bien aller ?

Si on autorise un cheval à partir un peu à l'aventure avant de le ramener petit à petit dans la bonne direction, il sera plus attentif et réagira mieux qu'un cheval contraint à l'obéissance *a priori.*

A l'heure où j'écris ces lignes, Crawford travaille avec nous depuis plus de vingt ans. Il est aussi bien portant et actif que le lui permet son handicap. De nombreux hôpitaux ont envoyé des équipes pour le filmer dans ses activités, et le faire parler des années qui ont suivi son accident. Les bandes vidéo ainsi produites sont utilisées comme outils pédagogiques dans le traitement de cas semblables au sien.

Crawford Hall est une source d'inspiration pour tous ceux qui sont amenés à le rencontrer.

— Bang !

Le marteau s'est abattu et relevé aussitôt pour pointer dans ma direction, tandis que le commissaire-priseur attaquait déjà un nouveau boniment destiné à vanter les mérites du cheval suivant.

C'était un jour comme les autres dans la longue

histoire du commerce des chevaux de course au Kentucky. Ces ventes de pur-sang ne sont pas avares de promesses ; le truc, c'est de parier sur les futurs gagnants ; d'imaginer la façon dont ces yearlings se comporteront sur un champ de courses alors qu'ils n'y ont pas encore mis les pieds.

Je venais de me voir adjuger un pur-sang inscrit au stud-book, mesurant un mètre quarante-sept au garrot, et pesant moins de quatre cents kilos ; fils de Hoist The Flag et Princess Pout, né en 1974 et donc yearling. Sa robe était baie mouchetée de noir, avec des balzanes aux postérieurs. Il était dans un triste état et peu d'acheteurs potentiels s'étaient intéressés à lui. Par contre, vu sa maigreur, je pouvais me rendre compte qu'il possédait le squelette le mieux équilibré que j'aie jamais vu.

J'avais raison et mon diagnostic s'est trouvé confirmé neuf ans plus tard, à la suite d'un étonnant concours de circonstances. En 1984, j'assistais à un symposium consacré aux pur-sang et présidé par le Dr Michael Osbourn, une sommité mondiale de la conformation des pur-sang.

Vers la fin de sa conférence, le Dr Osbourn a placé sur le rétroprojecteur un transparent représentant la silhouette d'un cheval.

— Cet animal est probablement le pur-sang le mieux conformé que j'aie jamais étudié.

Son regard a balayé l'assistance.

— Est-ce que, par hasard, quelqu'un reconnaîtrait ce cheval ?

J'ai levé la main.

— Tiens ! Comment avez-vous identifié votre cheval, Monty ?

— Vous avez mis au point un système de cercles qui vous permet de vérifier si les traits anatomiques d'un cheval sont bien à leur place.

— Exact.

— Eh bien, je me sers d'un système similaire, mais qui utilise un triangle.

Le Dr Osbourn m'a invité à le rejoindre près du rétroprojecteur pour exposer ma « théorie ». J'ai expliqué que mon triangle me permettait de déterminer la qualité de l'équilibre existant entre les deux principales structures constituant le squelette d'un cheval : le bassin et les épaules. Ce sont ces deux moteurs qui propulsent le cheval, et c'est de leur rendement que dépend l'efficacité avec laquelle les autres parties du corps répondent aux signaux envoyés par le cerveau.

— Pour ceux d'entre vous qui ne seraient pas au courant, a précisé le Dr Osbourn, le cheval dont vous voyez la silhouette sur l'écran a appartenu dans sa jeunesse à M. Roberts, ici présent. Son nom est... Alleged.

Un nom qui était venu à Pat à l'occasion d'un rêve, et que nous avons conservé sur les plaques d'immatriculation de notre voiture. Alleged a connu une réussite incroyable. Devenu finalement la propriété de Robert Sangster et d'un groupe d'investisseurs, il a remporté à deux reprises le prix de l'Arc de Triomphe.

Parmi les coupures de presse qui figurent dans notre press-book, l'une de mes préférées a été prise dans le *Santa Ynez Valley News* du 5 octobre 1978 :

« Monty et Pat Roberts de Flag Is Up Farms, ici même à Solvang, ont de bonnes raisons d'être fiers cette semaine, suite à la victoire d'Alleged dans le cinquante-septième prix de l'Arc de Triomphe, disputé dimanche dernier à Longchamp, France. Monté par Lester Piggot, Alleged l'a emporté aisément de deux longueurs, devant Trillion, dans un temps de deux minutes trente-six secondes et cinq dixièmes... »

Par une journée nuageuse de novembre 1977, monté sur Johnny Tivio, je faisais le tour de Flag Is Up Farms, vérifiant, comme d'habitude, l'état des clôtures et des pâtures, observant les chevaux, etc. Ces tournées d'inspection se terminaient immanquablement par la partie nord de la propriété où je gagnais le sommet d'une colline dominant la Ferme afin d'avoir une vue d'ensemble.

Dans le coin nord-est de Flag Is Up, il y avait, au flanc d'un cañon, une piste qui conduisait à une sorte de mesa dominant les pâtures d'une cinquantaine de mètres. Nous gravissions cette piste lorsque j'ai remarqué une certaine activité sur le versant opposé. En regardant mieux, j'ai vu une bande de coyotes s'agiter frénétiquement autour d'un fourré.

J'ai décidé Johnny à dévaler jusqu'au fond du cañon et à grimper de l'autre côté afin de voir ce qui excitait les coyotes. En arrivant à proximité des broussailles, j'ai compris qu'ils étaient sur le point de venir à bout de la résistance d'une biche; poussés par la faim, ils lui labouraient les flancs avec leurs incisives tranchantes. Heureusement, un lasso pendait à ma selle; je l'ai décroché et j'ai lancé Johnny contre les coyotes en utilisant le lasso comme un fouet.

Ils se sont enfuis vers le nord, gagnant une position dominante où ils se sont installés pour observer ce qui allait se passer. J'ai dû leur donner la chasse pour les éloigner le plus possible de leur proie. Puis je suis revenu vers la biche.

Elle était âgée, édentée et si maigre qu'elle ne devait pas peser plus de la moitié du poids normal. Les coyotes lui avaient infligé de sévères blessures. J'ai regardé autour de moi pour voir si elle avait des petits, et j'ai aperçu vers le sud, à flanc de colline, deux faons à mi-croissance qui étaient de toute évidence les siens. Je ne pouvais qu'espérer que tout se passe bien pour eux. Ils avaient l'air assez âgés pour survivre une fois qu'ils auraient rejoint la harde.

Je n'ai pas pu m'empêcher d'essayer de sauver cette vieille biche. Je suis remonté en selle, j'ai dévalé le cañon et galopé jusqu'aux ateliers. Après avoir chargé du grillage et des piquets métalliques dans mon pick-up, j'ai demandé à deux employés de venir m'aider, et je me suis approché le plus près possible de l'endroit où se trouvait la biche. En sortant de la camionnette, j'ai vu que les coyotes étaient revenus et descendaient lentement la colline en direction de leur proie. J'ai dû monter à leur rencontre en hurlant et en me frappant la jambe avec mon lasso pour détourner leur attention, tandis que les deux employés de la Ferme transportaient le grillage et les piquets.

A nous trois, nous avons réussi à construire un enclos de cinq mètres de diamètre environ tout autour de la biche, et à le couvrir de grillage pour que les coyotes ne puissent pas l'escalader. Ensuite, j'ai placé à l'intérieur de la cage un baquet d'eau, des céréales et de la luzerne. Pendant qu'on s'activait, la biche a essayé de se lever à plusieurs reprises ; mais chaque fois pourtant, trop faible, elle retombait sur le flanc. J'étais certain de la retrouver morte le jour suivant, pourtant je devais lui donner une chance.

En arrivant le lendemain matin, je l'ai trouvée dressée sur ses genoux. Elle avait mangé et bu un peu d'eau ; ce qui était surprenant car les cervidés sauvages acceptent rarement de se nourrir ou de s'abreuver en captivité. Je l'ai dérangée le moins possible. Durant les quatre jours qui ont suivi, je ne suis retourné la voir que pour m'assurer qu'elle ne manquait ni d'eau ni de fourrage.

Le cinquième jour, je l'ai trouvée debout. Tandis que je la regardais, elle a fait quelques pas autour de sa cage. Elle n'avait heureusement pas la force nécessaire pour se jeter contre le grillage et chercher à l'enfoncer, comme l'aurait fait une biche sauvage en bonne santé.

Avant qu'elle ne récupère suffisamment, le mieux était d'essayer de l'habituer à ma présence afin qu'elle ne risque pas de paniquer. J'ai pénétré dans sa cage, en me penchant en avant, en faisant des mouvements lents et brefs, et en utilisant le système de communication que j'avais baptisé *Equus*. A ma grande surprise, j'ai découvert qu'elle comprenait ce langage.

Le sauvetage de cette biche a été pour moi le début d'une aventure qui a duré une vingtaine d'années et s'est révélée l'une des expériences les plus gratifiantes de ma vie.

J'ai baptisé la biche « Grandma »[1]. Au bout de deux ou trois semaines de séjour dans la cage, elle était assez forte pour risquer une sortie. Lorsque j'ai ouvert le grillage, elle s'en est allée avec cet air majestueux qu'ont tous les cervidés, mais il n'était pas nécessaire d'être devin pour prévoir qu'elle n'avait pas l'intention de s'éloigner.

Le lendemain matin, je l'ai retrouvée à une centaine de mètres de sa cage. J'ai renouvelé sa provision de céréales, de luzerne et d'eau, et j'ai continué à lui rendre visite tous les jours, commençant à tester sur elle ma théorie de l'avance et du recul.

Chaque fois qu'elle me faisait comprendre qu'elle ne voulait pas de ma compagnie, je la suivais et la harcelais pendant quatre ou cinq kilomètres. Quand je la voyais décrire des cercles

1. Grand-Mère.

autour de moi et me montrer le flanc, me demandant de renégocier nos rapports, je lui tournais le dos et m'éloignais d'elle. Tantôt je lui faisais face, la regardant droit dans les yeux, et la chassant devant moi ; tantôt je me détournais et je m'écartais, l'invitant à me rejoindre, exactement comme je le faisais avec les chevaux.

Je me suis rendu compte que j'étais capable de la décider à revenir vers moi. Ce n'était pas encore le parfait *join-up,* c'était seulement une timide tentative. En fait, il m'a fallu plusieurs années pour l'amener à quitter la harde et à se montrer aussi familière qu'un cheval.

Finalement, un beau jour, l'événement s'est produit. Je l'avais chassée devant moi pendant un certain temps, surveillant l'apparition des signaux m'annonçant qu'elle demandait à être dégagée de cette action disciplinaire. Elle m'a montré son flanc, a braqué une oreille dans ma direction et a fait semblant de mâchonner en me regardant — sa façon à elle de me dire qu'elle n'était qu'un herbivore et voulait bien essayer de me faire confiance. Elle a baissé la tête jusqu'au niveau du sol rocailleux et s'est avancée.

J'ai cessé de la regarder dans les yeux, je me suis retourné et me suis éloigné d'elle. C'était une journée ensoleillée et nous nous trouvions dans un endroit superbe, sur le versant d'une colline dominant la Ferme. Je me suis allongé sur le dos, face au soleil.

Au bout d'un moment, Grandma est venue se coucher à côté de moi. En fin de compte, j'avais réussi un *join-up* presque parfait. Elle me faisait confiance. Elle voulait bien s'allonger près de moi dans ce décor californien. Au-dessus de nous, le soleil était éclatant et un aigle se laissait porter par le courant d'air ascendant qui montait de la vallée. J'étais ému par cette amitié qui avait été si longue à se déclarer, et qui culminait dans ce moment simple et sans passion, sur cette colline dominant Flag Is Up Farms.

Grandma m'a beaucoup appris. Elle m'a fait découvrir que l'instinct de fuite d'un cervidé est beaucoup plus développé que celui d'un cheval. Chaque fois que je commettais une faute dans mes mouvements, il me fallait un temps considérable — parfois des semaines ou même des mois — pour rattraper mon erreur.

J'ai compris que cette méfiance exacerbée pouvait me permettre de parfaire et de préciser ma connaissance du langage *Equus*. Par exemple, une fois où j'encourageais Grandma à me rejoindre, je m'étais retourné, me montrant à elle de trois quarts arrière et regardant dans la direction opposée ; mais, curieux de savoir ce qu'elle faisait, je m'étais risqué à l'observer du coin de l'œil. Voyant que je ne respectais pas les règles, elle s'était éloignée de quatre ou cinq cents mètres, et, pendant trois jours, elle ne m'avait pas laissé l'approcher.

J'ai réalisé que j'avais déjà commis cette erreur avec des chevaux : souvent, je m'étais permis de les surveiller du coin de l'œil alors que je n'étais pas censé le faire.

Je suis revenu dans le corral circulaire pour y entreprendre un cheval, m'exerçant à le surveiller du coin de l'œil sans qu'il puisse s'en apercevoir, puis expérimentant les conséquences que pouvait avoir la vitesse avec laquelle je bougeais les yeux. J'ai découvert que je pouvais modérer son envie de fuir en bougeant les yeux plus lentement. Une découverte qui a grandement facilité mes rapports avec Grandma.

J'ai appris également qu'en écartant les doigts, en remuant les bras ou en passant trop brusquement du recul à l'avance, je la mettais en fuite, interrompant et ralentissant le processus de communication.

J'exploitais immédiatement ce que m'apprenait Grandma avec les chevaux que j'entreprenais. Ainsi, lorsque je leur faisais face, et que j'étendais les bras pour les chasser, ils fuyaient plus vite si j'écartais les doigts. Je pense que ce phénomène est en rapport avec le comportement adopté, dans certaines occasions, par beaucoup d'animaux pour paraître plus gros et faire la preuve de leur tension musculaire et de leur agressivité ; comme lorsqu'un chien fait se hérisser les poils de son échine.

Sans l'aide de Grandma, je n'aurais jamais pu approfondir à ce point ma connaissance du langage *Equus.* C'était comme si cette frêle vieille dame m'avait donné des cours de perfectionnement, me permettant de peaufiner mes réponses et d'améliorer grandement ma qualification. Peut-être voulait-elle me remercier de lui avoir sauvé la vie, un jour, dans ce cañon au-dessus de Flag Is Up.

Grandma est morte de sa belle mort, le 2 décembre 1995, et elle est enterrée à la Ferme.

Johnny Tivio avait pris sa retraite. Il était âgé de vingt-quatre ans et personne n'avait fait appel à ses capacités de reproducteur depuis un certain temps. Il était choyé et avait un paddock pour lui tout seul, avec plein d'herbe verte. De là, il pouvait voir tout ce qui se passait à la Ferme. Il était sur le trajet des juments que l'on conduisait à l'écurie réservée au poulinage, et chaque fois qu'une « dame » passait devant lui, Johnny jouait encore les grands méchants étalons, chantant à pleine voix et lui parlant ; prétendant n'avoir que trois ans, gambadant et caracolant le long de la barrière.

Le 24 avril 1981, en revenant du champ de courses, je ne suis pas monté directement à la maison, mais j'ai tourné à gauche pour me rendre au bureau.

Lorsque j'ai franchi la porte, Pat était là. Elle s'est avancée vers moi, m'a pris dans ses bras et m'a dit :

— Johnny Tivio est mort.

On avait conduit une jument à l'écurie réservée au poulinage et Johnny l'avait aperçue. Il s'était dressé sur ses sabots, avait relevé la queue et s'était approché pour essayer d'obtenir le numéro de téléphone de la « dame » en question, comme à son habitude; mais, arrivé au milieu du paddock, il s'était affaissé, et le Dr Van Snow, notre vétérinaire, n'avait pu que constater la mort, à la suite d'une crise cardiaque.

Même si j'ai été frappé par un éclair de tristesse, mes premiers mots ont été :

— C'est formidable.

Il commençait à avoir des problèmes avec ses pieds, et je redoutais pour lui la souffrance et une fin difficile, alors qu'il avait été toute sa vie heureux et en bonne santé. Par chance, cela s'était finalement bien terminé, et il était resté en forme jusqu'au bout. Nos efforts n'avaient pas été vains.

— Où est-il?

— On l'a laissé à l'endroit où il est tombé, pour que tu le voies.

Je suis allé jusqu'à son paddock. Tandis que je m'avançais vers son corps étendu, inerte, la réalité de sa mort m'a frappé de plein fouet et j'ai eu du mal à le supporter. Son œil était vide; la vie s'en était allée. Je me suis assis à côté de lui et une foule de souvenirs, tous plus merveilleux les uns que les autres, me sont revenus en mémoire.

Au début de notre vie commune, je l'avais présenté à Salinas, ma ville natale, dans l'arène du Competition Grounds. C'était à l'occasion d'une des plus importantes manifestations du continent nord-américain, et Johnny était si bon dans tous les domaines et si plein d'allant que je n'arrivais pas à décider si je devais l'engager dans la *cutting horse division* ou dans la *reined cow horse division.* Pat m'avait répondu :

— Pourquoi ne pas l'engager dans les deux ?

C'était du jamais vu. Personne n'avait osé faire cela avant, car il était pratiquement impossible de disputer toutes les épreuves. J'ai tout de même décidé de l'inscrire pour les deux compétitions. Le jour où ma lettre est arrivée à Salinas, j'ai reçu un coup de téléphone d'un vieil ami : Lester Sterling, qui présidait le comité d'organisation :

— Tu as perdu la tête, Monty ? On ne peut pas te laisser présenter Johnny Tivio dans les deux divisions ! C'est ridicule de penser qu'il puisse arriver à faire tout ça.

— Est-ce que le règlement l'interdit ?

— Eh bien, non... mais je pense que tu devrais éviter de prendre ce risque.

J'ai finalement réussi à le persuader d'accepter. Pour mieux préparer Johnny à cette double participation, je lui mettais un certain type de mors et de bride pour les épreuves relevant d'une catégorie, et un autre type de mors et de bride pour les épreuves relevant de l'autre catégorie. Il était tellement intelligent qu'il a parfaitement compris la situation. Non seulement il a concouru dans les deux catégories, mais il les a remportées toutes les deux. Un exploit qui n'a jamais été égalé depuis.

Et à présent il était couché sur le flanc, avec cette pesanteur que seule la mort peut conférer. Je savais où je voulais l'enterrer. Je pensais depuis quelque temps à créer un cimetière spécial devant le bureau. Chaque cheval aurait sa pierre tombale sur laquelle serait fixée une plaque de bronze portant son nom, ses dates de naissance et de mort, et une ligne ou deux rappelant ses principales qualités. Le moment semblait venu de concrétiser cette idée.

Avec quelques membres de notre équipe, j'ai emmené un *low-boy* — une sorte de remorque basse — près de l'endroit où gisait Johnny. Nous avons passé des courroies sous lui et nous l'avons hissé sur la remorque. Tandis que nous tirions le *low-boy* à travers le paddock, je me suis rappelé ce jour, vieux de onze ans, où, monté sur Johnny Tivio, j'avais emprunté cette allée qui se trouvait juste en face de nous, et quitté la Ferme parce que M. Harcourt s'entêtait à faire de l'ombre sur nos vies. Johnny Tivio n'avait jamais perdu confiance, et je me suis souvenu que sa force de caractère avait été pour moi un exemple à suivre durant cette période difficile.

Peu après notre installation au ranch Gardner, nous avions reçu la visite de Marjorie Merryweather Post Dye, une femme réputée pour son excentricité. Elle était entrée dans l'écurie, avait montré Johnny du doigt et dit :

— Johnny Tivio.

— Oui, et alors ?

— Eh bien, j'ai entendu dire que vous aviez des ennuis, et que vous aviez besoin d'argent pour payer votre avocat. Je n'ai pas l'habitude de donner mon argent. Personne n'arrive à m'en soutirer. Mais je suis prête à vous offrir ce que vous voulez en échange de ce cheval.

Je l'avais remerciée de son offre, mais je lui avais répondu que c'était hors de question.

— Mais non, avait-elle ajouté, agacée par ma stupidité, je n'ai pas l'intention de vous l'enlever. Jamais je ne ferais une chose pareille. Je veux acheter ses papiers.

— Ses papiers ! ?

— Oui, et seulement pour quelque temps. Je les mettrai en lieu sûr. Donnez-moi simplement ses papiers que je puisse les tenir dans ma main, les montrer et dire que je possède Johnny Tivio.

Nous étions allés jusqu'à la maison des Gardner et je lui avais confié les papiers de Johnny, émerveillé par cette femme forte et courageuse qui avait sa façon bien à elle de faire les choses. En retour, elle nous avait fait promettre de l'appeler si jamais nous avions besoin d'argent pour assurer notre défense.

J'espérais que la possession, même momentanée, des papiers lui avait procuré tout le plaisir qu'elle escomptait ; désormais, ces papiers étaient tout ce qui restait de Johnny Tivio. J'ai creusé sa tombe moi-même en me servant du petit excavateur hydraulique que nous utilisions sur la Ferme. Je n'étais pas très habile à manier cet engin, et je dois bien avouer que j'ai mis beaucoup plus de temps que je n'aurais dû. Lorsque j'ai eu terminé, il faisait nuit, mais la fosse était creusée et il fallait encore y descendre le cadavre de Johnny.

Pénible besogne. Tout cela me semblait injuste et abominable, et je savais que je ne retrouverais plus jamais un ami comme Johnny Tivio. Je n'ai pas eu le courage de le recouvrir de terre. J'avais mon compte. Notre vétérinaire s'est proposé pour me remplacer. Je suis monté jusqu'à la maison, je me suis précipité dans la chambre pour me cacher sous les couvertures, et je suis resté là, sans bouger, jusqu'au lendemain matin.

Il était demeuré invaincu dans les « sweepstakes des étalons » — une sorte de pentathlon pour chevaux. Il avait été quatre fois champion du monde des *working cow horses.* Il avait remporté quatorze compétitions de *western riding* — un genre de dressage *western* — d'affilée. Et, en plus de tous ses talents et de tous ses titres, c'était un personnage hors du commun : une extraordinaire intelligence, un être fier et un travailleur acharné. Sa seule présence transcendait la routine quotidienne : sachant que j'allais le retrouver, c'était pour moi un plaisir d'enfiler une veste, de descendre de la maison vers la Ferme, dans la brume qui noyait souvent la vallée, au petit matin, et d'attaquer la longue journée de travail nécessaire pour assurer la réussite d'une entreprise comme la nôtre.

Sur la plaque fixée à sa pierre tombale on peut lire : « Johnny Tivio, 24 avril 1956-24 avril 1981. De l'avis unanime, le plus grand et le plus complet de tous les *working horses* qui aient jamais pénétré dans une arène. »

Il est mort le jour de son vingt-cinquième anniversaire.

Je gravissais la pente qui mène derrière la maison, lorsque j'ai fait un faux pas ; j'ai senti une soudaine raideur dans le bas de mes reins, et mes jambes se sont dérobées sous moi. Je me suis retrouvé par terre, impotent ; je ne sentais plus la partie inférieure de mon corps ; je ne pouvais pas la bouger non plus. J'ai eu soudain la vision de Crawford Hall à l'unité de soins intensifs de l'hôpital de Fresno. Sept ans plus tard, c'était mon tour.

Souffrant le martyre, j'ai réussi à ramper jusqu'au haut de la pente en me servant uniquement de mes mains et de mes bras. Il y avait toutes les raisons pour que mon dos soit en mauvais état : les cascades à cheval, le football américain, le *team-roping,* le *calf-roping,* le *bull-riding,* le *bulldogging,* etc. Tous ces chocs répétés sur ma colonne vertébrale avaient provoqué l'écrasement des disques intervertébraux, et j'allais le payer au prix fort. J'avais quarante-six ans.

Le docteur m'a jugé intransportable. Il voulait attendre que mon état se stabilise, que j'aie de nouveau des sensations dans les jambes. Il a fait livrer à la maison une sorte de grille semblable à un instrument de torture, on m'a attaché là-dessus comme un lapin sur un gril, et j'y suis resté pendant un mois.

Arrivé à ce point de mon récit, je dois donner un coup de chapeau à la morphine. J'en étais gavé et cela me permettait de gérer la Ferme et de faire des affaires comme jamais auparavant. En fait, si jamais je bute un jour sur un problème grave, je saurai comment le résoudre : je louerai de nouveau cette grille, et je demanderai au docteur de me redonner de la morphine.

Au bout de trente jours, la plupart de mes sensations étaient revenues. J'avais profité de cette immobilisation forcée pour me documenter sur les chirurgiens spécialistes de la colonne vertébrale, et mon choix s'était porté sur un Dr Bob Kerlan qui me semblait être la personne la plus apte à m'éviter de finir ma vie dans un fauteuil roulant.

Pat a loué un camping-car, a poussé mon fauteuil à l'intérieur et m'a transporté jusqu'à la clinique de Bob Kerlan, à Los Angeles. J'étais à peu près aussi mobile qu'un morceau de viande froide.

On m'a très vite passé au scanner, puis Bob Kerlan et son équipe sont venus me faire leur rapport. Ils avaient apporté avec eux une représentation en matière plastique d'une colonne vertébrale humaine, et se préparaient à me faire une peur bleue.

— Votre colonne vertébrale est dans un triste état, Monty. Il ne faut plus penser à remonter sur un cheval, ni à soulever un poids de plus de vingt kilos. Vous pourrez probablement remarcher sans aide, et vous devrez vous estimer heureux car, si on ne fait rien, vous passerez le reste de votre vie dans un fauteuil roulant.

— Je serai heureux de marcher, vous pouvez me croire, très heureux.

Il a montré le modèle en matière plastique.

— O.K. Vous voyez, là, ce sont les vertèbres lombaires.

— Oui.

— Les cinq disques sont écrasés. C'est-à-dire que la partie tendre qui se trouve au centre du disque a cédé sous les chocs violents et répétés subis par votre colonne, et s'est répandue en dehors de l'espace intervertébral, formant des excroissances cartilagineuses ; mais c'est seulement trente pour cent de vos problèmes ; les soixante-dix pour cent restant sont la conséquence des multiples fractures et ostéophytes, ou becs-de-perroquets, que l'on trouve le long de votre colonne. C'est ce qui cause les douleurs et coince les nerfs. Nous pouvons opérer, nettoyer tout ça, supprimer les becs-de-perroquets et aspirer la partie centrale tendre des disques intervertébraux ; vous vous retrouverez avec des disques qui ressembleront à des *doughnuts*[1].

— O.K.

— Habituellement, nous ne trouvons qu'un ou deux disques endommagés, mais, dans votre cas, les cinq disques lombaires sont écrasés. L'opération sera longue et nous ne saurons si elle a réussi que lorsque vous vous réveillerez.

1. Beignets en forme d'anneau.

Ce ne serait décidément pas une partie de plaisir. Il a d'abord fallu deux ou trois jours de préparation. Ils m'ont supprimé la morphine, et la douleur est devenue insoutenable. Chaque seconde de chaque minute j'avais envie de crier à pleine voix : « Faites quelque chose ! » Et puis, je suis passé sur la table d'opération, sous « l'œil » d'une caméra vidéo...

Je me suis réveillé dix heures plus tard. Une jeune femme noire, souriante et vêtue d'un uniforme blanc immaculé, m'est apparue, semblable à un ange. C'était peut-être le paradis.

— O.K., monsieur Roberts, si nous allions à la salle de bains ?

J'ai pensé qu'elle plaisantait.

— Je ne peux pas bouger !

— Mais si, vous pouvez. C'est le moment de vous asseoir.

Ce n'était décidément pas le paradis. C'était peut-être même le contraire. Elle n'avait pas l'air de savoir que j'émergeais à peine de l'anesthésie. Elle m'a tordu les pieds avant de m'asseoir de force. La douleur m'a traversé de part en part, comme si Satan en personne m'avait poignardé dans le dos. Elle me tenait par les épaules, et dès qu'elle me lâchait, mon buste avait tendance à tomber à la renverse, comme si on m'avait placé des charnières neuves au milieu du corps. L'infirmière a eu une mimique admirative :

— Génial ! On dirait qu'ils ont fait du bon boulot.

Elle est allée chercher de l'aide, et ils m'ont installé dans un fauteuil roulant qui me permettait de me déplacer. J'étais en piteux état.

Plus tard, j'ai visionné la cassette vidéo de mon opération. On aurait dit une équipe de charpentiers aux avant-bras musclés arrivant sur un chantier. Ils avaient des boîtes à outils pleines de marteaux et de ciseaux. Après m'avoir ouvert, et avoir écarté les lèvres de la plaie avec des clamps gigantesques, ils se sont mis à l'ouvrage comme s'ils s'attaquaient à la réparation d'une charpente. C'était barbare !

Dès que je me suis trouvé en bonne voie de guérison, ils m'ont renvoyé chez moi en me conseillant de faire de l'exercice, de marcher une ou deux minutes de plus chaque jour. J'ai utilisé un fauteuil roulant pendant dix ou douze jours, puis des béquilles pendant quelques mois.

J'ai une cicatrice au milieu du dos qui descend de mes côtes flottantes jusqu'à mon coccyx, et le bas de ma jambe droite est complètement mort — vous pourriez écraser votre cigarette dessus —, mais je marche parfaitement et je peux monter à cheval. Le Dr Bob Kerlan a obtenu un meilleur résultat qu'il ne l'espérait.

In Tissar était le fils de Roberto et Strip Poker — des origines de première classe —, ce qui faisait de lui un frère du crack Landaluce.

A l'âge d'un an, il avait été acheté deux cent cinquante mille dollars par M. Fustock de Buckram Oak Farm, lors de la Keeneland Select Sale de juillet 1979, puis on l'avait envoyé courir en France. Il avait remporté plusieurs courses avant de se blesser et d'être remis en vente pour deux cent vingt mille dollars seulement.

J'ai pensé que ce serait l'occasion idéale pour former un groupement de propriétaires, et j'en ai parlé à mes associés, MM. Katz et Semler. Nous avons acheté In Tissar pour le destiner à la monte. C'était un étalon élégant et fier, avec un superbe pedigree. Nous l'avons fait transporter en Californie et nous avons mis sur le marché vingt-cinq parts à seize mille dollars pièce ; ce qui revenait à rétrocéder une partie de ses capacités de reproducteur.

Les vingt-cinq parts ont été vendues dans les deux semaines qui ont suivi, représentant un revenu brut de quatre cent mille dollars, et nous laissant donc, à mes associés et à moi un bénéfice net de cent quatre-vingt mille dollars. De plus, nous nous étions réservé cinq parts chacun pour pouvoir faire couvrir nos propres juments. C'était une bonne opération et tout se déroulait à merveille.

J'ai rédigé l'accord liant tous les membres du groupement en précisant les obligations et les responsabilités de Flag Is Up Farms, et je me suis bombardé administrateur.

In Tissar a commencé à couvrir des juments en 1983 et, durant la première moitié de la saison, il a fait son travail d'étalon sans aucun problème ; mais vers le milieu de la saison, j'ai été informé qu'il se montrait agressif vis-à-vis des personnes qui s'occupaient de lui.

Je me suis rendu à l'écurie réservée au poulinage et j'ai passé quelque temps à observer comment les choses se passaient. Curieusement, lorsqu'on sortait In Tissar de son box pour le conduire à la salle d'accouplement, tout se passait bien et il couvrait la jument qu'on lui présentait sans faire d'histoires ; mais si on le conduisait à son paddock, il devenait agressif. J'ai pensé que cette agressivité était une des expressions de sa sexualité et qu'il était nécessaire d'utiliser un licou à muserolle métallique.

Pendant deux ou trois jours, la difficulté a semblé aplanie, et puis In Tissar s'est de nouveau montré agressif, dans la salle d'accouplement cette fois-ci. Le même jour, j'ai appris qu'un jeune homme, membre de notre équipe de nuit, s'était mis dans la tête de mater l'étalon. Je reste persuadé qu'il était plein de bonnes intentions, mais qu'il avait très probablement maltraité In Tissar, ou du moins que le cheval avait dû se sentir maltraité. Il est devenu dangereux. Deux des personnes qui s'occupaient de lui ont été mordues gravement. Il devenait absolument nécessaire de reprendre les choses en main.

J'ai provoqué une réunion qui m'a permis de discuter de la situation avec Darryl Skelton — responsable des étalons —, le Dr Van Snow, son assistant et le personnel de la salle d'accouplement. Il a été décidé qu'In Tissar serait désormais mené au moyen de deux bâtons de deux mètres cinquante chacun, attachés de part et d'autre de son licou ; cela suffirait sans doute à tenir les palefreniers hors de portée de ses sautes d'humeur.

Il a été procédé de cette façon à deux ou trois accouplements, et tout s'est passé pour le mieux : les juments ont été couvertes de façon satisfaisante et les personnes présentes en sont sorties saines et sauves. In Tissar était heureux et ne s'est pas rebellé contre ce traitement précautionneux — il a même paru assez fier de lui.

J'ai voulu assister au rendez-vous galant qui a suivi, pour voir si je pouvais être de quelque utilité. Une jument au plus fort de ses chaleurs a été conduite dans la salle d'accouplement ; après l'avoir protégée et lui avoir gainé la queue, on l'a placée au centre de la salle, totalement offerte.

Deux hommes sont allés chercher In Tissar, ont fixé les deux bâtons à son licou, et l'ont conduit à la salle d'accouplement. Tous les trois ont fait leur entrée par la large porte qui s'ouvre dans le mur nord. La salle mesure treize mètres sur treize, mais ils avaient à peine parcouru deux mètres qu'In Tissar s'est arrêté, se campant fièrement pour examiner la situation.

En plus de ses deux gardes du corps, il y avait là cinq autres personnes : l'homme qui tenait la jument, le vétérinaire et son assistant, Darryl Skelton et moi. Je suis allé refermer la porte derrière In Tissar et j'ai rejoint Darryl et le Dr Van Snow. L'étalon était immobile comme une statue, se contentant de regarder la jument, et de faire, des yeux, le tour de la salle.

Soudain, sans crier gare, il a décoché un coup de pied avec son antérieur gauche dans le bâton fixé à la gauche de son licou, l'arrachant des mains de l'homme qui le tenait, et le brisant net en deux parties égales. Dans la seconde qui a suivi, il a décoché un second coup de pied, avec son antérieur droit cette fois-ci, dans l'autre bâton, obligeant l'homme qui le tenait à lâcher prise. Ce cheval était terriblement précis et efficace ; pour moi, il ne faisait aucun doute que cela n'était pas le résultat d'une double coïncidence mais une action volontaire.

Alors, la bouche grande ouverte, il s'est précipité sur la jument et l'a heurtée de plein fouet, lui labourant le flanc gauche avec ses dents, au niveau des côtes flottantes, le déchirant, comme les loups font avec les lapins. L'épaule de l'étalon est venue frapper la malheureuse femelle au niveau de la fesse gauche, la couchant sur le flanc droit. L'homme qui la tenait a dû fuir pour sauver sa vie.

In Tissar était agenouillé par-dessus la jument, et tenait dans sa bouche un lambeau de peau, ce qui ne l'empêchait pas de hennir et de frapper le sol avec ses sabots postérieurs. Le vacarme était assourdissant. L'état d'excitation et la formidable puissance de l'étalon nous figeaient sur place. Le temps que j'avais passé sur les pistes de rodéo à faire du *bulldogging,* de la monte de *broncos* et de taureaux m'avait appris à me sortir des situations les plus tendues et les plus dangereuses, mais cette expérience ne m'était d'aucune utilité dans le cas présent.

Je me suis déplacé sur ma droite, m'éloignant du Dr Van Snow. In Tissar avait culbuté la jument à proximité de la porte sud, et en me voyant approcher, il s'est relevé, s'est retourné et a foncé sur moi. J'ai battu en retraite le long du mur pour tenter de me mettre à l'abri dans le couloir d'auscultation. Le Dr Van Snow m'avait suivi. Il avait à la main un râteau. J'imagine que son intention était de protéger la jument et les personnes présentes en tenant l'étalon à distance avec cet outil. In Tissar s'est précipité vers nous et s'est jeté sur le râteau, mais cela ne lui a fait ni chaud ni froid.

Le Dr Van Snow a couru vers le laboratoire, et a bousculé son assistant qui se tenait dans l'encadrement de la porte, l'entraînant dans sa chute. Darryl et moi avons trouvé refuge dans le couloir d'auscultation. Jamais je ne m'étais senti aussi vulnérable et aussi peu maître de la situation.

Les deux hommes qui avaient introduit In Tissar dans la salle se tenaient derrière la porte nord, la tenant entrebâillée, prêts à la refermer au cas où l'étalon ferait mine de venir dans leur direction. L'homme qui s'était occupé de la jument s'était réfugié derrière la porte sud qu'il gardait entrebâillée pour observer la suite des événements.

In Tissar faisait face au laboratoire et piaffait, semblant dire : « Maintenant, c'est moi qui commande et vous me devez obéissance. »

Il nous tenait tous à distance respectueuse. Il tournait sur lui-même, dressé sur ses sabots, la queue relevée, l'encolure arquée, la tête haute. Vision magnifique et terrifiante à la fois.

La malheureuse jument était toujours couchée sur

le flanc. Il l'a rejointe et s'est tenu au-dessus d'elle, piaffant et hennissant comme un étalon qui fait sa cour. Elle s'est mise sur pieds, lentement. Elle avait une grande entaille au flanc gauche, et le sang tombait goutte à goutte sur le sol. In Tissar a fouillé la blessure avec ses naseaux à deux reprises ; il était en pleine érection. Aussi incroyable que cela puisse paraître, la jument a relevé la queue pour lui montrer qu'elle était prête à le recevoir. Alors, il est monté sur elle et l'a couverte. Les deux bâtons pendaient toujours de part et d'autre de son licou. Toutes les personnes présentes sont demeurées immobiles, fascinées par ce spectacle ; c'était une expérience primitive et forte.

Après avoir couvert la jument, In Tissar l'a quittée et s'est avancé lentement vers le mur nord, venant se planter devant la porte fermée. Il était évident qu'il n'avait plus l'intention de se montrer agressif. Les deux hommes qui se trouvaient derrière la porte l'ont ouverte doucement, sont venus reprendre les deux bâtons et ont reconduit In Tissar jusqu'à son box. Il était devenu doux comme un agneau.

Le Dr Van Snow, Darryl et moi les avons suivis. En secouant la tête, le vétérinaire a déclaré :

— Dorénavant, j'aurai mon pistolet sur moi, et s'il se comporte ainsi de nouveau, je serai forcé de l'abattre. Je ne peux pas prendre le risque que quelqu'un soit tué.

J'ai acquiescé. Nous étions également d'accord sur le fait que ce cheval n'avait pas assez d'activité. Il était probablement suralimenté et sous-utilisé. Si on le remettait au travail, il changerait peut-être d'attitude. Darryl a proposé de le monter tous les jours, mais nous lui avons vivement conseillé de ne travailler avec In Tissar qu'en présence de l'un de nous deux, afin que nous puissions lui venir en aide au cas où les choses tourneraient mal.

Le lendemain, nous avons décidé de conduire In Tissar dans un corral très solide et pourvu d'un couloir de marquage. Nous avions l'intention de le faire entrer dans ce couloir pour le harnacher et le monter.

Darryl a réussi à passer une corde autour de l'encolure de l'étalon, à le faire sortir de son box et à l'entraîner vers le corral que nous avions choisi ; mais, à mi-chemin, In Tissar a aperçu une jument qui se trouvait dans un paddock distant de quatre cents mètres environ, et a commencé à « jeter son feu ». Nous nous trouvions à ce moment-là dans un pré clos. Darryl a essayé de le calmer mais l'étalon est devenu très agressif et a fait mine de l'attaquer. Bien vite, Darryl a dû lâcher la corde.

In Tissar était libre. Il a fait le tour du pré au grand galop avant de nous donner la chasse. Les rôles étaient renversés. Dès qu'il nous apercevait, même à deux ou trois cents mètres de distance, il nous fonçait dessus et essayait de nous attraper. Il était vraiment en colère, mais nous réussissions à éviter ses attaques en courant en rond comme les *Keystone cops,* les célèbres flics de Mack Sennett.

En ouvrant certaines barrières, et en les refermant après notre passage, nous avons finalement réussi à le faire passer dans le corral prévu et à l'y enfermer. Puis Darryl est parvenu à l'attirer dans le couloir de marquage, et nous avons rabattu la porte derrière lui. Se voyant pris au piège dans un espace de trois mètres cinquante de long sur quatre-vingt-dix centimètres de large, In Tissar a décoché une terrible ruade contre la porte, puis il est resté une vingtaine de secondes avec son postérieur gauche levé. Nous avons retenu notre souffle, persuadés qu'il s'était fracturé le canon tant la ruade avait été violente.

Il a fini par reposer le pied par terre et s'est appuyé sur sa jambe comme si de rien n'était. A égale distance du jarret et du boulet, quelques poils avaient été arrachés, mais il ne boitait même pas.

Darryl l'a harnaché et monté ; puis il l'a emmené faire une grande balade dans les collines. Ils ont parcouru près de vingt-cinq kilomètres sans rencontrer une barrière, et sont revenus trois heures plus tard. A leur retour, Darryl l'a fait travailler un moment dans le corral circulaire réservé aux étalons, avant de lui ôter selle et harnais, et de lui faire prendre un bain. In Tissar était en pleine forme ; c'était l'image même de la santé, un parfait exemple d'étalon dans la fleur de l'âge. On aurait pu le vendre à une écolière, à condition que le père de celle-ci ne remarque pas son regard indifférent et froid comme l'acier.

Nous étions tous très contents, et Darryl s'est organisé pour pouvoir monter In Tissar tous les jours. Au bout de quatre ou cinq jours, le Dr Van Snow a estimé que l'étalon était suffisamment calme pour qu'il soit possible de faire une radio de son postérieur gauche. Il avait été légèrement blessé et nous éprouvions le besoin de vérifier si tout allait bien.

La radiographie a révélé une fracture importante de l'os du canon. Nous étions confrontés à un dilemme : l'exercice intensif était indispensable au bon équilibre d'In Tissar, mais tout effort prolongé devait lui être douloureux et ne tarderait pas à être cruel.

Darryl a décidé de supprimer les grandes balades dans les collines pour ne conserver qu'un peu de travail dans le corral circulaire ; mais le second jour, lorsqu'il a voulu desseller In Tissar, celui-ci l'a attaqué, et une fois de plus un employé de Flag Is Up

Farms a échappé de peu à une grave agression et sauvé sa peau de justesse.

La mesure était comble. En toute bonne logique, In Tissar aurait dû être abattu, mais je ne pouvais me résoudre à le faire supprimer, et je m'efforçais de trouver une solution. Qu'avait-il bien pu se passer ? Il était devenu désormais trop dangereux pour que l'on puisse l'aider.

Nous avons tout de même décidé de faire une dernière tentative pour lui sauver la vie. J'ai conçu et construit, à proximité du corral circulaire réservé aux étalons, et avec l'aide de quatre ou cinq ouvriers du bâtiment, une installation où In Tissar pourrait être logé, nourri, pansé, ferré et avoir ses crins taillés ; où il pourrait continuer à couvrir des juments, après avoir été lavé pour la saillie, et où il aurait la possibilité de prendre de l'exercice et des bains avant de retourner dans un box nettoyé et préparé ; tout cela sans que personne ne pénètre dans son enclos.

Il a vécu ainsi douze ans de plus, et durant toutes ces années personne n'a été blessé, ni l'étalon lui-même, ni les juments qu'il a couvertes, ni les personnes qui se sont occupées d'eux.

En ce moment, nous avons un autre étalon en difficulté : Court Dance, fils de Northern Dancer, et il occupe la même installation. Court Dance appartenait à Robert Sangster et John Magnier lorsqu'il est arrivé à la Ferme. Ils attendaient de moi que je résolve ses « problèmes » afin de pouvoir le mettre en vente, mais je me suis très vite rendu compte qu'il s'agissait d'un autre étalon irrémédiablement dangereux. Il était impossible de le vendre car on ne pouvait ni le toucher ni le transporter. Il est installé chez nous depuis bientôt trois ans, dans les mêmes conditions qu'In Tissar, et tout se passe très bien.

Je préfère de beaucoup parvenir à comprendre un cheval en communiquant et en dialoguant avec lui, mais dans le cas de ces deux étalons c'était impossible. L'installation sophistiquée que j'ai construite pour les abriter et prendre soin d'eux peut être considérée comme une réussite importante et durable. Sans elle, ces deux chevaux auraient été abattus. Un grand nombre de leurs congénères ont été éliminés, de par le monde, à la suite de comportements moins agressifs que les leurs.

D'après ce que j'ai lu au sujet d'étalons violents comme Ribot, Graustark et même Roberto, le père d'In Tissar, je suis persuadé qu'il existe un nombre non négligeable d'étalons incurablement agressifs. Si on note cette agressivité de 0 à 10, In Tissar méritait 9,9. Il était intelligent, rusé, et cherchait à faire du mal à tous ceux qui l'approchaient. Quelque chose ou quelqu'un dans son environnement l'avait rendu méchant, et il était bien déterminé à n'écouter personne.

Mes parents ont annoncé leur venue et leur intention de séjourner chez nous une semaine. C'était tout à fait inhabituel, et cela nous a donné à penser que le cancer dont souffrait ma mère avait probablement empiré. Nous nous sommes dit qu'elle faisait une dernière tentative pour réconcilier son mari et son fils aîné.

Elle avait manifestement tout organisé pour que mon père me voie travailler dans le corral circulaire : avant de programmer leur venue, elle s'était assurée de mon emploi du temps ; elle avait préparé un tabouret pour que mon père puisse s'asseoir, et fait en sorte qu'il lui soit impossible de se dérober. Elle était certainement allée jusqu'à lui faire la leçon : il irait s'installer au bord du corral, regarderait attentivement ce que j'y faisais et serait bien obligé de reconnaître que cela marchait.

Mon père s'est donc assis bien sagement sur son tabouret pour me voir entreprendre une pouliche non encore débourrée. Il avait soixante-dix-sept ans et, comme je l'ai mentionné précédemment, son opinion n'avait plus aucune importance pour moi. Après tout, j'avais déjà entrepris plus de six mille cinq cents chevaux selon ma méthode, j'avais entraîné quelques fameux *working horses* et de merveilleux pur-sang qui avaient gagné des courses sur quelques-uns des plus célèbres hippodromes du monde. Je n'étais plus un adolescent recherchant désespérément l'approbation de son père, mais un homme ayant atteint la cinquantaine et désirant simplement avoir de bonnes relations avec ses parents.

Néanmoins, je voulais être sous mon meilleur jour, et lui montrer enfin ce à quoi j'étais parvenu après de longues années passées à travailler avec les chevaux et, plus récemment, avec une biche.

J'ai commencé par lui expliquer que lorsque j'avais conçu ce corral circulaire, une vingtaine d'années auparavant, j'avais volontairement négligé de prévoir une plate-forme d'observation et utilisé des planches avec jointures à tenons et mortaises, afin que personne ne puisse voir ce qui se passait à l'intérieur. Je n'avais ajouté que récemment la structure sur laquelle il était assis et qui allait lui permettre de me regarder entreprendre cette pouliche alezane.

C'était une splendide créature avec une robe tirant sur le roux et le caramel. Je ne l'avais encore jamais vue de ma vie ; je ne savais rien de son caractère, ni de son comportement, mais il était évident qu'elle était du genre « rapide », c'est-à-dire nerveuse et intelligente, et répondant au quart de tour.

Je me tenais au centre de la piste et j'ai enroulé une longue rêne légère. En bougeant lentement, car cette pouliche devait de toute évidence s'effarer aisément, je lui ai fait face, levant un peu les bras et écartant les doigts, comme j'avais appris à le faire avec la biche, et fixant son œil. Le résultat a été spectaculaire. Elle a fui vers la barrière du corral et s'est mise à en faire le tour dans le sens contraire des aiguilles d'une montre. J'ai attiré l'attention de mon père :

— O.K., papa, je vais t'annoncer au fur et à mesure tout ce qui va se passer, comme si tout était prévu d'avance, comme s'il s'agissait d'un spectacle de magie.

Je n'avais même pas besoin de la longue rêne pour obliger la pouliche à maintenir l'allure ; je pouvais contrôler sa vitesse en choisissant de fixer telle ou telle partie de son corps ; en me concentrant sur son œil, je précipitais sa fuite ; en laissant mon regard glisser vers son épaule, je provoquais un ralentissement. Et toujours, je prenais garde à lui faire face. Assis sur son tabouret, mon père était immobile comme une souche.

— Le premier signal que j'attends d'elle, c'est qu'elle braque son oreille intérieure sur moi. Ça devrait se produire dans la minute qui suit.

J'avais à peine prononcé ces mots que la pouliche a tourné son oreille dans ma direction.

— Bien sûr, a objecté mon père, elle te surveille.

— Ce n'est pas seulement ça. Elle garde son oreille braquée sur moi en signe de respect. Elle m'accorde une certaine importance.

J'ai lancé la longue rêne devant elle, l'obligeant à faire volte-face et à fuir dans l'autre direction, mais son oreille intérieure se tournait toujours vers moi. La pouliche s'est mise au trot. Je l'ai laissée faire un tour de corral, puis j'ai crié à mon père :

— Maintenant, tu vas la voir m'offrir une autre marque de respect ! Elle va se mettre à lécher et à mâcher ! Elle va tirer la langue et faire comme si elle ruminait !

Je n'étais plus surpris de voir tout cela se produire comme prévu. En fait, après avoir entrepris des milliers de chevaux, j'aurais été très étonné que tout cela ne se produise pas ; et effectivement, elle s'est mise à lécher et mâchouiller.

— Et voilà ! Elle me dit : « Je suis une herbivore, si tu me laisses paître en paix, si tu m'autorises à cesser de fuir, nous pourrons peut-être nous entendre, définir nos positions respectives, vivre et laisser vivre. Parlons. »

Cela faisait maintenant cinq minutes que j'avais entrepris cette pouliche. J'ai expliqué à mon père que j'attendais un dernier signal avant de pouvoir réaliser le *join-up* :

— Elle va baisser la tête et continuer à courir, le bout du nez au ras du sol.

Deux minutes plus tard, la pouliche alezane trottait tête baissée, soufflant dans le sable juste devant ses sabots, son oreille intérieure toujours braquée sur moi.

— Elle me dit qu'elle est d'accord, qu'elle me comprend et sait que je connais son langage ; elle est prête à me faire confiance.

Tournant le buste de manière à ne plus faire face à la pouliche, j'ai cessé de fixer son œil, j'ai même détourné mon regard. Elle s'est arrêtée immédiatement. Toujours de côté et évitant tout contact visuel — même du coin de l'œil —, j'ai attendu, totalement immobile.

Je la sentais réticente. Il lui paraissait difficile de croire que je puisse parler le même langage qu'elle, mais elle devait bien reconnaître que j'avais répondu à tous les signaux qu'elle m'avait envoyés. Pour moi, cette partie du processus est toujours la plus excitante. Non pas qu'il y ait le moindre risque que le *join-up* ne se produise pas, mais parce qu'au moment où il a lieu il démontre la possibilité d'une communication entre l'homme et le cheval, et que le côté miraculeux de cet instant — celui où un animal fuyard accorde sa confiance à un animal combatif, celui où l'homme et le cheval se rejoignent malgré tout ce qui les sépare — n'a pas fini de m'émerveiller. Chaque fois, je revis cet épisode avec la même intensité, et durant toute ma vie il m'a procuré une égale satisfaction.

La pouliche a fait un premier pas en avant. Je ne la regardais pas, mais je savais qu'elle pesait le pour et le contre, et qu'elle n'allait pas tarder à décider qu'il ne lui restait plus qu'une chose à faire : me rejoindre.

Quelques minutes plus tard, elle se tenait à côté de moi, le bout du nez au niveau de mon épaule. Elle me faisait confiance. C'était pour elle une expérience toute nouvelle et très déconcertante, mais, près de moi, elle se sentait en sécurité et je comprenais son langage.

Lentement, j'ai décrit un cercle sur ma droite et elle m'a suivi. J'ai décrit un autre cercle, dans l'autre sens, et elle ne m'a pas quitté. Le *join-up* était particulièrement bien réussi. Je l'ai fait remarquer à mon père :

— C'est ce que j'appelle le *join-up*.

Mais il a demandé :

— Combien de fois a-t-elle été montée ?

— Jamais.

— A d'autres !

J'ai fait comme si je n'avais pas entendu son exclamation incrédule. La pouliche attendait la suite des événements. Je m'efforçais toujours de ne pas oublier que si ce jour était pour moi pareil aux autres, c'était pour le cheval entrepris un jour extraordinaire, riche en bouleversements, probablement le plus important de sa vie, en tout cas, le plus éprouvant pour ses nerfs.

— Maintenant, pour vérifier si elle me fait totalement confiance, je vais examiner ses zones vulnérables.

J'ai gagné le centre du corral, la pouliche sur les talons, et je me suis placé près de son épaule.

— Les zones vulnérables sont celles auxquelles les prédateurs choisissent de s'attaquer.

Bougeant lentement et calmement, j'ai passé mes mains sur son garrot et son encolure.

— Les félins sautent à cet endroit-là, s'agrippent au dos du cheval et plantent leurs dents au sommet de son encolure pour tenter d'endommager sa colonne vertébrale, le paralysant ou provoquant sa chute sous l'effet de leur poids. Si le cheval est paralysé, le félin n'a aucun mal à l'achever. Si les deux animaux roulent à terre, le félin s'empresse de lâcher prise pour s'attaquer au-dessous de l'encolure, bloquer la trachée-artère et causer l'étouffement. C'est pourquoi il est important qu'elle me laisse toucher ces zones particulièrement vulnérables.

Ensuite, j'ai passé lentement mes mains sur ses flancs et sous son ventre.

— Sur tous les continents, il y a une espèce de chien sauvage qui s'attaque aux chevaux. L'un des membres de la meute se pend à la queue de sa proie pour ralentir sa fuite. Un autre court devant elle en sautant et finit par se pendre à ses naseaux pour l'empêcher de respirer. Les autres chiens s'en prennent alors à ses flancs, juste devant ses postérieurs, là où la peau est particulièrement tendre ; ils s'efforcent de la déchirer à ce niveau pour que les intestins s'échappent par la blessure.

Pendant que j'explorais toutes ces zones avec mes mains, pour tester la confiance que m'accordait la pouliche, celle-ci est demeurée pratiquement immobile, se contentant de faire un pas de côté à une ou deux reprises. J'ai poursuivi mon exploration jusqu'à ne plus sentir en elle la moindre réticence, ni la moindre tension. Puis j'ai caressé successivement ses quatre jambes, descendant du genou, ou du jarret, le long du tendon, vers le boulet, avant de lui demander de lever le pied pendant quelques secondes.

— Tu vois, c'est un animal fuyard et elle me permet de prendre en main son seul moyen de fuite : ses jambes. On peut vraiment dire qu'elle me fait confiance désormais de la tête aux pieds.

Il y avait une vingtaine de minutes que j'avais entrepris la pouliche quand Hector Valadez a fait son entrée dans le corral, portant une selle, un tapis de selle, une bride, une longue étrivière et de longues rênes. Hector a monté un si grand nombre de jeunes chevaux et travaille pour moi depuis si longtemps qu'il sait aussi bien que moi comment il faut s'y prendre. Après avoir déposé tout le harnachement au milieu de la piste, il est ressorti.

L'irruption de cet intrus dans le corral et, pis encore, cette pile d'objets bizarres ont plongé la pouliche dans la consternation. Elle a renâclé, soufflé sur la selle, regardé tout l'attirail, en a fait plusieurs fois le tour, et a fini par s'en accommoder. Le harnachement a au moins le mérite de renforcer le *join-up,* car le danger qu'il représente aux yeux du jeune cheval pousse celui-ci à trouver refuge auprès de la personne qui l'a entrepris.

La pouliche se tenait prudemment à côté de moi, me regardant ramasser la selle et la soulever pour la poser sur son dos. Je ne lui avais encore imposé ni bride, ni licou, ni longe, ni rênes. Elle m'a laissé passer la sangle sous son ventre et la boucler. J'ai dit à mon père :

— Maintenant, je veux qu'elle s'habitue à la selle pendant un moment avant qu'Hector ne la monte.

Je me suis écarté d'elle et je lui ai fait face pour la chasser. Elle a pris la fuite au petit galop. Le fait, nouveau, étrange, d'avoir une selle sur le dos, lui donnait une bizarre allure penchée. Tandis qu'elle galopait autour du corral puis se remettait au trot, j'attendais de sa part certains des signaux habituels : l'oreille intérieure braquée sur moi, et le fait de lécher et de mâchouiller. Par contre, comme tous les chevaux que j'avais entrepris jusque-là, elle ne baisserait pas la tête maintenant qu'elle était sellée. Elle ne se sentait pas assez sûre d'elle pour faire ce genre de chose avec ce poids sur le dos. C'était trop lui demander.

— Je vais me livrer à une petite expérience. Tu vas voir qu'elle a un endroit préféré.

J'ai indiqué du doigt le point précis où j'avais repéré qu'elle se montrait plus attentive. Ailleurs, elle était toujours distraite par quelque chose : mon père, la porte d'entrée ou la lampe fixée à une poutre. Ma longue expérience m'avait enseigné que la plupart des jeunes chevaux ont un endroit favori dans un corral, et qu'il valait mieux attendre qu'ils s'y trouvent avant d'utiliser les signaux les plus subtils d'*Equus*.

— Je vais poser ma main en travers de ma poitrine, comme ça, et lorsque la pouliche atteindra son endroit préféré, je me contenterai d'écarter les doigts. Tu pourras te rendre compte par toi-même qu'elle accélère de façon significative.

J'ai fait exactement ce que je venais de dire, et la pouliche est repassée du trot au petit galop.

— Tu vois à quel point nous nous comprenons ? Elle sait qu'elle n'a rien à craindre d'un félin qui fait patte de velours, mais qu'elle doit fuir le plus vite possible celui qui s'avance toutes griffes dehors.

Je l'ai fait volter et tourner dans l'autre sens, lui laissant le temps de se familiariser avec la selle. Au bout de trois ou quatre tours, elle a demandé à me rejoindre. J'en ai profité pour resserrer les sanglons d'un cran.

— Et maintenant, la bride.

J'ai expliqué à mon père :

— Tu sais, une fois qu'on a réalisé le *join-up,* le reste n'est plus qu'une simple formalité. Accepter de se joindre à moi revenait pour elle à me dire qu'elle me faisait totalement confiance. De là à accepter de travailler dur pour moi, il n'y a qu'un pas que les chevaux franchissent aisément.

Plantée là, insouciante, elle portait sa première bride et mâchait ce mors qui reposait sur les barres de sa mâchoire pour la première fois.

— Maintenant qu'on lui a passé la bride, on va pouvoir la conduire à longues rênes.

Il y avait environ vingt-cinq minutes que le processus était commencé, et tout se passait bien. J'ai mené la pouliche à longues rênes dans les deux sens ; c'était la première fois que cela lui arrivait et je voulais qu'elle s'y habitue avant qu'Hector ne la monte, pour que son travail soit plus aisé.

Ensuite, je l'ai arrêtée et forcée à reculer d'un pas, et dès qu'elle a eu fait ce pas en arrière, j'ai relâché les rênes et je l'ai immédiatement récompensée. Enfin, j'ai resserré les sanglons d'un autre cran pour que la selle soit prête à accueillir Hector.

Il est entré dans le corral et s'est fait connaître. Il a caressé lui aussi les zones vulnérables de la pouliche, jusqu'à ce qu'elle soit heureuse de sa présence. Il a brossé légèrement la selle avec ses mains, puis je lui ai fait la courte échelle. Il a mis le pied gauche à l'étrier, mais n'a pas passé la jambe droite, restant dressé sur l'étrier tandis que j'obligeais la pouliche à tourner la tête d'un côté puis de l'autre pour être sûr qu'elle avait bien vu ce qui se préparait.

Hector a levé la jambe droite avec précaution, l'a passée par-dessus la selle et s'est assis en douceur. La pouliche était montée pour la première fois de sa vie. Hector lui a fait faire le tour du corral en se gardant bien de lui tirer sur la bouche ou de la contraindre, la laissant se secouer, se trémousser, marcher en crabe ou se mettre au trot; lui permettant de faire le point et de s'accoutumer à ce qui se passait sur son dos. J'ai regardé ma montre et dit à mon père :

— Une demi-heure. C'est dans la moyenne.

Il n'a pas répondu, s'est levé, a quitté le corral et s'en est allé faire le tour des installations, posant des questions aux employés à propos de leur travail. Puis il est revenu s'asseoir sur son tabouret, au-dessus du corral circulaire où Hector et moi nous occupions d'un autre cheval. Comme ma mère avait particulièrement bien choisi leur jour de visite, mon père a pu me voir entreprendre une dizaine de jeunes chevaux avant la tombée de la nuit.

Chaque fois, il a assisté au même processus, jalonné par les mêmes temps forts, et accompagné du même dialogue entre le cheval et moi. Chaque animal était différent, bien sûr, mais nous utilisions tous un langage commun : *Equus;* et je parvenais toujours à un résultat identique : Hector Valadez en selle au bout d'une demi-heure environ, sans avoir besoin d'utiliser la contrainte, les cris, le fouet ou la cravache.

A la fin de la journée, j'avais entrepris plus de chevaux que mon père n'aurait pu espérer en briser en six semaines. Il est descendu de la plate-forme d'observation, son tabouret à la main, et nous nous sommes retrouvés à l'extérieur du corral. Il faisait tellement sombre que l'on pouvait à peine se voir. Je lui ai demandé :

— Qu'est-ce que tu en penses ?

Il était incapable de renoncer à ses manières de faire et de penser. Même confronté aux preuves que je lui avais administrées à maintes reprises, il refusait d'admettre que les bonnes vieilles méthodes n'étaient pas les meilleures. Il a répondu :

— Continue de t'y prendre de cette façon, et ils finiront par t'avoir.

A la maison, ce soir-là, ma mère était très impatiente de savoir ce qu'il avait pensé de tout cela. Pour elle, beaucoup de choses dépendaient de sa réponse. Elle aurait voulu qu'il me rende justice, du moins je le pense, et elle espérait qu'un accord de dernière minute pourrait intervenir entre deux hommes qu'elle aimait également, bien que différemment : son fils aîné et son mari.

Pendant un petit moment, elle a évité d'aborder le sujet, comme si ce n'était pas elle qui avait eu l'idée de cette journée; mais elle n'a pas pu résister bien longtemps :

— Alors, Marvin, comment as-tu trouvé tout ça ?

— Très bien.

C'était loin de lui suffire. Elle a insisté :

— Qu'est-ce que tu en penses ?

Et mon père lui a répondu :

— C'est du suicide.

Elle devrait continuer à vivre jusqu'à son dernier jour écartelée entre deux fidélités, une situation qu'elle supportait depuis bien longtemps déjà.

Le cancer de l'intestin dont souffrait ma mère l'a enlevée à notre affection peu de temps après, et nous sommes montés à Salinas pour son enterrement.

Nous sommes allés jusqu'à la maison de mes parents où mon père avait construit, quelques années plus tôt, une écurie et quelques paddocks. Il s'était occupé de chevaux et avait donné des leçons d'équitation presque jusqu'au bout ; mais la mort de sa femme l'avait mis dans un triste état. Il ne parvenait pas à y croire. A notre arrivée, il nous a accueillis par ces mots :

— Entrez, ta mère sera de retour dans un petit moment.

Nous nous sommes regardés, Pat et moi, pour savoir si nous avions bien entendu la même chose, puis nous avons suivi mon père et je lui ai dit :

— Papa, elle ne reviendra pas, elle est morte.

Il a attendu un long moment avant d'admettre :

— Ouais... je suppose...

Une demi-heure plus tard, nous sommes partis pour le service funèbre. Comme nous sortions de la maison, il s'est arrêté brusquement et nous a dit :

— Une minute, il faut attendre Marguerite. Elle n'est pas encore revenue.

J'ai dû lui rappeler une fois encore :

— Papa, elle nous attend... à la chapelle funéraire. C'est aujourd'hui son enterrement.

— Ouais... O.K.

Étrange coïncidence, la chapelle funéraire était

située à quatre numéros du 347 Church Street, la maison que nous avions occupée à Salinas pendant la guerre. En comparaison de mes souvenirs, tout me semblait plus petit. On aurait dit que le quartier et les maisons avaient rétréci, et la rue n'était plus qu'une petite bande de goudron.

L'entreprise de pompes funèbres s'appelait Struve et LaPorte. Dans les années quarante, tous les LaPorte avaient suivi des cours d'équitation au Competition Grounds ; et voilà que cet homme aux cheveux gris qui venait nous accueillir avait été l'un de mes élèves. Qui l'eût cru ? Jim LaPorte avait repris l'affaire familiale. Je me souvenais seulement d'un petit garçon qui tressautait sur le dos d'un cheval. Au moment d'entrer, mon père a récidivé :

— Attends, il faut retrouver ta mère.

Jim LaPorte nous a expliqué que c'était un phénomène assez courant chez les personnes âgées qui se trouvaient séparées d'un être cher après tant d'années de vie commune.

Nous avons assisté à l'office funèbre célébré à l'église catholique. La messe a été dite devant un très petit nombre de personnes, puis notre mère a été conduite au cimetière et enterrée.

Elle avait passé sa vie au service de son mari et de ses enfants.

Mon frère Larry et moi étions naturellement très préoccupés par la vitesse avec laquelle notre père descendait la pente depuis la mort de notre mère, et nous nous demandions comment tout cela allait se terminer. J'ai appelé son docteur pour lui dire que nous pourrions loger mon père à Flag Is Up Farms et qu'il serait ainsi plus facile de le surveiller ; mais sa réponse a été catégorique : mon père avait une santé de fer et il ne voulait surtout pas déménager. Il avait quelqu'un qui passait voir si tout allait bien et s'il avait suffisamment à manger. Tout ce que nous pouvions faire pour lui, c'était de lui téléphoner et de venir le voir le plus souvent possible.

Larry et moi avons mis au point un programme de visites et d'appels téléphoniques réguliers. Un jour, j'ai appelé mon père, je lui ai demandé comment il allait et il m'a répondu :

— Très bien. Cette pouliche s'en sort à merveille, maintenant, tu sais ; et ce jeune Palomino est un bon cheval.

— Papa, tu ne t'occupes plus de chevaux.

— Mais, bon Dieu, si !

— Bien, bien. O.K.

Le silence s'est installé. Je savais qu'il ne faisait plus rien. Il sortait à peine de chez lui.

— Papa, est-ce que tu veux qu'on vienne te chercher ? Tu pourrais rester avec nous un moment, jusqu'à ce que tu retombes sur tes pieds.

— Pas question, je n'ai pas l'intention de bouger. Qu'est-ce que tu me racontes ?

A la suite de cette conversation, Larry lui a rendu visite et nous a appelés pour nous dire qu'il déclinait très rapidement. Il ne mangeait plus et se laissait complètement aller. Il s'affaiblissait à vue d'œil. J'ai promis de faire un saut le jour suivant, mais, le lendemain matin, Larry a trouvé notre père mort — quarante-deux jours seulement après notre mère.

Tard dans la soirée, j'ai éprouvé le besoin de me rendre à la chapelle funéraire de Sturve et LaPorte où mon père reposait. J'ai téléphoné à mon ancien élève, Jim LaPorte, et je lui ai demandé s'il autoriserait une visite tardive. Il a accepté.

Je suis arrivé à l'heure dite. Jim m'a fait entrer et m'a conduit jusqu'à une petite salle très propre et nue dans laquelle il y avait seulement un pot de fleurs et les deux tréteaux supportant le cercueil. L'unique lampe émettait une douce lueur dirigée sur mon père. Jim m'a laissé seul. Je me suis avancé, et lorsque j'ai regardé dans le cercueil, les mots de Larry me sont revenus en mémoire :

— Il rapetisse à vue d'œil. Il n'en restera bientôt plus rien.

Il paraissait ne mesurer qu'un mètre soixante et n'avait plus que la peau sur les os. Depuis que j'étais petit garçon, je n'avais cessé d'imaginer cette scène ; je savais qu'un jour viendrait où il se retrouverait dans une caisse en bois et où je me pencherais sur lui. Je m'étais accroché à cette certitude pour supporter punitions et corrections ; et, ce soir-là, j'avais ressenti la nécessité de venir vivre cette scène dont la vision prémonitoire m'avait hanté tout au long de ma vie. Enfant, tandis que je me recroquevillais sous ses coups, je me répétais que, le moment venu, mon père logerait dans la même caisse que tous les autres hommes, et que, ce jour-là, il ne pourrait plus me faire de mal.

C'était un rite purificateur, mais je n'ai pas versé une larme. En vérité, sa mort ne me causait pas le moindre chagrin. Je ne crois pas que ma réaction signifiait que j'étais rancunier, mais seulement que la colère qu'avaient fait naître en moi les punitions qu'il m'avait infligées était toujours aussi vive qu'au premier jour.

A présent, il ne pouvait plus faire de mal à personne. Il était déchargé du fardeau — violence, colère, haine ? — qui avait fait de lui ce qu'il était ; et quelle que soit la nature de ce fardeau, j'espérais qu'ils avaient quitté cette terre ensemble. De mon point de vue, c'était un moment très important.

En sortant de chez Struve et LaPorte, l'envie m'a pris de descendre jusqu'à Chinatown pour tenter de retrouver le Golden Dragon Saloon où j'avais vu mon père procéder, si brutalement, à l'arrestation du Noir.

C'était toujours le quartier misérable de Salinas et les choses ne s'étaient pas améliorées depuis 1943 : des drogués gisaient maintenant sur les trottoirs. La rue étant devenue un sens unique, j'ai pu la traverser et me garer sur la gauche, comme l'avait fait mon père ce soir-là, en contrevenant au code de la route.

J'ai regardé autour de moi, mais il n'y avait pas de Golden Dragon. Tandis que je cherchais où il pouvait bien se trouver, une voiture de police est arrivée et s'est déportée sur sa gauche ; j'ai compris que ses occupants m'avaient repéré. Il faut dire que ma Lincoln Town Car détonnait singulièrement dans le quartier.

La voiture de police est venue se garer juste derrière moi. Un des deux policiers s'est approché prudemment de la portière avant droite, et j'ai utilisé la commande électrique pour baisser la vitre.

— Vous êtes perdu ? Je me trompe ?

— Non, je ne suis pas perdu. Je suis venu faire une petite visite. Voilà plus de quarante ans que je n'avais pas remis les pieds par ici.

Comme je n'avais pas fait appel à lui pour qu'il m'aide à me tirer de ce quartier malfamé, il s'est demandé si je n'étais pas là pour acheter de la drogue, et ses manières sont devenues moins réservées.

— Ah, ouais ?

— Il y avait ici un saloon qui s'appelait le Golden Dragon. Vous savez ce qu'il est devenu ?

— Il a été démoli, il y a un an environ.

— Eh bien, il y a plus de quarante ans de ça, j'ai passé là une très mauvaise soirée. Mon père a procédé à une arrestation au Golden Dragon. J'étais revenu sur les lieux pour me souvenir.

Son visage s'est illuminé.

— Votre père était dans la police ?

— Oui. Il y est resté douze ans. Mais il a pris sa retraite il y a déjà un certain nombre d'années.

— Comment s'appelle-t-il ?

— Il s'appelait Marvin Roberts.

— Ah, ouais ? Il va avoir un fameux enterrement, demain. La plupart des agents et des officiers seront là.

Il avait raison. Le lendemain, un fort contingent de la police de Salinas a assisté à l'office funèbre célébré en l'honneur de mon père. L'église était bondée, alors que, six semaines plus tôt, pour les funérailles de ma mère, elle était pratiquement vide.

Durant tout le temps où j'avais travaillé avec Grandma, je m'étais dit qu'il serait merveilleux de pouvoir entreprendre un jeune cervidé, un animal dont le cerveau serait encore malléable et qui n'aurait pas été traumatisé par l'existence. J'avais envie de voir s'il répondrait plus rapidement que Grandma qui, elle, était un animal adulte avec l'expérience de la vie.

Il n'y avait pas beaucoup de cerfs[1] dans les environs quand j'ai découvert Flag Is Up Farms en 1966. Le jour où j'ai rencontré Grandma, nous habitions sur la Ferme depuis onze ans, et, pendant tout ce temps, je ne me rappelle pas avoir jamais vu plus de trois ou quatre cerfs ou biches à la fois. Par contre, au cours des quatre ou cinq premières années durant lesquelles j'ai travaillé avec

1. Il s'agit du cerf à queue blanche, ou cariacou à queue blanche *(Odocoïleus virginianus)*.

Grandma, j'ai observé un accroissement sensible du nombre de cerfs et de biches vivant sur la propriété.

J'ai donc repéré un jeune mâle et j'ai commencé à travailler avec lui. Par la suite je l'ai appelé Yoplait, du nom de la marque de yaourt qu'il appréciait particulièrement. C'était un meilleur élève que Grandma, mais il est vrai qu'au moment où je me suis occupé de lui Grandma m'avait permis d'approfondir ma connaissance du langage *Equus*.

Au bout de six mois, le comportement de Yoplait avait changé de façon significative. Je parvenais à l'attirer hors de la harde, à le gratter autour du cou et de la tête et à le caresser. Il semblait plutôt indifférent et j'ai supposé que tous les cerfs étaient ainsi. Je devais comprendre par la suite qu'ils ont chacun leur caractère, leur personnalité et que l'indifférence n'est pas la règle générale.

Il arrivait à Yoplait de m'ignorer pendant de longues périodes, de faire celui qui regardait ailleurs, de ne pas me prêter la moindre attention. J'en concluais que j'avais commis des erreurs, et c'était probablement en partie vrai ; mais, en travaillant avec d'autres cerfs, j'ai appris que les poussées d'indifférence de Yoplait étaient un phénomène unique. Je ne dirais pas que notre relation a été particulièrement joyeuse, mais elle a tout de même duré douze ans, jusqu'à sa mort accidentelle survenue sur la route nationale en octobre 1994.

Yoplait en était arrivé à croire qu'il était chez lui à Flag Is Up. Il se rendait souvent au nord de la propriété, à l'endroit le plus élevé, se couchait là et, surplombant la Ferme, semblait la surveiller. Il a fini par devenir agressif avec les gens et les autres animaux, qu'il considérait comme des intrus. Lorsque des étrangers venaient à Flag Is Up, il se plantait entre eux et moi et les chassait. Il était devenu jaloux de l'attention que je pouvais accorder à d'autres que lui. Je sais aujourd'hui que c'est une tendance générale à l'espèce.

De plus, j'ai appris par mes employés que lorsque je quittais la Ferme, il devenait très inquiet ; il me cherchait et, la nuit, il venait se coucher devant ma chambre. Il s'efforçait de me rejoindre.

Plus tard, j'ai tenté une expérience. Le jour de mon départ, j'ai pris un T-shirt que j'avais porté et je suis allé le déposer au pied d'un arbre. J'ai demandé à quelques-uns de mes employés de surveiller le comportement de Yoplait et, à mon retour, ils m'ont signalé qu'il avait passé la plupart de son temps couché près de mon T-shirt.

J'ai pris l'habitude de mettre certains de mes T-shirts dans des sacs en plastique que je nouais afin de mieux conserver mon odeur. Quand je partais, je confiais quelques-uns de ces sacs à mes employés pour qu'ils puissent changer, tous les trois ou quatre jours le T-shirt auprès duquel Yoplait montait une garde vigilante. Un subterfuge qui semblait efficace. Sans eux, il était agité et quittait souvent la Ferme. Lors de mes absences prolongées, il arrivait même qu'on le rencontre dans les rues de Solvang.

Aujourd'hui encore, lorsque je dois partir en voyage, il faut que je pense à stocker des T-shirts sales pour les cerfs ; et quand il m'arrive de m'absenter pour de plus longues périodes, il est même nécessaire que j'en envoie par la poste pour contenter tout le monde.

Durant les années de formation de Yoplait, ma femme avait un chien appelé Jay. Yoplait les avait pris tous les deux en grippe, les considérant comme des concurrents. Il avait fait clairement comprendre à Jay qu'il lui fallait rester dans la maison et à Pat qu'elle devait se tenir à l'écart de moi, du moins en sa présence. Il intimidait le chien — un Queensland Heeler[1] — et, à la moindre provocation de sa part, il baissait la tête et le reconduisait jusqu'à la maison.

Une fois, alors que je m'étais absenté pour un certain temps, Pat a voulu planter quelques fleurs dans le jardin qui se trouve derrière la maison. A cette époque, la harde de cerfs et de biches comptait soixante à soixante-dix membres dont la plupart vivaient dans les environs immédiats de la maison et peu de plantes résistaient à leur voracité; mais Pat, ayant découvert qu'ils ne s'attaquaient pas aux fleurs bleues, avait décidé d'en repiquer tout autour de la cuisine et de la buanderie. A un moment, elle s'est rendu compte que Yoplait la suivait à distance, déterrant les plants au fur et à mesure et les jetant de côté sans même y goûter.

Pat a saisi un balai, l'a brandi à deux mains et a chassé le cerf en direction de la Ferme. Puis, découragée par tout ce gaspillage et tous ces efforts déployés en vain, elle a abandonné ses projets de jardinage, est allée ouvrir la porte du garage et a fait démarrer sa Jaguar pour la laisser chauffer le temps de revenir à la maison chercher des affaires qu'elle devait descendre au bureau.

Quand elle est revenue au garage, elle y a trouvé Yoplait : il avait réussi à grimper sur le toit de la voiture. Pat avait sa Jaguar depuis peu et elle en était très fière, mais Yoplait avait gravement endommagé la peinture. Il avait dansé sur le coffre et le capot, et rayé les côtés avec ses bois, si bien qu'il a fallu repeindre toute la carrosserie.

1. Berger australien.

On va me prendre pour un fou et me passer la camisole de force si j'ajoute que Yoplait avait également décroché du mur du garage une photographie représentant Pat et Jay, mais c'est pourtant la stricte vérité. Il y avait environ une cinquantaine de photos accrochées là, mais c'est celle-ci que Pat a retrouvée par terre, le verre brisé, et couverte de crottes de cerf. Bien sûr, je ne veux voir là qu'une coïncidence — ainsi on ne pourra pas m'enfermer dans un asile —, mais il faut bien avouer qu'elle est étonnante.

Pat m'a téléphoné ce soir-là, me laissant entendre qu'elle pourrait bien manger de la venaison pour son dîner.

A l'autre extrémité de la ligne téléphonique, la voix a annoncé :

— Lyman Fowler à l'appareil.

— Lyman Fowler !

— C'est cela. Je ne sais pas si vous vous souvenez de moi ; j'ai été votre professeur dans le secondaire.

— Je m'en souviens très bien.

— Vous rappelez-vous aussi que je vous avais demandé de préparer un certain dossier ?

— Parfaitement.

— Eh bien, maintenant, je suis à la retraite, comme vous devez bien vous en douter.

— Oui, tout ça ne date pas d'hier.

— J'ai une faveur à vous demander.

— Allez-y.

— Je suis le responsable du club du troisième âge de ma paroisse, et, chaque année, nous essayons de nous rendre dans un endroit agréable et civilisé. Nous évitons les lieux mal famés ou dangereux car notre moyenne d'âge est assez élevée.

— O.K. Que puis-je faire pour vous ?

— Je pensais que nous pourrions visiter votre propriété. Cela ne vous prendrait qu'une heure ou deux de votre temps, et nous ne vous causerions que le minimum de dérangement. Nous avons tous lu des articles à votre sujet dans les journaux, et il m'est venu à l'esprit que la chose ne serait peut-être pas impossible.

— C'est une bonne idée, bien sûr. Je vous ferai faire le tour du propriétaire.

Nous avons pris rendez-vous et j'ai raccroché en hochant la tête. Je n'en croyais pas mes oreilles. Je n'avais oublié ni M. Fowler, ni ce fameux dossier, ni le grand « F » rouge qui barrait sa première page. Il avait rejeté mon idée parce qu'il la jugeait trop extravagante, et aujourd'hui il me demandait de venir visiter la propriété et les installations qui étaient la concrétisation presque parfaite du projet que je lui avais soumis.

Le car a fait son entrée à Flag Is Up Farms par une magnifique journée d'été. M. Fowler a été le premier à en descendre. Il était toujours aussi grand — plus d'un mètre quatre-vingt-dix — et droit comme un « I ». Il était habillé avec beaucoup d'élégance et avait le même teint olivâtre et les mêmes yeux exorbités. Ses cheveux étaient devenus tout blancs et son visage s'était ridé, mais à part ça c'était toujours le même homme. Il m'a tendu une main longue et fine.

— Bonjour, Monty.

Puis il s'est avancé pour me serrer sur son cœur, ce qui ne lui ressemblait guère. Une cinquantaine de personnes âgées sont descendues du car et ont formé un demi-cercle. Tous me regardaient avec l'air d'attendre quelque chose. Lyman Fowler a pris la parole :

— Mesdames et messieurs, voici Monty Roberts

dont je vous ai déjà parlé et qui a l'obligeance de nous faire visiter sa propriété : Flag Is Up Farms.

Nous avons d'abord parcouru les bâtiments et installations les plus proches, puis le reste de la visite s'est fait en car étant donné qu'ils étaient tous très âgés et incapables de marcher longtemps. Je me suis servi du système de sonorisation pour leur expliquer au fur et à mesure ce qu'ils voyaient. Comme ils avaient tous vécu dans une région agricole, ils étaient intéressés par l'organisation et le fonctionnement de la Ferme. De plus, je m'étais arrangé pour qu'il y ait ce jour-là quelques chevaux au travail sur la piste d'entraînement. J'ai demandé au chauffeur de garer le car en bordure et ils ont pu voir les pur-sang passer au grand galop.

Après avoir fait le tour de la propriété, nous sommes montés à la maison. Ils sont tous entrés pour jeter un coup d'œil à l'intérieur, puis nous sommes passés sur la terrasse d'où l'on domine toute la Ferme. Tandis que nous leur servions des rafraîchissements, ils nous ont posé des questions à propos des cerfs et des biches qui paissaient librement sur le gazon. Ensuite, M. Fowler a prononcé un discours de sa voix claire et précise :

— Comme vous le savez tous, j'ai été le professeur de Monty quand il était un jeune homme ; mais il m'a enseigné quelque chose, lui aussi, et c'est probablement la leçon la plus importante que j'aie jamais apprise.

Il a marqué un temps avant de poursuivre :

— Un professeur n'a pas le droit de mettre un frein aux ambitions de ses élèves, même si elles lui paraissent parfaitement irréalistes.

D'un geste large et élégant, il a montré les bâtiments et les paddocks qui s'étendaient à nos pieds.

— Il fut un temps où je m'efforçais d'expliquer à Monty que tout ceci était un rêve inaccessible.

Aujourd'hui, nous avons tous pu constater à quel point j'avais tort.

J'ai ressenti une grande sympathie envers M. Fowler, en voyant qu'il prenait tellement de plaisir à raconter cette fable.

4

UNE INVITATION QUI A CHANGÉ MA VIE

Un soir de décembre 1988, j'ai reçu un coup de téléphone d'un voisin et ami nommé John Bowles. Son accent du Sud est reconnaissable entre mille :

— Monty ?

— Oui ?

— Devine un peu... La reine d'Angleterre aimerait te rencontrer !

J'ai tout de suite pensé à une plaisanterie, car John ne répugne pas à faire une farce à l'occasion. Il m'a expliqué que Sa Majesté la reine désirait se renseigner sur mon travail avec les chevaux et se rendre compte par elle-même de la véracité de ce que j'affirmais quant à ma capacité de communiquer avec eux.

Je lui ai demandé comment il se faisait que lui, John Bowles, soit devenu le messager personnel de Sa Majesté britannique, et il m'a répondu qu'un de ses amis, un Anglais, un certain sir John Miller, avait été l'écuyer de la reine — c'est-à-dire la personne qui s'occupe de ses chevaux — et que Sa Majesté l'avait chargé de prendre contact avec moi. Deux magazines, *The Blood Horse* et *Florida Horse,* avaient publié un article consacré à des démonstrations que j'avais faites et la reine avait été intriguée.

En s'informant auprès de son ami californien, sir John Miller avait frappé, sans s'en douter, à la bonne porte puisque John Bowles et moi habitons à huit kilomètres l'un de l'autre et sommes amis depuis quinze ans.

Peu après, sir John Miller est venu me rendre visite en Californie afin d'avoir un aperçu de mon savoir-faire. A la suite de ma démonstration, il s'est montré très enthousiaste et, tandis que nous revenions vers la maison pour le déjeuner, puis pendant toute la durée du repas, il m'a entretenu de l'emploi du temps de Sa Majesté pour l'année à venir : la reine serait à Balmoral de telle date à telle date, etc. J'ai compris qu'il essayait de me caser quelque part dans son programme. Et effectivement, il m'a informé que Sa Majesté la reine me convierait à me rendre en Angleterre au mois d'avril 1989, et à séjourner au château de Windsor durant une semaine. Puis, avec son accent aristocratique et très *british,* il a ajouté :

— Cette démonstration à laquelle je viens d'assister, pensez-vous qu'il serait envisageable d'en organiser une semblable pour Sa Majesté, à la *mews* ?

Que diable pouvaient bien être cette *mews* ? Je n'en avais pas la moindre idée, mais je l'ai assuré que nous trouverions certainement une solution. Il a terminé en m'expliquant que, dans le cas où la reine serait convaincue de l'intérêt de mon travail, elle me demanderait de me rendre dans plusieurs villes du Royaume-Uni, principalement à Newmarket, en Angleterre, et à Gleneagles, en Écosse.

Deux semaines plus tard, j'ai reçu une lettre officielle d'invitation en provenance de Buckingham

Palace. A présent, je savais que tout cela était bien réel ; j'allais rencontrer la reine d'Angleterre.

Le 15 avril 1989, lorsque j'ai atterri à l'aéroport d'Heathrow, j'ai été accueilli par sir John Miller qui m'a conduit directement au château de Windsor, distant d'une vingtaine de kilomètres seulement.

Devant le château étaient stationnés plusieurs véhicules qui ressemblaient davantage à des chars d'assaut Sherman qu'à des voitures particulières. Sir John m'a expliqué que la reine recevait à déjeuner ce jour-là le président Mikhaïl Gorbatchev et son épouse Raïssa, et que les visiteurs soviétiques, préférant se déplacer dans leurs propres voitures, les avaient fait expédier en Angleterre.

L'intérieur du château a été pour moi une révélation. Dans ces couloirs et ces corridors que je longeais, derrière ces portes closes, de grands personnages avaient traité, pendant des siècles, des affaires d'État de la plus haute importance. Et la famille royale d'Angleterre était déjà le premier propriétaire de chevaux de course des centaines d'années avant la naissance des États-Unis. Pour un petit gars originaire de la campagne californienne qui avait travaillé dur et longtemps dans le domaine de l'équitation, c'était la consécration suprême.

Sir John m'a entraîné jusqu'à un pré qui s'étendait devant le château, et m'a montré quinze chevaux de toutes robes, statures et conformations, ainsi qu'une pouliche pur-sang qui se trouvait dans un paddock à part. Ils avaient été habitués au licou et à la longe, mais n'avaient jamais été montés. Ce serait à eux que j'aurais affaire durant cette semaine de démonstration au château de Windsor.

Sir John m'a conduit ensuite vers un groupe de bâtiments situés sur l'un des côtés du château et qui abritent les écuries, le manège ouvert, les remises pour les voitures à chevaux et les logements du personnel : ce que les Anglais appellent une *mews*[1]. Nous sommes allés visiter le manège. Il ressemblait à une chapelle avec ses fenêtres gothiques et son plafond haut et voûté. A l'une des extrémités du bâtiment, il y avait un balcon de bois vitré : c'est de ce poste d'observation isolé phoniquement que la famille royale suivrait mes démonstrations.

La partie centrale du manège était occupée par un enclos circulaire de quinze mètres de diamètre, délimité par un grillage, que sir John avait fait construire à ma demande. Le cadre était attrayant, mais je n'avais encore jamais utilisé ma méthode de travail dans un enclos de ce genre et je ne pouvais pas préjuger de la réaction des chevaux. Ils pourraient voir à travers le grillage ce qui se passerait à l'extérieur et risquaient d'avoir du mal à se concentrer sur ce que je faisais. De toute manière, il n'y avait pas d'autre solution. Il fallait que je me persuade que le grillage suffirait à empêcher les chevaux d'être distraits.

Sir John m'a expliqué que la reine avait invité entre cent et deux cents personnes à assister à mes démonstrations durant la semaine à venir. Elle-même ne pourrait disposer que d'une heure, le lundi matin. Ses obligations ne lui permettraient pas de me consacrer plus de temps, mais elle visionnerait probablement chaque soir l'essentiel des événements de la journée grâce à un magnétoscope.

Notre visite terminée, nous sommes revenus vers le château. Mikhaïl Gorbatchev et son épouse s'apprêtaient à se retirer et nous avons donné tête

1. Altération des mots français « mue » ou « muer », car anciennement cet ensemble de constructions abritait également la fauconnerie.

baissée dans l'opération de police de grande envergure que nécessitait leur départ. Cela faisait froid dans le dos de voir les membres des services de sécurité soviétique et britannique se mêler et arpenter les remparts, armés de pistolets-mitrailleurs.

Soudain, à la suite d'une bousculade entre Russes et Anglais, un officier britannique de haut rang est venu vers sir John et lui a lancé :

— Bon Dieu, nous les avons arrêtés en Crimée, nous les arrêterons bien au château de Windsor !

Ce gars-là avait visiblement la rancune tenace.

Peu après, le couple Gorbatchev est sorti du château et monté en voiture, puis la caravane officielle est passée devant nous avant de s'éloigner. Mon séjour en Angleterre était décidément une expérience mémorable, à tout point de vue.

Le lendemain matin, à neuf heures, nous sommes revenus au château de Windsor. Ce jour-là, qui était un dimanche, j'avais l'intention de familiariser les chevaux avec l'enclos circulaire dans lequel nous devions travailler ensemble. Ma longue expérience m'a enseigné que mes démonstrations se passent d'autant mieux que les chevaux sont moins distraits par l'environnement. Imaginez un cheval qui n'a pratiquement jamais eu affaire à l'espèce humaine et que l'on sort de son paddock pour le conduire dans un enclos circulaire de quinze mètres de diamètre, où il se voit observé par deux cents personnes. Le pouvoir de concentration de ce cheval sera forcément altéré. Cela ne rendra pas la démonstration de ma méthode impossible, mais la durée du processus s'en trouvera augmentée de dix pour cent environ, car le cheval fera une pause de temps en temps, afin d'évaluer le danger représenté par l'ennemi qui se tient de l'autre côté du grillage.

Lorsque je suis arrivé à l'écurie, j'ai tout de suite

été sensible à la froideur de l'accueil que m'ont réservé les palefreniers — pour la plupart des jeunes filles — qui travaillaient là. Leur chef, en particulier, avait tout l'air de penser que je piétinais ses plates-bandes.

J'avais expliqué à plusieurs reprises que j'aurais besoin d'aide pour attraper les seize chevaux, les conduire l'un après l'autre jusqu'à l'enclos circulaire et les y faire entrer afin de les familiariser avec ce lieu étrange. Étant donné qu'ils étaient tous les seize plus ou moins « sauvages », j'aurais apprécié un coup de main.

Tandis que j'arpentais les écuries, essayant de décider quelqu'un à me prêter main-forte, j'ai vu une dame vêtue d'une splendide tenue de cheval sortir du manège couvert. Elle s'est dirigée tout droit vers sir John et lui a parlé. La transformation qui s'est opérée en lui a été remarquable. C'était soudain une autre personne. Son attitude a changé, de même que le ton de sa voix. Il s'adressait à la reine.

Depuis plusieurs jours, je me demandais comment je devrais l'appeler si je venais à la rencontrer. J'hésitais entre « Votre Altesse Royale » et « Votre Majesté », car je ne saisissais pas bien la différence entre les deux. Fallait-il que je m'incline ou bien une poignée de main ferait-elle l'affaire ?

De toute façon, il n'était pas prévu que je rencontre la reine ; mais voilà pourtant qu'elle se dirigeait vers moi alors que je n'avais pas eu le temps d'étudier le code des bonnes manières. J'étais l'hôte d'une nation étrangère et, en quelque sorte, le représentant de mon pays, et j'aurais bien voulu adopter le comportement adéquat.

Elle m'a finalement tendu la main, ce qui a considérablement simplifié les choses. Je lui ai serré la main, je l'ai appelé « Votre Majesté » et elle s'est empressée de me mettre à l'aise :

— Monsieur Roberts, venez me montrer cette cage aux lions que vous avez fait installer au beau milieu du manège. Expliquez-moi tout.

Nous sommes entrés dans le manège et nous avons fait le tour de l'enclos circulaire. Elle m'a dit :

— C'est tout à fait le genre d'endroit où l'on a envie de pénétrer avec un tabouret et un fouet.

J'en suis convenu, même si la similitude ne m'avait pas frappé jusque-là. Ensuite, je lui ai expliqué, en résumé, ce que je comptais faire le lendemain matin. Sa curiosité au sujet de mon travail, son désir d'en apprendre, par avance, le plus possible m'ont fait très plaisir.

Et puis, elle est repartie comme elle était venue. J'avais le sentiment que ce premier contact s'était bien passé. Nos rapports étaient plutôt décontractés, et elle m'avait donné l'impression d'être une femme directe qui savait obtenir ce qu'elle voulait.

Ce même dimanche, à midi, Pat, Marty, notre fils, et Sean McCarthy, un de mes cavaliers, m'ont rejoint à Windsor. Sean travaillait avec moi dans le corral circulaire depuis neuf ans et, durant cette période, il avait « étrenné » plus de quatorze cents chevaux. C'était rassurant de voir arriver des renforts.

Sean et moi avons vérifié l'enclos circulaire et notre équipement, puis je l'ai emmené au bord du pré où se trouvaient les chevaux avec lesquels nous allions devoir travailler. Il a été surpris par leur diversité. En plus de la pouliche — inscrite au *studbook* — qui avait son paddock pour elle toute seule, deux ou trois des quinze autres devaient être des pur-sang. Il y avait deux très grands Shire pie destinés à tirer carrosses et voitures de cérémonie, quelques croisés à sang chaud, deux autres chevaux de grande taille et des chevaux plus petits, dont des poneys Fell et Haflinger. Malgré tout, j'étais raisonnablement confiant.

Nos préparatifs terminés, nous sommes allés passer la soirée à Shotover House, près d'Oxford, la résidence de sir John, une propriété qui appartient à sa famille depuis plus d'un siècle. Le major Dick Hearn — entraîneur des chevaux de course de Sa Majesté pendant de nombreuses années — et Sheila, son épouse, nous ont rejoints pour le dîner qui fut excellent et a largement contribué à me calmer les nerfs.

Le lendemain matin, la première démonstration était prévue pour neuf heures, dans le manège couvert, en présence de la reine, du prince Philip et de la reine mère. Lorsqu'ils ont fait leur entrée, l'ambiance a changé totalement. Ma démonstration est devenue soudain un événement officiel. La femme en tenue de cheval avec laquelle j'avais discuté la veille était désormais la reine d'Angleterre dans l'exercice de ses fonctions. Sa Majesté et son entourage étaient escortés de gardes du corps et soumis au protocole.

Sir John Miller m'a présenté à la reine, comme si nous ne nous étions jamais rencontrés, et il a précisé que la famille royale assisterait à ma démonstration depuis le balcon vitré, ignorant le fait que nous avions déjà parlé de tout cela au cours des deux jours précédents.

Les choses m'échappaient, et je dois bien admettre que j'étais nerveux. En règle générale, je suis quelqu'un de très détendu, une qualité indispensable dans ma profession, et j'étais déconcerté de sentir mon pouls s'accélérer et ma concentration diminuer.

Pat et Marty ont été invités à accompagner la famille royale au balcon. Chacun s'est assis à sa place ; la démonstration pouvait commencer.

Nous étions convenus que je m'occuperais en priorité de la pouliche pur-sang ; il se trouvait qu'elle appartenait à la reine mère, qui allait donc se montrer particulièrement attentive. En entrant dans l'enclos, je me suis dit que si je n'arrivais pas à retrouver mon calme, je serais incapable de communiquer avec les chevaux comme je le fais habituellement. Il n'était pas impossible que cette journée capitale devienne la plus difficile de ma vie. En refermant la porte de l'enclos derrière moi, je me suis vu humilié et une vague de terreur m'a submergé.

Alors la pouliche a été introduite dans le manège et lâchée dans la « cage aux lions ». Elle était jeune et ombrageuse, et ses yeux étaient agrandis par la peur. Elle était encore plus effrayée que moi et avait besoin de mon aide. Dans la situation que nous devions affronter tous les deux, elle attendait de moi un certain réconfort. A l'instant même où j'ai pris conscience de cela, la présence de ce jeune animal indompté m'a apaisé, et je me suis mis au travail.

Après une minute ou deux, j'ai senti que les choses allaient en s'arrangeant. La pouliche m'a envoyé les signaux que j'attendais d'elle et, un quart d'heure après le début de la démonstration, elle se tenait immobile comme une statue tandis que je plaçais et sanglais sur son dos sa première selle.

Au bout de vingt-cinq minutes, elle avait accepté bien sagement la bride et le mors brisé, Sean était en selle et lui faisait faire le tour de l'enclos. On aurait dit qu'elle attendait ce moment depuis sa naissance.

Sean a mis pied à terre, et la pouliche a été

reconduite dans son paddock. Je suis sorti de l'enclos circulaire et j'ai vu la reine se lever et quitter le balcon vitré, imitée par le prince Philip, la reine mère, Pat, Marty et les membres du service de sécurité.

La reine a été la première à franchir la porte qui se trouvait au bas de l'escalier descendant du balcon. Son visage s'est illuminé d'un sourire cordial et elle m'a tendu la main en disant :

— C'était magnifique !

Elle a reconnu avoir été impressionnée par ce qui venait de se passer et par la façon dont la pouliche avait réagi, et elle a ajouté que je pouvais être fier de mon travail. J'ai réalisé brusquement qu'il y avait bien longtemps que j'espérais entendre quelqu'un me dire des choses aussi positives. Le corral circulaire que j'avais construit chez moi possédait des murs pleins et n'avait pas, à l'origine, de plate-forme d'observation afin que personne ne puisse voir ce que je faisais à l'intérieur. Ce fameux lundi du mois d'avril 1989, ma vie a basculé.

Le prince Philip s'est avancé pour me serrer la main et me demander si je pourrais donner des conseils aux jeunes gens qui devaient « débourrer » certains de ses poneys Fell cette semaine-là. J'appréciais hautement la réaction de la reine et celle du prince, mais j'avoue que j'étais particulièrement impatient de connaître celle de la propriétaire de la pouliche : la reine mère.

Elle a franchi la porte à son tour et s'est dirigée vers moi. Des larmes dans les yeux, elle m'a dit, calmement et d'un ton ferme :

— C'est l'une des choses les plus merveilleuses que j'aie jamais vues de ma vie.

Son appréciation, la plus chaleureuse que je pouvais espérer, m'a bouleversé. Elle avait été visiblement très émue par le comportement de sa pouliche et par la possibilité d'une communication entre l'homme et le cheval. Voyant son émotion, et troublé par l'intensité du moment, j'ai oublié qui elle était et où nous nous trouvions, et j'ai cru bien faire en la serrant gentiment dans mes bras.

Surpris, les gardes du corps ont sursauté et fait un pas en avant. J'ai compris que l'on n'était pas censé être aussi familier avec les membres de la famille royale ; j'ai immédiatement ouvert les bras et reculé d'un pas. La reine mère n'a pas paru choquée le moins du monde. S'exprimant toujours de sa voix douce, elle m'a dit son espoir de me voir continuer à travailler dans la même direction afin d'instaurer des relations différentes, plus sensibles, entre les hommes et les chevaux. Le souvenir de sa réaction me causera la même satisfaction jusqu'à la fin de mes jours.

A la suite de cette première démonstration, nous sommes allés avec sir John Miller et une douzaine de personnes — en majorité des journalistes — au Saville Gardens Restaurant qui se trouve dans le parc de Winsdor. Nous étions heureux et tout excités de l'accueil chaleureux que nous avions reçu, et nous attendions avec impatience la séance de travail de l'après-midi qui devait se dérouler devant une assistance différente.

Durant le déjeuner, sir John a dû quitter la table à plusieurs reprises, car il a reçu des appels sur son radiotéléphone. Je n'ai pas entendu ce qu'il disait, mais alors que nous nous préparions à quitter le restaurant pour regagner le château, sir John m'a informé que le personnel des écuries royales avait décidé d'ajouter deux chevaux qui n'étaient pas prévus au programme.

Je devais apprendre plus tard qu'à la suite de

notre démonstration de la matinée, la reine avait eu une conversation avec le personnel de ses écuries, et qu'on lui avait laissé entendre que j'aurais fait « quelque chose » aux chevaux, en cachette, tandis que j'étais supposé les acclimater à l'enclos rond; en bref, on soupçonnait une supercherie. La reine était d'un avis contraire, néanmoins elle avait demandé aux incrédules ce qu'il leur faudrait pour être convainus de l'absence de fraude, et ceux-ci avaient proposé d'envoyer un van à Hampton Court pour ramener deux très grands étalons pie de trois ans, de vraies brutes que personne ne s'était avisé d'entreprendre. Ceux-là au moins ne m'auraient jamais vu et ne connaîtraient pas l'enclos circulaire. Pour plus de sûreté, on ferait descendre les étalons du van l'un après l'autre, ainsi on verrait bien si je parvenais à en tirer quelque chose. Bien évidemment, les incrédules pronostiquaient mon échec.

Sir John m'a expliqué qu'il désirait que j'entreprenne ces deux chevaux sans les habituer à l'enclos. Comme mes méthodes de travail étaient nouvelles pour lui, je suppose que cela devait lui paraître une exigence sans importance. Pourtant, il était déloyal d'exiger de moi que j'impose à ces chevaux à la fois un environnement inconnu et effrayant et l'expérience la plus traumatisante de leur existence.

Ce changement de programme me préoccupait car nous avions déjà suffisamment de pression à supporter. Je n'aimais pas beaucoup travailler dans ces conditions; je me faisais l'effet d'un poisson dans un bocal.

Lorsque nous sommes arrivés devant le manège couvert, il y avait là un van dans lequel se trouvaient enfermés, serrés comme des sardines dans une boîte, les deux étalons pie. Ils transpiraient et faisaient un raffut de tous les diables. Quand on a fait descendre le premier, le second s'est mis à hennir à pleins naseaux et, en réponse, son compagnon en a fait autant, mais plus fort encore. A Hampton Court, ils occupaient depuis toujours le même paddock et étaient de toute évidence « en amour ».

Une centaine d'invités avaient été conviés à assister à la démonstration de l'après-midi, et le personnel des écuries s'était aligné le long du mur, comptant bien que j'échouerais et que ma méthode serait jugée frauduleuse. Sir John a pris le micro et pénétré dans l'endos circulaire afin de me présenter. L'énorme étalon a alors chargé dans sa direction, frappant le sol avec ses gros sabots de devant, et manifestant sa colère contre le sort qui lui était réservé.

Sir John a repassé vivement la porte et continué sa présentation à l'extérieur — et il était difficile de lui en vouloir ! Les nouvelles conditions de travail que l'on m'imposait étaient non seulement déloyales mais dangereuses. Cet étalon était agressif et, de plus, constamment distrait par les hennissements de son compagnon.

Soudain, tout le monde s'est levé. La reine venait de faire son entrée. Il n'était pas prévu qu'elle honore cette séance de sa présence, mais elle avait tenu à assister au dénouement de cette affaire. Elle est venue se placer derrière ses invités et leur a fait signe de s'asseoir. Sir John a achevé son discours. Il ne me restait plus qu'à franchir la porte et à me jeter à l'eau.

Le gros étalon pie m'a tourné autour avec l'arrogance d'un vrai mâle. Je l'ai incité un peu vivement à fuir, et c'est ce qu'il a fait. Il s'est éloigné de moi et s'est mis au travail, faisant le tour de l'enclos au petit galop, au ras du grillage. Il a oublié son compagnon, resté à l'extérieur, et s'est concentré sur ma présence et sur ce que je faisais.

Après avoir effectué trois ou quatre tours, il a commencé à me répondre. J'étais confiant, la démonstration se déroulait parfaitement bien. J'ai élevé la voix :

— Je compte bien avoir avec lui la même conversation qu'avec la pouliche de ce matin. Et je peux vous assurer qu'il va me parler. Regardez son oreille intérieure, elle est braquée sur moi. Il ne va pas tarder à lécher et à mâchouiller. Après quoi, il galopera et baissera la tête à cinq centimètres au-dessus du sol. Parfait ! Le voilà qui tire la langue...

Je voulais faire comprendre au personnel des écuries royales que ma méthode était valable, que cet étalon communiquait effectivement avec moi, et qu'il m'était plus facile de converser avec lui que de leur expliquer ma façon de travailler. Le cheval, lui, m'avait cru très vite et, au bout de sept minutes seulement, il m'a fait confiance.

Au fur et à mesure du déroulement de la séance, le grand étalon pie n'a cessé de s'améliorer. Sean a pu le monter sans aucun problème bien avant la barre des trente minutes. La démonstration était une réussite totale. La reine n'a pas caché son plaisir et sa satisfaction ; sa confiance en moi et en mon travail avait été bien placée.

Tandis qu'on emmenait le premier étalon et que j'attendais son compagnon, les palefreniers ont commencé à s'éclipser pour regagner leurs lieux de travail. Je les ai rattrapés et je leur ai demandé poliment de bien vouloir me regarder entreprendre le second cheval qu'ils avaient fait venir tout spécialement de Hampton Court.

Ils sont revenus prendre place le long du mur, peut-être avec un esprit plus ouvert cette fois ; et la seconde séance s'est déroulée elle aussi en douceur.

J'ai continué durant toute la semaine à faire des démonstrations pour des publics différents, mais je n'ai plus senti le scepticisme qui s'était exprimé ouvertement ce lundi-là. S'il était toujours présent, du moins était-il soigneusement refoulé. La reine et tous ceux qui s'occupaient de ses chevaux ont convié d'autres invités à venir me voir travailler. Du lundi au vendredi, nous avons eu environ deux cents personnes chaque jour.

Le mardi matin, la reine est arrivée de nouveau à l'improviste, et elle a regardé les chevaux travailler toute la matinée. Elle est revenue le mardi après-midi, le mercredi et le jeudi toute la journée et le vendredi matin. C'était grisant d'avoir réussi à emporter son adhésion au point qu'elle n'hésite pas à bouleverser son emploi du temps. Nous partageons la même fascination pour les chevaux, et c'est un vrai plaisir d'en parler avec elle. Son soutien sans faille a fait naître en moi une réelle sympathie à son égard.

Dans le courant de la semaine, John Bowles est arrivé de Californie. Lorsqu'il a débarqué aux écuries du château de Windsor, j'étais en grande conversation avec la reine, mais elle lui tournait le dos, et il est venu vers moi avec un grand sourire, la main tendue. Quand il a réalisé en compagnie de qui je me trouvais, son sourire s'est figé et il a eu l'air consterné.

Depuis trois jours déjà, je ne cessais de donner du sir Untel et lady Unetelle par-ci, sir Untel et lady Unetelle par-là ; aussi, en voyant apparaître ce bon vieux John Bowles, je lui ai serré la main et j'ai dit, avec beaucoup d'assurance :

— Votre Majesté, permettez-moi de vous présenter sir John Bowles.

Je venais de le faire chevalier sur-le-champ, en reconnaissance de ses bons et loyaux services.

Au cours de cette semaine passée à Windsor, nous avons entrepris seize chevaux appartenant à la reine, quatre poneys appartenant au prince Philip, la pouliche de la reine mère et un cheval destiné au jumping et appartenant à un ami de la reine, soit vingt-deux au total, en cinq jours. De plus, nous avions décidé de monter la pouliche tous les jours pour démarrer son entraînement, afin que la reine mère puisse la voir parcourir le parc du château, avec Sean en selle, avant notre départ. L'affaire n'était pas dénuée de risques, car à sa première sortie un jeune cheval peut toujours faire des bêtises, quelle que soit la façon dont il a été entrepris ; mais j'étais décidé à courir ma chance.

Ce vendredi de la mi-avril 1989 est à inscrire dans les annales comme l'un des jours les plus magnifiques et les plus ensoleillés que l'Angleterre ait jamais connus. De rares nuages, blancs et tourbillonnants, voguaient à travers le ciel bleu, et Windsor avait cet air suranné, civilisé et superbe, si caractéristique de la campagne anglaise.

La reine mère est arrivée en voiture et je suis allé à sa rencontre. Elle a ouvert sa portière avant l'arrêt complet et m'a accueilli avec un grand sourire comme si nous nous connaissions depuis toujours. Elle s'est avancée pour caresser le chanfrein de sa pouliche et parler avec Sean ; puis elle a salué Roger Oliver — le chef palefrenier —, sir John et Pat.

Roger Oliver montait un cheval plus âgé et plus expérimenté ; il est parti le premier et Sean l'a suivi, montant la pouliche. Ils ont chevauché à travers les jardins, donnant l'un des plus beaux spectacles que l'homme et le cheval soient capables d'offrir ; une scène qui semblait sortie tout droit d'un recueil de contes ; et, chemin faisant, Sean nous a montré de façon magistrale ce dont la pouliche était capable.

La reine avait ce jour-là un rendez-vous important, mais elle avait demandé à être prévenue du moment où la pouliche ferait sa première sortie. Alors que nous revenions vers le château, nous avons aperçu Sa Majesté qui sortait de ses appartements. Elle nous a accueillis avec un grand sourire et n'a pas tari d'éloges sur la façon dont la pouliche avait été montée.

La reine et moi avons eu dix à quinze minutes d'entretien. Elle m'a remercié d'avoir passé la semaine au château de Windsor et m'a expliqué dans les grandes lignes ce qu'elle attendait de la tournée nationale que j'étais sur le point d'entamer. Puis elle nous a quittés pour se rendre à son rendez-vous, et nous avons regagné sans hâte le manège couvert.

Je goûtais chaque minute de cette journée et, songeant à tout ce qui s'était passé au cours de la semaine écoulée, j'ai réalisé que je venais de vivre l'une des périodes les plus gratifiantes de mon existence. La tension était retombée et notre visite avait été un franc succès. Pour ma famille, pour Sean et pour moi, cette semaine avait pris des allures de conte de fées.

En fin d'après-midi, nous sommes revenus à Shotover House pour y passer la soirée et la nuit. Sean était impatient de revoir le majordome de sir John Miller, un homme du nom de Horseman[1]. Sa femme travaillait également à Shotover House et sir John l'appelait Horsewoman[2].

Lorsque j'étais arrivé à Shotover House, une semaine plus tôt, j'avais été accueilli par Horseman. Il était sorti de sous le portique qui protégeait

1. Cavalier, écuyer.

2. Cavalière, écuyère, amazone.

l'entrée principale de ce gracieux manoir bâti en carré et il correspondait exactement à l'image que l'on se fait d'un majordome anglais. Il n'avait probablement guère plus de soixante ans mais en paraissait quatre-vingt-cinq. Il avait le dos voûté, les cheveux gris, et un visage triste et avachi, avec de gros yeux larmoyants. S'il était vêtu correctement, ses cols et ses manchettes avaient connu des jours meilleurs. Il s'efforçait de se déplacer rapidement, mais titubait, comme si ses articulations lui jouaient des tours. A chaque pas, il marmonnait quelque chose, et, de temps en temps, les bruits qu'il émettait augmentaient brusquement d'intensité et sa voix s'étranglait ; on aurait dit qu'il était à l'agonie, pourtant il revenait bien vite à ses marmonnements habituels, comme si de rien n'était. Il ne fournissait jamais la moindre explication au sujet de ces crises, et n'attendait certainement pas qu'on lui en demande.

Il a trottiné aussi vite qu'il a pu sur les graviers de l'allée et a essayé de soulever ma valise en grommelant :

— Oh ! Oh ! Oh ! Oh ! Je m'en charge.

Il paraissait déloyal de lui demander de porter quoi que ce soit, mais il n'a rien voulu entendre. Sir John me l'a présenté :

— Ah ! Voici Horseman, mon majordome, il va vous montrer votre chambre.

Les bras de Horseman lui en sont tombés lorsqu'il a entendu sir John ajouter :

— La chambre avec le lit à baldaquin, Horseman.

L'escalier de pierre qui menait à la maison lui a déjà posé bien des problèmes, mais ensuite il a fallu affronter deux volées de marches. Horseman a persévéré malgré tout. A plusieurs reprises, il a dû s'arrêter et faire une pause, respirant péniblement, étreignant sa poitrine et grommelant ; mais il n'a pas voulu accepter mon aide.

Il m'a installé dans ma chambre, me montrant la salle de bains et tout le reste. Puis il a dû faire quatre ou cinq voyages pour rapporter les serviettes de toilette, un pichet d'eau et un verre, et à chaque voyage j'ai bien cru que ce serait son dernier.

Au dîner, j'ai vu Horsewoman, sa femme. Elle lui ressemblait, en moins ébouriffée. Elle s'occupait de la cuisine et aidait son mari à porter les plats et à les poser sur le buffet.

Le jour de son arrivée, Sean est immédiatement venu me trouver et l'incrédulité se lisait sur son visage. Il m'a demandé :

— T'as vu le majordome ?

Il était fasciné par ce personnage hors du commun. La chambre de Sean étant un étage plus haut que la nôtre, Dieu seul savait combien de temps il avait fallu à Horseman pour l'y conduire.

Un jour où sir John attendait des invités de marque pour le dîner, il a demandé à Horseman :

— Nous aurions besoin que le salon soit impeccable pour ce soir. Pourriez-vous faire le ménage à fond ?

Quand nous sommes revenus en fin d'après-midi, Horseman était très en retard sur son programme. Il n'avait toujours pas trouvé le temps de s'occuper du salon, et nous avons pu voir ainsi ce qu'il entendait par « faire le ménage à fond » : il a sautillé à travers la pièce, un plumeau à la main, sans cesser de grommeler, et s'est contenté de donner des coups de plumeau à tout ce qui se trouvait sur son passage. Puis il a attrapé les rideaux de cinq mètres de haut, les a cognés contre les murs, a poussé une pile de journaux dans un coin, et c'est tout ; la pièce était prête.

Peu avant l'heure du dîner, nous nous tenions dans le salon, attendant sir John qui était retenu par une conversation téléphonique interminable. Horseman est venu nous demander ce que nous désirions boire et il a disparu. Les minutes se sont écoulées. Sir John était toujours au téléphone et nous ne savions pas où avait bien pu passer Horseman. Au bout d'un quart d'heure, nous avons commencé à nous inquiéter et Sean s'est porté volontaire pour aller voir ce qu'était devenu le majordome. Je suis sûr que nous avons tous craint qu'il ne lui soit arrivé malheur.

Sean a fini par le trouver dans le hall, penché au-dessus d'un buffet. Tandis que Sean s'approchait, Horseman a porté un lourd flacon de cristal à ses lèvres et a bu une bonne gorgée. Puis il a pris un autre flacon, et a goûté également à ce qu'il contenait. En voyant Sean, il s'est mis à marmonner en déplaçant les flacons sur le buffet comme des pièces sur un échiquier. Sean a réussi à saisir au vol suffisamment de mots pour comprendre que, les flacons n'étant pas étiquetés, Horseman avait dû se livrer à une dégustation pour déterminer le contenu de chacun.

A l'heure du dîner, Horseman « planait » et ses manières sont devenues impérieuses. Il est entré totalement dans la peau de son personnage de majordome anglais, annonçant les noms des nouveaux arrivants comme s'il devait se faire entendre de plusieurs centaines de personnes. Il était magnifique.

Sean s'était toqué de lui et le suivait partout comme un petit chien, le sourire aux lèvres. Une fois, il est venu me dire qu'il l'avait surpris en train de nettoyer sa baignoire — je veux parler de celle qui se trouvait dans la salle de bains attenante à la chambre occupée par Sean. Horseman s'était contenté de laisser pendre un chiffon mouillé dans la baignoire puis de le faire tournoyer à plusieurs reprises.

Il nous faisait tordre de rire, Sean et moi, et nous avions vraiment de l'affection pour lui. Il était impayable. Sa femme et lui sont morts à présent, mais nous nous sommes bien amusés en leur compagnie, et je sais que sir John les regrette énormément.

Il était temps pour nous — Pat, Sean et moi — de quitter Shotover House et d'entamer notre tournée nationale. La reine avait fait mettre une Ford Scorpio à notre disposition ; une automobile solide comme un roc et à l'épreuve des balles, dans laquelle nous nous sentions parfaitement en sécurité.

Tandis que les haies du Oxfordshire défilaient de part et d'autre de la voiture, je n'arrivais pas à croire que j'entamais un périple à travers toute la Grande-Bretagne pour montrer ce dont j'étais capable. Depuis 1949, année où j'avais fait à Ray Hackworth la démonstration de ma méthode pour entreprendre les mustangs, jusqu'au milieu des années quatre-vingt, je n'avais présenté l'aboutissement de mon travail à personne ; et voilà qu'à présent j'étais prêt à parcourir des centaines de kilomètres chaque jour, dans un pays étranger, pour le faire connaître au plus grand nombre de personnes possible. J'allais rechercher activement leur approbation et leur soutien, et leur réponse devait se révéler stupéfiante.

A Newmarket nous avons eu affaire à cinq chevaux — des deux ans et des trois ans — parmi les plus fougueux que l'on puisse imaginer. Ils étaient à peine plus calmes que des mustangs, mais bien nourris et en pleine santé. Le temps était très défavorable — avec vent fort et pluie battante le second jour — et je ne pouvais pas penser que les gens resteraient là malgré tout pour me regarder entreprendre ces « chevaux sauvages » ; pourtant ils l'ont fait. Ils devaient bien être deux ou trois cents à braver les intempéries et les chevaux se sont bien comportés. L'un d'eux a été filmé par la chaîne de télévision Channel 4 qui a diffusé ce programme dans toutes les îles Britanniques. Le cheikh Mohammed et un groupe de personnalités des Émirats arabes unis étaient présents, et je me suis laissé dire qu'ils avaient apprécié ma démonstration.

A Sandringham, nous avons séjourné sur une propriété de la reine, où nous avons été accueillis par Michael Osborne et sa femme. Ils avaient organisé une merveilleuse réception et j'ai dû répondre à un grand nombre de questions.

Notre troisième étape a été le Yorkshire Riding Center[1] où nous avons été les hôtes de la famille Bartel. Puis nous avons gagné l'Écosse et fait halte dans un site impressionnant : l'hôtel et le centre de loisirs de Gleneagles. Quatre à cinq cents personnes ont assisté à la démonstration et posé des questions avec leur extraordinaire accent écossais. Ce jour-là, j'ai eu vraiment besoin des services d'un interprète.

C'est en Écosse que Sean a eu cette phrase qui m'a fait beaucoup rire. Il venait juste d'enfourcher un étalon de quatre ans, un animal agressif et brusque, haut d'un mètre soixante-deux au garrot et pesant plus de cinq cents kilos, si j'ai bonne mémoire. Lorsque celui-ci a fini par céder et oublier qu'il était un étalon, tout a marché à merveille. Sean, qui était le premier à le monter, pouvait enfin se détendre. Il m'a lancé d'une voix forte :

1. Centre équestre du Yorkshire.

— Cinquante et unième coup de pot de suite !

J'ai dû expliquer mon fou rire au public :

— Partout où nous allons, il y a toujours quelqu'un pour dire, en nous voyant faire, que nous avons simplement un coup de chance. C'est devenu une vieille plaisanterie entre nous. Nouveau public, nouveaux coups de chance ! Eh bien, comme Sean vient de le rappeler, c'est notre cinquante et unième coup de pot de suite dans ce pays ; je vous fais grâce des milliers de chevaux que j'ai entrepris avant d'atterrir à Heathrow !

Ensuite, nous avons pris l'avion pour l'île de Man, où nous avons vécu sans doute notre expérience la plus étrange. Nous avons été accueillis sur le minuscule aéroport par une femme d'une bonne soixantaine d'années, vêtue à la mode de la campagne anglaise avec pantalon de gabardine et tout le reste. Elle était hâlée par le vent et le soleil, souriante et chaleureuse. Dès le début, elle s'est montrée accueillante et bienveillante, faisant tout ce qui était en son pouvoir pour nous mettre à l'aise. Elle portait le curieux nom de Dizzy Wriggle [1].

En quittant l'aéroport, elle nous a annoncé qu'elle avait fait construire un enclos circulaire tout spécialement pour nous, mais qu'elle avait des doutes à son sujet. Elle nous a emmenés le voir, et effectivement, il était évident qu'un cheval jeune et fougueux s'en échapperait assez facilement. Elle s'était contentée de faire planter quelques piquets dans le sol, et d'y faire clouer des traverses. De plus, comme il n'y avait pas de sable par terre, les chevaux risquaient de glisser dans la boue.

Elle a demandé à ses employés d'aller acheter un

1. *Dizzy* : écervelée, étourdie, évaporée ; *to wriggle* : frétiller, se tortiller.

peu plus de bois et de consolider l'enclos, mais cela signifiait que le public ne verrait pas aussi bien. Puis elle nous a conduits vers les écuries, nous expliquant que son mari et elle avaient abandonné la vieille demeure familiale, devenue trop grande pour eux deux, et s'étaient installés dans le bâtiment des écuries.

— Ça me donnait trop de travail, vous savez, et puis avec le handicap de Billy...

Billy Wriggle, son mari, était cloué dans un fauteuil roulant.

En passant devant la sellerie, j'ai aperçu une table dressée sur laquelle étaient disposés des viandes froides, des œufs, des salades et toutes sortes de choses, comme s'ils avaient prévu un somptueux dîner. Dizzy Wriggle a ajouté :

— Mais vous logerez dans la grande maison.

Pat, Sean et moi l'avons suivie, et elle nous a fait entrer dans la plus ancienne demeure que j'aie jamais vue. Elle devait avoir près de mille ans, était inhabitée depuis longtemps et n'était pas entretenue depuis plus longtemps encore. Je me souviens qu'en pénétrant dans une pièce, j'ai été assailli par une odeur infecte, comme si un animal crevé était en train de se décomposer dans un coin. Au fur et à mesure que j'approchais de la cheminée, la puanteur empirait, et j'ai fini par en découvrir la cause : un pied de cheval trônait sur le rebord du manteau. Dizzy Wriggle avait dû faire scier l'un des pieds de l'un de ses chevaux favoris et le placer là sans même prendre la peine de le faire bouillir ou de le naturaliser d'une façon ou d'une autre.

Il y avait d'antiques et immenses toilettes avec des araignées et une lunette de bois fendue qui devait dater du Moyen Age. Lorsqu'on tournait le robinet du lavabo, il en sortait des feuilles et des brindilles.

Tandis que Dizzy Wriggle nous précédait dans le dédale des escaliers et des couloirs pour nous conduire à nos chambres, nous nous demandions si nous n'aurions pas dû dérouler une pelote de ficelle pour être sûrs de retrouver le chemin de la sortie. Elle est entrée dans une première pièce et s'est mise à crier à tue-tête. Ne sachant pas ce qui arrivait, nous avons pressé le pas pour lui prêter main-forte et peut-être la tirer des griffes d'une bande de cambrioleurs, mais en arrivant à la porte de la chambre nous avons vu qu'elle s'efforçait de chasser du lit une tribu de chiens. Whippets, épagneuls et setters sont passés devant nous dans un grondement de tonnerre. Dizzy Wriggle a retapé le lit et fait bouffer les oreillers.

— Ça va parfaitement bien, tout est propre.

Nous nous sommes demandé si les chiens vivaient là tout seuls, livrés à eux-mêmes.

Ce soir-là, le dîner s'est déroulé dans la grande maison. Les Wriggle avaient invité des personnes qui constituaient la plus stimulante des compagnies. Leur expérience de la vie était très éloignée de la nôtre, et pourtant ils étaient véritablement accueillants et faisaient preuve d'un réel intérêt.

Une très jolie fille s'occupait de la cuisine et faisait de l'excellent travail, mais pendant tout le dîner je me suis demandé ce qu'étaient devenues les victuailles servies dans la sellerie. J'espérais que quelqu'un au moins en avait profité.

Nos hôtes appartenaient à l'aristocratie anglaise, et même si les assiettes et les verres étaient ébréchés, tout fut fait selon les règles, et l'on but beaucoup de vin. Stoïque, ses cheveux blancs coiffés en arrière et gominés, Billy Wriggle était assis dans un fauteuil roulant à un bout de la table. Il parlait d'une voix de stentor et répandait de généreuses quantités de nourriture sur son pull-over jaune canari.

Ma voisine de table m'a entraîné dans une conversation bizarre :

— Savez-vous ce qu'est un « pot-pourri » ?

— Oui, c'est un petit panier plein de choses qui sentent bon.

— Mais que savez-vous de ses origines ?

— Rien, madame, absolument rien.

— Eh bien, se laver est mauvais pour la santé. Tout ce savon abîme la peau.

— Je vois.

— Se baigner n'est pas une preuve d'intelligence, et nos ancêtres le savaient. Dans l'ancien temps, ils ne se lavaient pas aussi sottement que nous. Quand ils faisaient leur toilette, ils se contentaient de plonger les mains dans une cuvette pleine de pot-pourri et en émergeaient rafraîchis et parfumés.

Je n'ai vraiment pas su quoi répondre. Alors, une chose extraordinaire s'est produite : les femmes ont été priées de quitter la pièce. Dizzy Wriggle s'est levée et a annoncé d'une voix impérieuse :

— Mesdames, par ici.

Après leur départ, Billy Wriggle a sorti une boîte de havanes contenant des cigares qui semblaient avoir le même âge que la maison, et chacun de nous s'est efforcé d'allumer une de ces choses. On a servi le porto. La scène ressemblait à ces peintures que l'on voit dans les galeries d'art de Bond Street. Il y a eu davantage de questions, de discussions et de désaccords, et davantage à boire.

Ils ont bu à la santé de la reine. L'un après l'autre, ils ont repoussé leur chaise, se sont levés et, se tenant bien droit, ont prononcé ce qui ressemblait à une sorte de vieux discours militaire. Sean et moi étions stupéfaits. Nous n'avions jamais rien vu de pareil en Californie. Après chaque discours, venait le toast :

— *God Save the Queen!*

Quand son tour est arrivé, Billy Wriggle s'est animé et a prononcé son laïus avec passion. De temps en temps, il frappait la table du poing, le verre qu'il tenait dans son autre main sautait et le porto éclaboussait le pull-over jaune.

Au bout d'un moment, les dames sont revenues, donnant le signal du départ. Dizzy Wriggle a poussé le fauteuil de son mari jusqu'à la porte d'entrée et je l'ai aidée à charger mari et fauteuil dans la voiture qui devait les ramener jusqu'aux écuries. J'ai craint qu'ils n'y parviennent pas et, malheureusement, mes appréhensions devaient se révéler justifiées.

Voyant que certains menaçaient de s'attarder jusqu'à l'aube, Pat, Sean et moi avons profité du départ des Wriggle pour prendre congé et gagner nos chambres. Pat s'est couchée tout habillée; elle était persuadée qu'elle allait devoir se lever précipitamment pour fuir quelque chose — araignées, fantômes, etc. — au beau milieu de la nuit.

Le lendemain matin, nous nous sommes dirigés vers les écuries pour aller aux nouvelles. En arrivant, nous avons revu la même meute de chiens que la veille; ils formaient un cercle très resserré, le museau au sol, et remuaient la queue. Nous nous sommes demandé ce qu'ils avaient bien pu trouver : un lapin, une souris? Mais lorsqu'ils se sont écartés, nous avons découvert qu'ils lapaient une grande flaque de sang.

Quelques minutes plus tard, nous avons retrouvé Dizzy Wriggle, et elle nous a expliqué qu'elle avait passé une nuit épouvantable. Elle avait conduit sans incident jusqu'aux écuries, mais une fois là, alors qu'elle portait son mari du siège de la voiture à son fauteuil roulant, elle l'avait laissé tomber. Il s'était blessé gravement à la jambe, le sang s'était mis à couler sur les pavés, et elle avait dû le laisser par terre pour aller téléphoner à une ambulance. A l'heure qu'il était, il se trouvait encore à l'hôpital où il se remettait doucement.

Nous venions d'avoir un surprenant aperçu de l'existence surannée que menait l'aristocratie anglaise.

Après l'île de Man, nous sommes allés à Chichester, un village du sud de l'Angleterre, où nous avons eu affaire à des poneys New Forest appartenant à un poney-club, et à des chevaux destinés à devenir des chevaux de présentation.

Diverses autres démonstrations ont fait grimper le nombre des chevaux et poneys entrepris à quatre-vingt-dix-huit ; et il nous avait fallu vingt-sept minutes en moyenne pour amener chacun d'eux à accepter la selle, la bride et le cavalier.

De retour à Shotover House, nous avons passé une journée avec sir John pour lui faire le récit de notre tournée. J'ai également rédigé un rapport à l'intention de la reine et je l'ai confié à sir John pour qu'il le lui remette en main propre.

Dans l'avion qui nous ramenait en Californie, j'avais la sensation que ma vie ne serait plus la même. Tandis que nous nous éloignions de cette île magnifique et surpeuplée, je songeais à tous ces chevaux que nous avions rencontrés brièvement, et cela m'a donné l'envie de continuer. J'étais loin d'avoir épuisé la question et je pensais que j'aurais certainement l'occasion de revenir en Grande-Bretagne dans un avenir proche.

Je ne me trompais pas. Le magazine *Horse and Hound* a pris contact avec moi, par l'intermédiaire d'un certain Michael Clayton, afin d'organiser une tournée à l'automne 1989. Deux étapes étaient prévues : Stoneleigh et Towerlands, avec chaque fois une journée entière de séminaire.

Par ailleurs, mes relations avec les chevaux de la famille royale ne semblaient pas devoir en rester là. La reine m'a fait demander si elle pourrait envoyer des gens en stage chez moi, en Californie, pour qu'ils étudient la méthode dont je lui avais fait récemment la démonstration et puissent l'utiliser, à leur retour en Angleterre, pour entreprendre ses jeunes chevaux.

Victor Blackman, qui avait exercé chez le major Dick Hearn et travaillait alors chez lord Huntington, a été le premier à faire le voyage. Il s'occupe à présent des yearlings de la reine. Le *corporal major*[1] Terry Pendry, qui est chargé de dresser les nouveaux chevaux de la cavalerie de la maison royale, et Richard Maxwell, également de la cavalerie de la maison royale, ont eux aussi travaillé longuement avec moi.

De nouvelles opportunités m'étaient offertes et j'étais heureux d'en profiter.

Mes deux séjours au Royaume-Uni m'ont valu une nouvelle invitation : on m'a proposé de faire deux tournées en Irlande, en 1990.

Mon contact irlandais était Hugh McCusker, connu pour ses chevaux de chasse et de présentation. Cela a donné une tonalité différente à ma visite dans ce pays et m'a ouvert de nouveaux horizons. En Angleterre, dans le monde des chevaux de présentation, on a surnommé McCusker : « l'Irlandais charismatique », et je suis entièrement d'accord avec ce qualificatif.

1. Le sous-officier du grade le plus élevé dans la cavalerie de la maison royale.

J'ai trouvé les Irlandais réalistes et décidés à me pousser dans mes derniers retranchements. Ils m'ont amené des chevaux difficiles et m'ont demandé de les traiter avec honnêteté et franchise. Deux des journées méritent plus particulièrement d'être racontées.

Hugh McCusker avait prévu une démonstration à Kill, près de Dublin. La propriété sur laquelle nous devions travailler venait juste d'être rachetée par le président de l'Irish Draught Horse Association[1] qui était ravi de pouvoir profiter de notre venue pour présenter ses installations au public. Il m'a demandé d'entreprendre deux ou trois chevaux : deux pouliches et, éventuellement, un jeune cheval.

Le déroulement de nos démonstrations était désormais bien établi : nous étions sur place en avance de façon que les chevaux aient le temps de découvrir les lieux et l'enclos circulaire. En arrivant à Kill, nous avons trouvé un très beau bâtiment dans lequel un enclos avait été installé tout exprès pour nous. Nous avons également fait connaissance avec Stanley, un jeune Irish Draught de trois ans, très tapageur. Il avait des pieds larges comme des assiettes américaines et une encolure dont nous aurions eu du mal à faire le tour avec nos deux bras. C'était le troisième cheval éventuel.

J'ai soumis Stanley à la procédure habituelle, afin de l'acclimater au bâtiment et à l'enclos où aurait lieu la démonstration. Il semblait sur le qui-vive — un vrai mâle, agressif et peu coopératif. J'ai demandé des renseignements à McCusker, mais il ignorait tout de l'histoire de ce cheval et savait seu-

1. Association du Trait irlandais. L'Irish Draught ou Trait irlandais a la particularité, rare, d'être à la fois un cheval de trait et de selle.

lement qu'il n'avait jamais été ni sellé, ni bridé, ni monté.

Quand j'ai dit que Stanley pouvait retourner dans son box, j'ai vu deux palefreniers pénétrer dans l'enclos ; ils travaillaient en équipe pour s'occuper de Stanley. Sur le coup, cela ne m'a pas paru surprenant, mais en y repensant, je me rends compte qu'il y avait une bonne raison pour qu'ils soient deux.

Après le départ de Stanley, j'ai soumis les deux pouliches à la même procédure ; elles étaient toutes les deux belles et gentilles et nous permettraient de réussir une bonne démonstration. Je me suis dit qu'il serait préférable de s'en tenir aux pouliches. Nous consacrions environ une heure à chaque cheval, en comptant quelques mots de présentation et la discussion qui suivait le travail dans l'enclos. Deux heures de démonstration, ce serait largement suffisant.

Lorsque nous sommes revenus le soir, il y avait beaucoup de monde. On avait prévu des sièges pour cinq cents personnes, et c'était quasiment plein. J'ai commencé par une vingtaine de minutes d'introduction consacrées à ma méthode de travail, puis j'ai entrepris la première pouliche, et elle m'a permis de donner un bon exemple de ce que je venais d'expliquer.

Après un quart d'heure de questions et de réponses, la seconde pouliche a été introduite dans l'enclos. Comme je leur avais déjà tout expliqué, ma présentation a été plutôt brève. La pouliche était vraiment gentille et nous avons fait une excellente démonstration de *join-up*.

Un autre quart d'heure de questions et de réponses a suivi, puis McCusker est venu me dire que le propriétaire des lieux voulait faire un petit entracte afin de servir des rafraîchissements, et qu'il désirait que j'entreprenne Stanley après l'entracte. Voulant me montrer fair-play, j'ai accepté.

Quelqu'un a annoncé par haut-parleur que le tour de Stanley viendrait après les rafraîchissements et il m'a semblé que le nom de ce cheval était connu de tous. Un murmure d'intérêt a parcouru la foule. Mon expérience des courses et des rodéos disputés dans les petites villes américaines m'a donné à penser qu'il y avait certainement anguille sous roche.

Quand le public est revenu dans le bâtiment, après les vingt minutes d'entracte, j'ai constaté qu'il y avait plus de monde que précédemment, ce qui n'était pas très normal. Non seulement tous les sièges étaient occupés, mais un grand nombre de personnes se tenaient debout. J'ai demandé à McCusker comment cela était possible, et il m'a répondu :

— Quand ils ont entendu dire que vous alliez dresser Stanley sans lui mettre un licou et le mener à la longe, ils sont tous partis téléphoner à leurs amis pour leur dire de venir voir le cow-boy se faire manger tout cru.

Lorsque les deux palefreniers ont introduit Stanley dans le bâtiment, ils le menaient chacun par une longe et se tenaient à distance respectueuse. Une femme marchait derrière le cheval pour le forcer à avancer. Les deux palefreniers ont franchi la porte de l'enclos avec une bonne avance ; ils s'y prenaient très prudemment. Une fois Stanley à l'intérieur, ils ont détaché les longes en douceur et sont sortis.

En se retrouvant sous les lumières et les regards de centaines de personnes, Stanley a eu une poussée d'adrénaline ; il a fait le tour de l'enclos en « jetant son feu » pour bien montrer qu'il était le maître des lieux. Il n'était pas nécessaire de me dire que ce cheval avait déjà une fameuse réputation. J'ai allumé mon micro-cravate et annoncé à la foule que j'allais commencer. Quand je me suis dirigé vers la porte de l'enclos, on aurait pu entendre une mouche voler ; pas un seul paquet de biscuits que l'on froisse, pas le moindre toussotement.

J'ai ouvert la porte et je suis entré. Stanley était de l'autre côté de l'enclos, à environ une quinzaine de mètres de moi. Au moment où j'ai refermé la porte dans mon dos et fait un pas en avant, il a cambré l'encolure et s'est avancé dans ma direction ; puis il a couché les oreilles en arrière, m'a montré les dents et s'est précipité sur moi. Le public a eu le souffle coupé. J'ai levé le loquet de la porte et je suis ressorti. Le cheval a freiné des quatre fers à quelques centimètres de la barrière et s'est détourné pour aller faire étalage de sa suprématie. Je me suis adressé au public :

— Bon sang ! Qu'est-ce que vous essayez de me faire, là ?

J'ai secoué la tête et mis mes mains sur mes hanches, balayant du regard les rangées de spectateurs qui me dévisageaient.

— Est-ce que, par hasard ?... Non, les Irlandais sont des gens bien trop sympathiques pour me jouer un aussi sale tour, n'est-ce pas ?

Pas un mot, pas un bruit. Je suis resté planté pendant un moment, puis je me suis assis sur une chaise à côté de la porte, donnant l'impression que j'étais très inquiet d'avoir à revenir dans l'enclos pour m'occuper de ce cheval. Ensuite, je me suis de nouveau adressé au public :

— Au cours de cette tournée, j'ai rencontré un tas de cavaliers irlandais que mon travail rendait sceptiques. Maintenant, je sais que l'Irlande est pleine de bons cavaliers, je suis même sûr qu'il y en a un grand nombre ici, en ce moment même. Comme je suis un homme de cinquante-six ans en mauvaise forme, auquel on a dû enlever la moitié de sa colonne vertébrale, j'aimerais faire appel à un volontaire pour qu'il vienne s'occuper de ce cheval. Il serait intéressant de voir ce qu'un cavalier irlandais est capable de faire avec un cheval aussi agressif.

Je suis resté quelques secondes à écouter le profond silence. A dire vrai, j'aurais aimé voir quelques visages rouges de honte.

— Pas de volontaires !?

J'ai fait l'étonné.

— Allons, réfléchissez un peu. Il doit bien y avoir parmi vous un jeune gars en pleine forme qui puisse venir s'occuper de ce cheval. Je lui donnerai quelques conseils de l'extérieur de l'enclos.

Pas un mouvement, pas un bruit ; silence de mort dans le bâtiment, exception faite de Stanley qui renâclait et piaffait, martelant le sol de ses sabots gigantesques. Alors j'ai ajouté :

— Bon, je pense qu'il va falloir que je m'en charge moi-même.

Je suis allé jusqu'au sac qui contenait mon équipement, j'ai rangé la longue rêne et pris mon lasso. Je suis entré dans l'enclos et je me suis mis aussitôt à faire tournoyer la boucle du lasso. Bien évidemment, ce jeune cheval irlandais n'avait jamais vu un cow-boy auparavant, aussi s'est-il écarté de moi et a-t-il commencé à faire le tour de l'enclos en m'examinant du coin de l'œil. Assez désorienté par cette boucle de corde qui tournoyait au-dessus de ma tête, il ne se hasarderait plus à me charger.

Il m'a tourné autour pendant quelques secondes, puis je me suis avancé vers lui. Il s'est mis au trot et a commencé à tourner en rond au ras de la barrière. J'ai continué à m'approcher et il a accéléré.

Au moment propice, j'ai lancé la boucle de mon lasso et j'ai attrapé Stanley par l'encolure. C'était une technique typiquement western et j'avais fait ça toute ma vie. Il est devenu fou. Il ruait et faisait tout ce qu'il pouvait pour essayer de se débarrasser de cette corde. Son problème, désormais, ce n'était plus moi, c'était le lasso. Il me suffisait de tirer un peu dessus et il repartait de plus belle. Il défoulait toute la fureur qu'il avait emmagasinée. Cela a duré trente à quarante secondes, puis il s'est calmé et a fini par s'arrêter.

Je me suis coulé jusqu'à lui pour entortiller le lasso autour de sa tête, comme me l'avait enseigné Don Dodge ; une technique que j'utilisais depuis plus de trente ans et que nous appelons un *come along*. Ainsi, avons-nous pu nous mettre au travail. Ses tendances agressives se sont encore exprimées clairement pendant peut-être cinq minutes. Ensuite, il a commencé à s'apaiser et à me répondre, m'envoyant les premiers signaux que j'attendais de lui, les signes précurseurs du *join-up*. Il a braqué une oreille sur moi, se décidant finalement à me montrer un peu de respect. J'ai vu sa langue sortir d'entre ses dents, et il s'est mis à lécher et mâchouiller. Il était prêt à engager la conversation et je comprenais son langage. Au bout de sept ou huit minutes, la communication était parfaitement bien établie.

Plutôt que de le débarrasser du lasso et de chercher à réaliser le *join-up*, j'ai préféré lui laisser le *come along*, parce qu'il aurait été très dangereux de travailler avec lui dans l'enclos si je lui avais rendu sa totale liberté de mouvements.

Dès qu'il s'est senti à l'aise, je l'ai sellé et il a émis quelques protestations, mais pas trop. Son rythme cardiaque a diminué un peu et il a commencé à me faire confiance. Je lui ai passé la bride, j'ai attaché les longues rênes et je l'ai conduit assez rudement pendant dix ou douze minutes. Puis j'ai fait entrer mon cavalier et je l'ai aidé à se mettre en selle. Je dois dire qu'il fallait du courage pour monter un tel monstre qui devait avoir la force de deux chevaux normaux.

Maintenant, Stanley se comportait gentiment et je lui prodiguais un tas d'encouragements. Une fois que le cavalier a été bien en selle et a contrôlé la situation, il lui a fait faire le tour de l'enclos, au trot puis au petit galop, pendant un quart d'heure, et Stanley s'en est bien tiré.

Cette démonstration restera l'une des plus réussies que j'aie jamais conduites. Le public était sidéré et les questions ont fusé de toutes parts. J'aurais pu rester là des heures à parler avec eux de ce qu'ils venaient de voir, mais je devais me rendre à la soirée organisée chez le propriétaire des lieux.

Quand je suis arrivé à la réception, notre hôte m'a raconté l'histoire de Stanley. L'année précédente, à l'âge de deux ans, il avait remporté le titre de « meilleur Irish Draught présenté à la main », au Dublin Horse Show ; mais, par la suite, il était devenu très agressif et avait été logé depuis dans un box sombre. En entendant cela, j'ai été très heureux de l'avoir tiré de son obscurité. Il pourrait désormais faire mentir sa réputation et oublier son traumatisme, s'il était traité convenablement.

Je suis revenu à Kill en 1996. En arrivant sur place, j'ai vu qu'ils avaient installé quelques obstacles de jumping sur la piste, mais je n'en ai tiré aucune conclusion. Après la démonstration, les organisateurs avaient une surprise pour moi :

— Monty, voici Stanley ; il est à présent le meilleur cheval de jumping d'Irlande dans sa catégorie.

Ils l'ont fait amener et, monté par un jeune cavalier, il nous a montré de quoi il était capable, franchissant brillamment les obstacles. Sa puissance était maîtrisée et sa grâce fluide. Ce fut pour moi une expérience extraordinaire.

Cette année-là, l'Irish National Stallion Show[1] se tenait à Ballinasloe et, pour bien comprendre la consternation qui m'a envahi à cette occasion, il faut se rappeler que je suis né et que j'ai été élevé sous le soleil de Californie.

Ce festival de l'étalon, un événement très important, devait se dérouler dans le fond d'une vallée facilement inondable que la pluie avait transformé en bourbier. Il pleuvait à torrents. En Californie, nous avons seulement des gouttes de pluie ; parfois de très grosses gouttes, je vous l'accorde, durant les orages, mais je n'avais jamais vu de tels rideaux de pluie balayant tout le paysage. Je n'arrivais pas à comprendre pourquoi ils ne remettaient pas la manifestation, mais Hugh McCusker m'a fait remarquer que si les Irlandais se mettaient à annuler des manifestations, sportives ou autres, à cause de la pluie, il n'en resterait bientôt plus.

Et effectivement, bravant les intempéries, les Irlandais commençaient à arriver pour assister aux différentes présentations et épreuves. Le temps d'enclencher les quatre roues motrices et de parvenir jusqu'au terrain aménagé pour l'occasion, il y avait là trois mille personnes environ. On se serait cru au festival de Woodstock, à cette différence près que tout le monde portait un ciré et des cuissardes, du moins, autant que j'aie pu m'en rendre compte.

Les deux étalons qui nous étaient réservés se

1. Festival national de l'étalon irlandais.

trouvaient sur un promontoire proche, et nous avons grimpé jusqu'à eux en pataugeant péniblement dans la boue. Ils étaient serrés dans un minuscule van plein à craquer et fermé à double tour. De la vapeur s'échappait des prises d'air et les deux occupants ne cessaient de ruer et de botter contre les parois. On pouvait craindre que le van ne finisse par dévaler la pente. Un jeune Irlandais, qui pouvait avoir vingt-deux ans, se tenait là, trempé jusqu'aux os, et se cramponnait à un équipement tout aussi mouillé que lui.

Nous sommes tombés d'accord pour laisser les chevaux dans le van et renoncer à leur montrer l'enclos circulaire. Nous n'étions pas certains de pouvoir remonter jusque-là à la nage ! Il valait mieux ne pas tenter le diable.

Le moment venu, l'enclos circulaire était une mer de boue, et je me tenais au beau milieu. J'ai demandé le micro-cravate et ils m'ont répondu :

— Ah, oui ! le micro sans fil.

— Non, le micro-cravate.

Ils n'avaient prévu qu'un micro sans fil de la taille d'un concombre et ne disposaient d'aucun moyen de fixation. Je leur ai fait remarquer que j'avais besoin de mes deux mains, mais ils avaient réponse à tout. Ils m'ont demandé de retirer ma veste et ma chemise et ont fixé le micro-concombre sur ma poitrine à l'aide d'une bande adhésive. Après quoi, ils ont tordu mes vêtements pour les essorer, avant de me les rendre.

Le premier étalon a descendu la pente tout schuss, traînant derrière lui le jeune palefrenier comme ces bateaux qui remorquent un youyou. Son compagnon de van poussait des hennissements affreux et il lui répondait. En entrant dans l'enclos, il s'est enfoncé de trente centimètres dans la boue.

Même s'il avait voulu s'enfuir, il n'aurait probablement pas pu. J'ai entamé ma présentation :

— Mesdames et mes...

Avec un crépitement et un craquement, le micro est tombé en panne. A ce moment-là, je n'en étais plus à ça près. J'essayais seulement de poursuivre ma démonstration, de sauver ce qui pouvait encore l'être pour me tirer de là au plus vite. J'ai vu Hugh McCusker courir vers la tribune du présentateur. Quelques secondes plus tard, j'ai reçu sa voix cinq sur cinq par l'intermédiaire des haut-parleurs :

— Le micro de Monty Roberts vient de périr noyé. Je vais donc prendre le relais. Je sais qu'il aurait commencé par quelque chose dans le genre de : Bonjour, mesdames et messieurs ; je m'appelle Monty Roberts et nous sommes ici aujourd'hui pour...

Hugh McCusker a été ma voix durant toute cette démonstration, et il a fait cela très bien. Les chevaux avaient probablement aussi envie que nous d'échapper à cette pluie, car ils m'ont très vite imploré d'accepter le *join-up.* Je ne me souviens plus très bien de ce qui s'est passé cette fois-là : qui a rejoint qui et ce que nous nous sommes dit ; je ne me rappelle même pas comment nous avons réussi à ne pas perdre les pédales. Tout ce que les chevaux voulaient, c'était en finir avec ce cercle de boue dans lequel ils se trouvaient enlisés.

La représentation terminée, McCusker et moi avons gagné, au plus vite, le plus proche endroit où l'on vendait du whisky irlandais pur malt.

Quand j'ai quitté l'Irlande pour regagner la Californie, j'aurais juré que j'avais encore de la boue sous les ongles et que de la vapeur me sortait du dos.

En arrivant à la maison, j'ai trouvé que Flag Is Up Farms avait l'air étrangement vide. Je me suis inquiété.

— Où est Yoplait ?

Personne n'en savait rien. En fait, il avait traversé la route qui longe la Ferme et avait été heurté par une voiture. Je l'ai trouvé sur la pelouse, devant la maison, mendiant de l'aide. Il avait une fracture de la hanche droite et sa patte avant droite flottait comme un drapeau dans le vent.

Quelques employés m'ont aidé à le hisser à l'arrière d'un pick-up ; j'ai roulé jusqu'à l'une des écuries et j'ai installé Yoplait dans un box. Je me suis dit que si je pouvais lui poser un plâtre, je réussirais peut-être à lui sauver la vie. J'ai demandé à notre vétérinaire de m'aider, mais Yoplait n'était pas prêt à accepter que quelqu'un d'autre que moi l'approche ou le touche. A cause de sa résistance, l'intervention du vétérinaire lui aurait fait plus de mal que de bien. Il a donc fallu que j'essaie de l'aider tout seul. Il s'est suffisamment calmé pour accepter de s'étendre sur une litière épaisse avec ce qu'il fallait de paille pour maintenir sa patte en place. J'ai mis des céréales, du foin et de l'eau à sa portée, et il est resté allongé là pendant deux semaines. Lorsqu'il a fini par se lever, j'ai constaté que sa patte avait commencé à se ressouder et était déjà passablement rigide.

Pendant deux ou trois semaines, il a évité de s'en servir, et elle a fini par guérir. En fin de compte, Yoplait a pu remarcher sans même boiter de façon notable. Les capacités de consolidation et de cicatrisation des cerfs sont incroyables. A plusieurs reprises, Yoplait et d'autres ont guéri de blessures qui auraient été fatales à n'importe quel cheval. Par la suite, il s'est fracturé la mâchoire à plusieurs endroits et a perdu quelques dents au cours d'une altercation avec une autre voiture. J'ai dû le nourrir avec de la bouillie d'avoine chaude pour le garder en vie. Sa mâchoire s'est ressoudée et, même s'il a gardé un drôle de sourire, il a pu continuer à vivre normalement car son aptitude à se nourrir n'a pas été affectée.

A ce moment-là, j'avais commencé à travailler avec un autre cerf : Bambo. Cette tentative a été un succès remarquable et j'ai réalisé avec lui un *join-up* particulièrement solide. Aujourd'hui, il est tellement apprivoisé que je peux courir vers lui en me tapant sur les cuisses sans l'effrayer; il se contente de m'ignorer, puis se rapproche de moi. Il a douze ans et fait montre du même genre de jalousie que Yoplait et les autres cerfs avec lesquels j'ai travaillé, mais à un degré moindre. Toutefois, s'il est d'un naturel plus doux et s'offusque moins de la présence des étrangers, il est tout de même possessif et veille jalousement sur notre relation. Il passe une grande partie de son temps près de notre maison, ne manque pas de venir me saluer tous les matins, et se trouve toujours dans les parages à l'heure du dîner quand il sait que je suis là.

Je travaille avec lui continuellement pour renforcer le phénomène de *join-up*, et nous en sommes arrivés au point où je pourrais l'emmener en promenade avec moi dans les collines pendant, disons, huit kilomètres, et le ramener à la maison, comme un chien, en contrôlant ses mouvements grâce à ma capacité à communiquer avec lui.

C'est seulement en 1990 que j'ai commencé à travailler avec une jeune femelle que nous appelons Patricia. Elle est semblable à Yoplait en ce sens qu'elle est distante et froide, et peut m'ignorer pendant de longues périodes, mais de plus elle n'exprime pratiquement jamais ses sentiments et ses émotions. A la différence de Yoplait, elle n'est pas agressive et ne se montre malintentionnée vis-à-vis de personne, pas même des étrangers. Réservée, elle se contente d'ignorer les inconnus et de se tenir à distance. Elle est pour moi, et de loin, le défi le plus difficile que j'aie jamais eu à relever. J'ai beaucoup de mal à obtenir qu'elle s'anime et à parvenir au point à partir duquel je peux prévoir ses réactions. Elle n'est pas très drôle, et chaque fois que je travaille avec elle mon aptitude à communiquer est mise à rude épreuve.

Quelques années plus tard, j'ai entrepris une autre femelle appelée Féline. Il existe des différences considérables entre elle et Patricia. Féline est l'une des biches les plus douces, les plus gentilles et les plus attentionnées que j'aie rencontrées. Elle ne m'ignore jamais et ses réactions sont spectaculaires. Lorsque je lui demande de s'éloigner, elle exprime clairement son mécontentement. Elle considère que c'est une affreuse brimade, secoue la tête et cherche vraiment à se soustraire à cette obligation, faisant le dos rond et sautant sur place devant moi — ce qui équivaut à la réaction du cheval qui baisse la tête et fait le tour de l'enclos le bout du nez au ras du sol — disant : « Je ne veux pas m'éloigner. Je ne l'ai pas fait exprès. Je suis désolée d'avoir fait ça. »

Lorsque je l'invite à me rejoindre, je peux presque la voir sourire. Elle revient bien vite et ne cache pas ses sentiments. C'est tout le contraire de Patricia. Pourtant, j'ai travaillé avec elles deux simultanément.

Un matin, Féline est arrivée à la maison et j'ai passé quelque temps à m'occuper d'elle, ce qui m'a permis de me rendre compte qu'elle avait été piquée par une araignée ou un autre insecte. Sa gueule et l'arête de son nez avaient presque doublé de volume. Comme ses gencives étaient également enflées, elle avait des difficultés pour manger.

Presque toutes les biches et tous les cerfs avec lesquels j'ai travaillé viennent rapidement vers la maison lorsqu'ils sont blessés et s'installent sur la pelouse avec l'air de me dire : « J'ai besoin de ton attention et de ton aide. »

Féline n'avait rien de grave et l'enflure s'en est allée en quelques jours. C'est une joie de travailler avec elle, ses réactions sont passionnées et ses réponses plus sophistiquées que celles de tous les chevaux dont je me suis occupé.

Une autre fois, une biche a mis bas des jumeaux (c'est courant), un mâle et une femelle, puis elle s'est éloignée et a disparu. Je suis allé les voir à deux reprises sur le flanc d'une colline qui se trouve à environ trois cents mètres de la maison. La première fois, ils étaient tout nouveau-nés, encore mouillés et incapables de se tenir debout. Quatre ou cinq heures plus tard, j'y suis retourné, mais la biche restait introuvable. Les faons étaient debout et marchaient un peu; ils paraissaient affamés et encore faibles.

Au coucher du soleil, la mère était toujours invisible. Les jumeaux avaient descendu la pente, d'une quinzaine de mètres. Ils se bousculaient l'un l'autre, cherchant à téter. J'ai décidé d'attendre jusqu'au lendemain matin, espérant que leur mère reviendrait les allaiter durant la nuit.

Le matin suivant, ils se trouvaient une quinzaine de mètres plus bas, mais la biche n'était toujours pas en vue et ils avaient l'air plutôt tristes. J'ai décidé de patienter encore jusqu'à midi pour voir si leur mère finirait par se montrer; mais elle n'a pas réapparu.

Vingt-huit heures environ après les avoir vus

pour la première fois, je leur ai donné à chacun cent grammes de lait de chèvre — j'avais prélevé ce lait sur une bête qui venait de mettre bas (c'était donc le premier lait, le colostrum) et je l'avais surgelé —, mais je les ai laissés là où ils se trouvaient.

Le lendemain soir, la mère n'étant toujours pas revenue, nous avons transporté les deux faons jusqu'à l'écurie réservée au poulinage et, pendant trois ou quatre jours, nous les avons nourris, toutes les quatre heures, de lait de chèvre surgelé. Le fait de posséder un élevage de pur-sang nous a facilité les choses, car nous avons toutes les nuits un gardien, qualifié pour ce genre de travail, qui s'occupe des juments sur le point de pouliner et des poulains nouveau-nés. Ensuite, je suis allé chercher une chèvre en pleine lactation, j'ai placé les jumeaux sous elle, et ils se sont mis à la téter comme si elle était leur mère.

Cyrus et Reba — ce sont les noms que nous leur avons donnés — ont été lâchés dans la nature à l'âge de trois mois environ. Ils passent la plupart de leur temps dans un rayon de quelques centaines de mètres autour de la maison et sont si communicatifs qu'ils me répondent pratiquement en anglais. C'est une joie de les avoir dans les environs. Chacun d'eux a une merveilleuse personnalité et ils sont extrêmement amicaux avec notre entourage et les étrangers. Je peux, à volonté, leur demander de me suivre ou de rester près de la maison. Ils mangent dans ma main et, si je n'y prenais garde, ils me suivraient dans la maison.

Je dois avouer que j'ai fait un cadeau empoisonné à ces biches et à ces cerfs avec lesquels j'ai choisi de travailler. En leur faisant perdre — partiellement ou totalement — leur instinct de fuite, j'ai rendu leur vie dans la nature beaucoup plus périlleuse. En retour, je me sens responsable de leur protection et, exception faite de mes expériences de communication, je m'efforce de les perturber le moins possible.

Quand je parle avec des gens de cheval, où que ce soit dans le monde, et que je mentionne mon travail avec les cerfs, leur première réaction est toujours la même : c'est impossible, les cerfs fuiraient, il n'y a pas moyen de communiquer avec eux. Ils fuient, c'est vrai, mais ils ne se sauvent pas simplement droit devant eux ; si vous les suivez et que vous observez bien leurs mouvements, vous constaterez qu'ils tournent souvent en rond pour demeurer dans la même zone. Il est possible de limiter leurs déplacements à un périmètre raisonnable — trois à cinq kilomètres de diamètre — à l'intérieur duquel vous pourrez travailler avec eux.

C'est une activité qui demande beaucoup de temps et pour laquelle très peu de personnes ont des dispositions. Si j'avais poussé la folie jusqu'à répertorier toutes les connaissances que j'en ai tirées, les autres pourraient profiter de mon expérience, et n'auraient pas besoin de se balader dans la campagne pendant des semaines et des semaines.

Je peux vous garantir qu'en ce qui me concerne, cela a fonctionné presque à tous les coups. Si j'imagine un enclos rond de trois kilomètres de diamètre, et si je considère le cerf comme un cheval enfermé dans cet enclos, je parviens effectivement à communiquer avec lui. J'ai besoin d'être deux fois plus obstiné, et deux fois plus précis dans mes réponses, mais ça marche vraiment.

Ce degré de perfectionnement auquel j'ai pu porter ma méthode, avec l'aide des cerfs, je l'ai mis en pratique avec Dually, mon propre cheval. Dually est un Quarter-Horse hongre, inscrit au stud-book ; bai foncé moucheté de noir, il a une balzane au postérieur gauche et, sur le chanfrein, une étoile blanche, irrégulière, prolongée par une liste étroite et courte. Il mesure un mètre cinquante au garrot et pèse cinq cent cinquante kilos, ce qui en fait un solide gaillard. En fait, ce nom affectueux [1] que je lui ai donné fait référence à un genre de pick-up à essieu arrière renforcé, utilisé en Californie pour tirer une remorque, et appelé un *dually* à cause de ses roues arrière à pneus jumelés. Vus de derrière, ces pick-up ont l'air mastoc, larges et robustes ; et c'est exactement l'impression que donne Dually. Son arrière-main est semblable à une paire de petites collines serrées l'une contre l'autre, et la puissance qu'elle lui confère est impressionnante. C'est une sorte de cheval-fusée, biréacteur, et il possède en plus l'équilibre et la coordination des mouvements qui sont devenus deux des caractéristiques de la race.

Il ne remplacera jamais Brownie ni Johnny Tivio, mais il est leur digne successeur : il a hérité de mon affection et de leur réussite. Il est lui aussi un champion de classe internationale, et j'ai toujours su qu'il en serait ainsi. Depuis le premier jour, j'ai senti que j'avais la possibilité de créer un animal de travail presque parfait.

Après le *join-up*, Dually s'est attaché à moi très fortement et, comme Johnny Tivio, il me suit partout sans que j'aie besoin de le tenir par le licou. Même si je grimpe jusqu'au promontoire qui surplombe la Ferme, il m'accompagne comme si nous étions reliés par un fil invisible. Je suis le seul à m'être occupé de lui, et j'ai utilisé du début à la fin la méthode décrite dans ce livre. Je ne l'ai pas dressé, j'ai créé un environnement dans lequel il a eu envie d'apprendre. Je ne l'ai jamais frappé et je

1. *Dually :* doublement.

n'ai jamais tiré sur sa bouche ; en fait, j'aurais tout aussi bien pu utiliser un fil de coton en guise de rênes. Lancé au grand galop, les rênes totalement lâches, il lui suffit d'entendre un seul mot : ho ! et de sentir le poids de mon corps se reporter sur l'arrière de la selle pour exécuter un arrêt glissé éblouissant. De même, il lui suffit de sentir sur son encolure le poids arachnéen de l'une des rênes, et sur son flanc la légère pression exercée par ma jambe pour volter comme une toupie.

Il a un cœur gros comme ça, ce qui est une bonne chose, car le former selon ma méthode nous a demandé de la patience et beaucoup de travail. Toutefois, profitant de mon expérience avec Brownie et Fancy Heels, j'ai fait très attention que son désir d'apprendre ne soit pas émoussé par la routine et le surmenage. Il était essentiel pour nos progrès communs qu'il demeure aussi frais et enthousiaste qu'au premier jour.

Il a six ans aujourd'hui, la fleur de l'âge pour un cheval. Entre nous, la compréhension est parvenue à maturité, et l'intelligence est parfaite ; nous nous amusons tout autant à disputer des compétitions qu'à parcourir cette magnifique propriété qu'est Flag Is Up Farms ; lui, sans se soucier de rien, bien sûr, tandis que je réfléchis aux difficultés rencontrées par tel ou tel cheval, et que je me demande comment empêcher les biches et les cerfs de se métamorphoser en êtres humains. Il y a dans la vie de chacun de nous des événements qui en modifient le cours. En ce qui me concerne, le premier d'entre eux a été ma conversation avec Brownie, en 1948, et le deuxième, mon mariage avec Pat, le 16 juin 1956. Je sais maintenant que son soutien et sa tolérance pour mes défauts, mes échecs et la conception maniaque que j'ai de mon travail, me sont absolument essentiels. J'ai eu beaucoup de chance de trouver quelqu'un comme elle du premier coup. Viennent ensuite la naissance de Debbie, le 10 avril 1957, celle de Lori, le 12 janvier 1959, et celle de Marty, le 1er février 1961.

En ce qui concerne les chevaux, il y a eu ma vie avant Johnny Tivio, et il y a ma vie après Johnny Tivio. Je n'ai jamais rencontré un autre cheval qui ait une telle intelligence. C'est lui qui m'a dressé et non le contraire.

Et puis on peut parler du Monty Roberts d'avant cette semaine d'avril 1989 que j'ai passée avec la reine d'Angleterre et sa famille, et du Monty Roberts d'après cette invitation qui a changé ma vie.

Un cheval appelé Lomitas est à l'origine du dernier en date de ces événements décisifs. Lomitas est né en Angleterre en 1988. Son père est Nininski, sa mère La Colorada, fille de Surumu, et il appartient à Walther J. Jacobs, de Brême, en Allemagne. C'était un beau poulain alezan que son propriétaire avait l'intention de faire courir sous les couleurs de Gestut Fahrhof, son haras. Dans ce but, il avait été confié à un jeune entraîneur nommé Andreas Wohler.

Début 1990, il a commencé à montrer ce dont il était capable en réalisant d'excellents chronos en février et mars. Au début de l'été, il a confirmé qu'il était un sérieux espoir. Puis il a remporté les deux courses auxquelles il a pris part et a été classé meilleur deux ans allemand. Gestut Fahrhof avait l'habitude des cracks, mais c'est toujours un honneur d'avoir un deux ans qui soit un champion ; on pouvait envisager de l'aligner dans le derby d'Epsom et d'autres grandes courses classiques pour chevaux de trois ans. Voilà le genre de cheval qu'était Lomitas.

C'est en avril 1991 que sont apparus les premiers symptômes. Lomitas était prêt pour ses débuts de trois ans, mais le jour J, il a fait de grosses difficultés pour monter dans le camion qui devait le conduire jusqu'à l'hippodrome. Au moment de la course, la situation a été plus difficile encore lorsqu'il a fallu le faire entrer dans sa stalle de départ. Ils ont tout essayé, mais chaque fois, il a refusé d'y pénétrer, levant la tête, se dérobant et reculant. Les autres chevaux et leurs jockeys étaient dans leurs stalles et attendaient Lomitas. Personne n'aime ce genre de situation, les jockeys moins que quiconque, car c'est toujours un moment très éprouvant pour leurs nerfs.

Au bout de quinze ou vingt minutes, les commissaires ont décidé d'éliminer Lomitas de la course. Il devait rentrer chez lui afin d'être repris en main avant de pouvoir se représenter sur un champ de courses. Il est facile d'imaginer l'inquiétude de l'équipe de Gestut Fahrhof en voyant que le champion des deux ans refusait de prendre le départ de sa première course de trois ans.

Après deux semaines de reprise en main, et après avoir passé des tests en présence des commissaires, Lomitas a été engagé dans une course qui devait se disputer à Cologne. Il a été difficile de le faire monter dans le van, mais ce qui s'est passé sur la piste de l'hippodrome le jour de la course est à peine croyable.

Il a été le dernier cheval à être conduit vers sa stalle de départ et il a refusé d'y entrer. Les autres chevaux et leurs jockeys ont dû patienter pendant vingt minutes tandis que douze personnes s'efforçaient d'obliger Lomitas à pénétrer dans sa stalle. Ils sont allés jusqu'à lui bander les yeux et lui relever la queue par-dessus l'épaule de son jockey.

C'est à ce moment-là qu'il est devenu méchant et s'est attaqué à ceux qui l'entouraient, leur causant quelques blessures. Il a fini par se coucher sur le sol, épuisé par l'affrontement ; et le départ de la course a été donné alors qu'il gisait sur le flanc, immobile, derrière les stalles.

Immédiatement après l'arrivée, les commissaires ont résolu d'interdire Lomitas de course à vie. Il ne devrait plus jamais revenir sur un hippodrome. M. et Mme Jacobs, ses propriétaires, ont quitté les lieux, désespérés. Leur jeune crack ne se contentait pas d'accumuler les contreperformances, c'était à présent un criminel qui venait d'être reconnu coupable et condamné à perpétuité.

A cette époque-là, j'avais déjà acquis une solide réputation dans le traitement des chevaux de course en difficulté, et j'étais connu dans le monde entier pour mon aptitude à résoudre les cas difficiles. J'ai reçu un coup de téléphone d'Andreas Wohler, l'entraîneur de Lomitas, qui m'a demandé si j'accepterais de prendre l'avion pour l'Allemagne afin de résoudre leurs problèmes.

Le 12 juin 1991, j'ai donc ouvert une parenthèse dans ma vie et quitté la Californie pour Brême, en Allemagne. A l'aéroport, j'ai vu un homme en culottes de cheval, mais il avait l'air beaucoup trop jeune pour être entraîneur. Néanmoins, étant donné sa tenue, c'était probablement quelqu'un que Wohler avait envoyé pour m'accueillir. Je me suis donc dirigé vers lui et je lui ai demandé :

— Connaissez-vous Andreas Wohler ?

L'homme a souri et m'a répondu :

— Je suis Andreas Wohler.

J'ignorais son âge exact, mais l'âge qu'il paraissait ne correspondait pas à la longueur de son curriculum vitae. Nous avons immédiatement pris la direction de l'hippodrome de Brême où plusieurs entraîneurs, dont Andreas, louent des installations pour loger et entraîner les chevaux qui leur sont confiés. C'est là que j'ai fait la connaissance de Lomitas, la superstar : un étalon né en 1988, inscrit au *stud-book*, mesurant un mètre soixante-deux au garrot et pesant cinq cent vingt kilos ; alezan avec une balzane au postérieur droit, et une étoile blanche sur le chanfrein d'où part une liste longue et étroite qui va en s'élargissant pour finir entre les naseaux. Admiratif, je me suis exclamé :

— Splendide !

Je pouvais constater qu'il avait une admirable conformation de cheval de course.

— Ses membres sont parfaits en tout point.

Je me suis avancé jusqu'à l'endroit où il mâchonnait du foin, et je me suis appuyé contre le fond de son box. Je l'ai salué en lui flattant l'encolure.

— Salut, Lomitas, tu es un bon gars, hein ?

J'ai passé ma main tout le long de son corps, et j'ai senti qu'il s'écartait du mur et s'appuyait contre ma paume. J'ai résisté à sa poussée et, immédiatement, il a décoché une ruade. J'ai noté cela dans un coin de ma tête, car c'était une possible réponse à bon nombre de questions, puis j'ai continué à faire sa connaissance. C'était vraiment un animal à couper le souffle, avec des yeux qui dénotaient une très grande intelligence. J'avais fait un long voyage pour me retrouver là, et j'en étais soudain très heureux.

Ma tâche était tout à fait précise : je devais guérir cet animal magnifique et intelligent de sa peur des stalles de départ. Suite aux conversations téléphoniques que nous avions eues avant mon arrivée, Andreas avait fait construire pour l'occasion, au centre d'un manège couvert situé dans l'enceinte de l'hippodrome — donc sur un sol de bonne qualité —, une stalle d'entraînement, fixe et en dur, qui serait plus sûre et plus solide qu'une stalle de départ classique.

Andreas avait retenu une chambre pour moi à l'hôtel Silinger, à quelques kilomètres de là, et il est revenu me prendre le lendemain vers sept heures. Je lui ai expliqué que j'aurais besoin de quelqu'un qui puisse parler anglais, mais surtout qui ait une certaine expérience des chevaux. Il m'a présenté un jeune homme nommé Simon Stokes. Simon mesurait environ un mètre soixante-sept et pesait cinquante-neuf kilos. C'était un jockey d'obstacle originaire de Chichester, en Angleterre. Il s'était fracturé plusieurs fois le nez en tombant la tête la première sur des obstacles que ses montures avaient refusés. Il montait également en plat et aidait Andreas à entraîner les chevaux. Il vivait en Allemagne depuis onze ans et parlait couramment l'allemand. Pour moi, c'était le rêve d'avoir un assistant qui soit bilingue et comprenne les chevaux. De plus, je devais le découvrir par la suite, Simon Stokes est un homme talentueux, courtois et respectueux. Quand il vous a adopté et que vous avez appris à le connaître, c'est l'un des êtres les plus merveilleux qui soient.

J'étais arrivé dans ce pays de rêve le 13 juin 1991 et j'y avais trouvé un trio exceptionnel : Lomitas, la superstar équine, Andreas Wohler, l'entraîneur hors pair, et Simon Stokes. Il manquait encore deux des personnages de notre histoire : les propriétaires. Si je n'ai pas passé beaucoup de temps avec M. et Mme Jacobs au début de mon séjour, j'ai été amené par la suite à les connaître parfaitement bien. Walther Jacobs est probablement le plus grand propriétaire que le monde du turf ait connu. En 1991, il avait quatre-vingt-quatre ans. Son courage et sa détermination deviendront de plus en plus évidents au fur et à mesure du déroulement de l'affaire Lomitas.

Le 14 juin 1991 à huit heures, comme tous les matins, un groupe de chevaux a quitté l'écurie d'Andreas Wohler pour aller s'entraîner sur la piste de l'hippodrome tout proche. J'ai expliqué à Andreas que j'allais profiter de cette matinée pour conduire Lomitas au manège couvert et apprendre à mieux le connaître. Le manège en question abritait une petite piste de course ovale, large de quatre ou cinq mètres et longue de deux cents environ.

Une fois à l'intérieur, je suis resté un moment sans bouger, puis je me suis éloigné de Lomitas, autant que me le permettait la longueur de la longe, et je lui ai demandé de me rejoindre. Il a paru peu disposé à s'approcher de moi. J'ai levé brusquement un bras au-dessus de ma tête, puis l'autre, mais il ne s'est pas alarmé outre mesure, ce qui signifiait que personne n'avait porté la main sur lui.

Je suis venu me placer contre son flanc et j'ai levé vivement une jambe jusqu'à ce que mon genou arrive à hauteur de son ventre. Cette fois encore ses muscles abdominaux ne se sont pas contractés de façon sensible, et son thorax ne s'est pas soulevé. Manifestement, il n'avait pas été maltraité de cette manière-là non plus.

J'ai agité l'extrémité de la longe à proximité de sa tête. Il m'a regardé, a fait un pas de côté et s'est planté pour me regarder de nouveau. Il s'efforçait de me comprendre, il y consacrait toute son intelligence, et son absence de panique prouvait qu'il n'avait pas été fouetté. Finalement, je l'ai conduit près du mur et j'ai placé mes deux mains sur son flanc comme si j'avais l'intention de le pousser contre la paroi. Immédiatement, il a rué et s'est jeté en avant, donnant des signes évidents de claustrophobie.

Même si ses relations avec l'espèce humaine étaient tout à fait bonnes, il nous reprochait de l'enfermer dans des endroits clos, comme une stalle de départ ou un van, et il était très content de pouvoir exprimer son inquiétude aux personnes qui s'occupaient de lui par l'intermédiaire de ce comportement agressif. Je lui ai accordé un moment de repos et, observant la finesse de sa constitution et l'extraordinaire intelligence qui brillait dans son œil, je me suis dit : « Il faut que je sois patient, que je fasse mon travail avec zèle et compétence, car je suis en présence d'un être d'exception. »

Lomitas n'avait pas subi de violences, mais il pensait avoir été maltraité lorsqu'on l'avait emprisonné dans ces lieux propres à provoquer sa claustrophobie. Il estimait que nous nous comportions avec lui de façon déloyale. Si j'avais tenu à m'assurer qu'il n'avait été victime d'aucun mauvais traitement, cela ne signifiait pas que je me méfiais d'Andreas et de Simon, mais seulement que je respectais suffisamment les chevaux pour les laisser s'exprimer par eux-mêmes. Si les humains m'ont parfois menti, les chevaux, eux, en sont incapables. Et Lomitas me disait : « Je pense que vous êtes injustes envers moi, et je crains que ça ne devienne pire encore. »

Quand Andreas et Simon ont regagné l'écurie, je me trouvais près du box de Lomitas et je le promenais par la bride. Je leur ai demandé :

— Pourrions-nous disposer d'un enclos circulaire, dans les parages, pour que je puisse y travailler avec Lomitas ?

— Hum... ça va être difficile.

— Le problème, c'est que j'ai besoin de le lâcher, de le laisser faire et de gagner sa confiance.

Si je parvenais à réaliser un *join-up* avec lui, peut-être oublierait-il la méfiance que lui inspiraient les endroits confinés dans lesquels nous lui demandions d'entrer. Andreas a réfléchi un moment avant de répondre :

— Eh bien, il y a une piste de jumping à une quinzaine de kilomètres d'ici, mais il faudrait mettre Lomitas dans un van pour le transporter jusque là-bas, donc c'est impossible.

— Non, attendez, ai-je répliqué ! Nous pouvons utiliser un van, je suis sûr que nous y arriverons. Commandons-en un pour cet après-midi, demandons-lui de stationner ici, et je vous assure que nous réussirons du premier coup à surmonter les difficultés de Lomitas dans ce domaine.

Andreas et Simon appréhendaient cette expérience, mais il était clair qu'elle devait être tentée. Ils commandèrent donc un van qui arriva juste après le déjeuner.

Quand Andreas me parlait, Simon devait traduire en anglais, et vice versa ; et je suppose que ces répétitions étaient assez comiques. Andreas m'a demandé :

— *Gehen wir hinein ?*

Et Simon a répété :

— Et si on allait à l'intérieur ?

Andreas proposait de faire reculer le van dans l'écurie, de façon que la rampe d'accès se trouve dans l'allée centrale, ainsi Lomitas aurait moins de place pour se dérober. J'ai répondu :

— Il faudra bien qu'il apprenne à monter dans ce van comme un gentleman, alors autant commencer tout de suite. Faisons ça au milieu de la cour, et correctement, dès le début.

Nous avons laissé le van là où il se trouvait et nous avons abaissé la rampe d'accès. J'ai attaché des longues rênes à la bride de Lomitas et je l'ai fait travailler dans la cour pendant une demi-heure, pour le détendre. Tout se passait très bien, il était obéissant, travailleur et avait de bonnes manières. Il ne restait plus qu'à le faire monter dans le van ; tant qu'il se comportait normalement, j'avais bien l'intention de le traiter comme un cheval normal. Il a gravi la rampe d'accès, et m'a suivi dans le van sans faire de difficultés. Dès qu'il a été à l'intérieur, les palefreniers les plus proches se sont précipités pour relever la rampe derrière lui, mais je les ai arrêtés :

— Non ! laissez-la baissée, je vais le faire redescendre et remonter plusieurs fois de suite.

Deux des palefreniers, qui parlaient anglais, m'ont répondu :

— Non, surtout pas, si vous le laissez ressortir il ne voudra plus jamais y revenir.

Je leur ai demandé de me faire confiance, et ils ont reposé la rampe. J'ai fait monter et descendre Lomitas à quinze ou vingt reprises avant de l'enfermer dans le van et de le transporter jusqu'à la piste de jumping.

La piste était couverte et avait un sol en bon état, mais elle mesurait environ quarante-cinq mètres sur trente alors que j'avais besoin d'un cercle de quinze mètres de diamètre.

Heureusement, il y avait là tout le matériel nécessaire pour dresser des obstacles : un grand nombre de supports et de barres à l'aide desquels j'ai pu aménager un enclos de fortune dans un coin du bâtiment. En fait, je l'ai construit autour de Lomitas tandis qu'il me regardait faire sans bouger.

Ensuite, je me suis mis au travail. Je lui ai retiré la bride et il a immédiatement pris la fuite lorsque je l'ai chassé loin de moi. Il a tourné autour de l'ersatz d'enclos au petit galop, son oreille intérieure déjà braquée sur moi. En moins de deux minutes, il a compris ce que je faisais, et il a commencé à lécher et mâchouiller. Comme c'était un cheval très intelligent, il nous a suffi de dix ou quinze minutes pour être en grande conversation. Il était évident que tout se passerait au mieux. J'ai réalisé le *join-up* rapidement et dans de bonnes conditions.

Il m'avait accordé sa confiance, mais je voulais pousser l'expérience un peu plus loin. J'ai démantelé l'enclos circulaire et nous nous sommes retrouvés au milieu de la piste. Il m'a fallu quelques minutes pour rétablir la situation. Dans un premier temps, Lomitas s'est éloigné, pensant qu'il allait prendre la direction des événements, mais dès que je l'ai chassé devant moi, l'obligeant à fuir de plus en plus loin, il a demandé à revenir et à me rejoindre. A partir de là, il ne m'a plus quitté ; où que j'aille dans le bâtiment, il était derrière moi, le bout du nez à la hauteur de mon épaule. En voyant cela, j'ai eu la confirmation que j'avais affaire à un cheval doué d'une intelligence supérieure, et que nous finirions par venir à bout de son aversion pour les stalles de départ.

Quand il a fallu remonter dans le van pour revenir à l'écurie, Lomitas s'est comporté comme un vieux cheval qui n'aurait jamais fait, de sa vie, la moindre difficulté pour pénétrer dans ce genre de véhicule.

Le temps que nous retournions à l'hippodrome de Brême, la journée était terminée, et Lomitas a regagné son box ; nous l'avons nourri et laissé prendre une bonne nuit de repos.

Le 15 juin 1991, j'ai travaillé avec la stalle d'entraînement fixe qu'Andreas avait fait construire dans le manège couvert. Je comptais sur la confiance de Lomitas, mais aussi sur le fait d'avancer pas à pas, pour faire naître en lui le désir d'entrer dans cette stalle. Peu après, il y pénétrait et en ressortait sans aucun problème.

Plus tard dans la matinée, Simon l'a harnaché, sellé puis monté, et je les ai fait entrer dans la stalle et en sortir. Très vite, nous avons pu refermer le portillon derrière Lomitas et le laisser sortir à son gré. Et tous ces exercices nous ont conduits jusqu'à l'heure du déjeuner.

Andreas avait invité Herr Dunca, le juge au départ de l'hippodrome de Brême, à passer dans l'après-midi pour lui montrer comment Lomitas se comportait avec la stalle d'entraînement. Herr Dunca est resté une heure avec moi et a été très impressionné par ce qu'il a vu. Il nous a promis d'aller trouver les commissaires pour leur recommander de réexaminer la situation et d'accorder une nouvelle chance à Lomitas, dans la mesure où il serait capable de passer les tests nécessaires.

Il a été convenu avec la direction de l'hippodrome de Brême que le lendemain matin, 16 juin, nous pourrions disposer d'une véritable stalle de départ pour préparer Lomitas.

Herr Dunca est revenu nous voir. Lomitas était inquiet ; par moments, il s'est montré peu commode, mais il a fait de gros efforts pour me faire plaisir, et avant la fin de la matinée il entrait et sortait de la stalle avec une totale décontraction.

Herr Dunca avait eu une entrevue avec les commissaires et ceux-ci avaient accepté d'organiser un test pour Lomitas le 18 juin. Ils désiraient voir s'il conserverait son calme en présence de deux autres chevaux occupant les stalles voisines de la sienne.

Au jour fixé et à l'heure dite, les commissaires

sont venus se rendre compte par eux-mêmes, et Lomitas a réussi le test brillamment. Ce qu'il a fait ce matin-là était très impressionnant. Pour moi, c'était une réussite incontestable, mais je n'étais pas totalement satisfait. Lomitas avait hésité légèrement avant d'entrer dans la stalle, et une fois à l'intérieur il s'était montré un peu nerveux.

Il y avait des courses à Brême le 23 juin et Andreas avait l'intention d'engager Lomitas dans l'une d'elles, mais les commissaires exigeaient un second test avant d'autoriser Lomitas à courir de nouveau.

Ils sont revenus le 20 au matin. Les stalles étaient installées au milieu de la ligne droite d'arrivée, au pied de la grande tribune, et nous avions amené trois autres chevaux. Lomitas a été parfait et les commissaires ont accepté de l'autoriser à disputer une course, à l'essai, puis de réexaminer sa situation au vu du comportement qu'il aurait à cette occasion. Ils ont ajouté deux conditions : que je sois présent ce jour-là, et que le personnel de l'hippodrome n'ait pas à s'occuper de Lomitas. Andreas, quant à lui, a proposé que son cheval soit le dernier à pénétrer dans sa stalle de départ pour ne pas avoir à y demeurer trop longtemps. Et tout le monde est tombé d'accord sur les termes de cet arrangement. Je ne travaillais avec Lomitas que depuis une semaine, et il ne me restait que trois jours avant la course.

Quand le matin du 23 est arrivé, j'étais dans mes petits souliers. Je me faisais l'effet d'être à l'intérieur du plus grand bocal à poissons rouges que l'on ait jamais vu.

A l'heure de la course, lorsque je me suis dirigé vers les stalles de départ qui se trouvaient dans la ligne droite des tribunes — la course se disputait sur une distance de deux mille mètres —, il y avait bien vingt mille spectateurs ; et ils semblaient s'être tous donné rendez-vous à proximité des stalles pour voir le héros national. Lomitas était devenu une sorte de légende : le cheval qui s'était battu contre ses entraîneurs et avait refusé de courir ; et il avait un grand nombre de supporters.

Quand je suis arrivé derrière les stalles et que j'ai commencé à faire tourner Lomitas en rond, en attendant le départ, j'ai vu des parents qui tenaient leurs enfants au-dessus de la barrière en criant :

— Oh, Lomi ! Lomi, Lomi !

Il y avait un sacré bout de temps que nous tournions en rond lorsque j'ai finalement réalisé que quelque chose n'allait pas. Tous les autres chevaux étaient regroupés de l'autre côté de la piste et les jockeys étaient en grande discussion. Andreas parlementait avec Herr Dunca et un groupe d'officiels. Comme ils parlaient tous en allemand, je ne comprenais rien à ce qui se passait.

Au bout d'un long moment, Andreas est venu me dire que les jockeys menaçaient de boycotter la course si Lomitas n'entrait pas le premier dans sa stalle. Ils étaient fatigués de devoir patienter tandis que Lomitas s'expliquait avec le personnel de l'hippodrome. Je lui ai répondu que je n'y voyais pas d'inconvénient. J'irais le premier. Pour moi, cela ne faisait aucune différence. Andreas en a avisé Herr Dunca qui a appelé les jockeys :

— Allons-y, prenez vos places.

On m'a indiqué la stalle qui nous était affectée, et nous y sommes entrés tout droit. Lomitas était franc comme l'or. Tandis que je le remerciais de nous offrir ce bon résultat en cet instant capital, un employé de l'hippodrome est venu ouvrir le portillon avant puis s'est empressé de faire le tour pour aller fermer celui de derrière ; une chose que l'on ne fait jamais car cela peut être extrêmement dangereux : je me trouvais placé ainsi sur la trajectoire de Lomitas et je risquais d'être piétiné à tout moment.

J'ai compris ce qui se tramait : les employés de l'hippodrome ne tenaient pas à ce que notre tentative réussisse. Ils faisaient tout ce qu'ils pouvaient pour pousser Lomitas à mal se comporter. Avec leurs sangles, leurs cordes et leurs bandeaux, ils ne cessaient de le frôler et de le frapper en passant derrière lui, essayant de le faire bondir en avant. Mais Lomitas a attendu calmement qu'ils fassent entrer les autres chevaux dans leurs stalles et, ironie du sort, ils ont eu de gros problèmes avec plusieurs d'entre eux. Cela m'a semblé être une manifestation de la justice immanente.

Quand tous les chevaux ont été en place, le même employé est venu refermer le portillon avant, me libérant de ma position inconfortable.

Le départ a été donné et Lomitas a jailli de sa stalle plus vivement que tous les autres. En le voyant faire ce grand bond en avant, qui l'a catapulté en tête, mon cœur a fait un bond lui aussi, en signe de solidarité ; et ce fut un bonheur sans mélange de voir ce cheval, complexe et intelligent, mener le train du début à la fin, et remporter une victoire méritée.

Ce triomphe a été le premier d'une série de victoires qui ont fait de Lomitas le meilleur trois ans, puis le meilleur cheval de l'année. Le total de ses gains s'est élevé, cette saison-là, à un million six cent mille marks.

Vivre ce genre d'expérience avec un cheval de cette qualité créé entre l'homme et l'animal des liens et une association étroite qu'il est difficile de décrire. En peu de temps, j'ai ressenti pour Lomitas le même amour que pour Ginger, Brownie et Johnny Tivio.

Lomitas a fini l'année en remportant successivement trois victoires dans des classiques. Il était alors le cheval de course le plus coté que l'Allemagne ait connu. Andreas Wohler l'a dorloté pendant l'hiver afin de le préparer pour la saison 92. Nous espérions tous une autre année mémorable. Nous ne pouvions pas savoir que les événements allaient se charger de nous faire déchanter.

Début 92, avant l'ouverture de la saison des courses, M. Jacobs a reçu une lettre anonyme exigeant le versement de quatre cent mille marks ; faute de quoi, Lomitas serait blessé ou tué. M. Jacobs était naturellement très inquiet et Andreas avait pris des mesures de sécurité exceptionnelles. Je me rappelle avoir abordé ce sujet avec Pat peu après et lui avoir dit : de toutes les difficultés que nous avons à surmonter dans ce métier, de tous les problèmes que nous rencontrons et qu'il nous faut résoudre, le pire est certainement d'avoir affaire à un dingue qui cherche à extorquer de l'argent à un propriétaire en menaçant la vie d'un cheval.

A ce moment-là, M. Jacobs avait quatre-vingt-cinq ans. J'ai pensé qu'il pourrait avoir envie de retirer purement et simplement Lomitas de la compétition pour se sortir de ce guêpier. Pourtant, à l'occasion de diverses conversations téléphoniques que j'ai eues avec lui par la suite, il m'a paru plus fort que jamais et bien déterminé à faire front.

Je me suis rendu à Hambourg en juin 92 et j'ai vu Simon faire entrer Lomitas dans sa stalle de départ sans le moindre problème. Lomitas a remporté cette course-là également. En apparence tout allait bien, mais M. Jacobs m'a appris qu'il continuait de recevoir régulièrement des lettres anonymes. L'extorqueur menaçait toujours de s'en prendre à Lomitas si ses exigences n'étaient pas satisfaites, et, pour bien montrer sa détermination, il a incendié une grange au haras de Gestut Fahrhof.

Andreas Wohler a encore renforcé les mesures de sécurité autour des écuries de l'hippodrome de Brême, engageant des gardiens supplémentaires qui patrouillaient nuit et jour avec des chiens.

Lomitas devait courir à Dusseldorf à la fin juin. Le voyage s'est bien passé et il est entré dans sa stalle de départ sans se faire prier, mais il n'a été que l'ombre de lui-même, terminant à la cinquième place. A la fin de la course, il n'était visiblement pas dans son état normal. Il a été transporté au haras de Gestut Fahrhof pour y subir des tests afin de déterminer si l'extorqueur avait réussi à mettre ses menaces à exécution. Une lettre anonyme est arrivée au haras en même temps que Lomitas, disant : « Cette-fois, on s'est contentés de le rendre malade. »

Le maître chanteur n'avait pas l'intention de tuer, mais seulement de montrer qu'il pourrait le faire si l'argent n'était pas versé. Étant donné la tournure prise par les événements, les choses se sont précipitées. Nous sommes convenus de faire disparaître Lomitas en l'envoyant en Angleterre dès qu'il serait en état de voyager. Il y resterait le temps de la quarantaine, puis gagnerait la Californie où il pourrait courir de nouveau. J'ai été stupéfait par la force de caractère et la ténacité dont a fait preuve M. Jacobs durant toute cette période. Il était propriétaire du cheval de l'année, il aurait pu prendre du recul, se mettre hors de portée de l'extorqueur, mais il a choisi de faire un pas en avant et de dire :

— Ce type-là ne m'empêchera pas de faire courir mon cheval si j'en ai envie.

Et il a déclenché l'opération qui devait permettre de transporter son cheval secrètement en Californie. Malheureusement, Lomitas est tombé très malade et nous avons dû patienter une quinzaine de jours avant de pouvoir le déplacer. La lettre anonyme expliquait qu'on lui avait administré un poison à base de métaux lourds qui avait agi sur son foie et d'autres organes vitaux. C'était pénible de voir ce magnifique étalon la tête basse, l'œil morne et vide. Il se refermait sur lui-même, se concentrant sur la maladie et la douleur. Nous ressentions tous la même colère et la même incompréhension vis-à-vis de celui qui était capable de faire une chose pareille.

Au bout de huit ou dix jours, Lomitas a fini par triompher des effets du poison. Il a relevé la tête, a recommencé à s'alimenter, et son œil s'est rallumé. Dès que cela a été possible, il est parti incognito pour Newmarket, en Angleterre, où nous l'avons caché dans les écuries de Susan Piggot sous le faux nom de Pirelli.

Simon est resté avec lui durant les quatre semaines de quarantaine et a pu le remettre au travail progressivement. A la fin de son séjour en Angleterre, Lomitas avait retrouvé sa bonne santé et s'entraînait aussi régulièrement que le permettaient les circonstances.

Simon a pris l'avion avec lui pour la Californie où ils sont arrivés à la mi-septembre, et Lomitas a été confié à l'entraîneur Ron McAnally de Santa Anita. Il a travaillé intensivement pendant les mois d'octobre et de novembre, puis a redoublé d'efforts début décembre en prévision de la réunion qui devait se dérouler à Santa Anita juste après Noël.

A la mi-décembre, le chef des palefreniers m'a prévenu que Lomitas était rentré à l'écurie avec une seime[1] au sabot antérieur droit. La nouvelle a été pour moi un choc. Durant toute sa carrière en Allemagne, Lomitas n'avait jamais eu de problèmes avec ses pieds. On a appliqué un emplâtre sur la seime et l'entraînement a repris. Mais peu après, une autre seime est apparue sur l'un de ses sabots postérieurs, puis une autre encore sur son sabot antérieur gauche ; le tout en moins de trois semaines. Les seimes s'ouvraient dans le quartier — la partie arrière — du sabot, et étaient longues de un à deux centimètres.

McAnally, l'entraîneur de Lomitas, connaissait, à New York, un excellent spécialiste de ce genre de problèmes : Ian McKinley. Nous lui avons demandé de sauter dans un avion, et nous nous sommes retrouvés au centre d'entraînement en compagnie des vétérinaires et des maréchaux-ferrants. Nous avons discuté de la situation, et McKinley m'a demandé :

— Qu'est-il arrivé à ce cheval il y a environ cinq mois ?

Il s'est produit en moi comme un déclic, et je lui ai répondu :

— Il a été empoisonné.

Je n'avais pas pensé à dire aux maréchaux-ferrants de surveiller d'éventuels problèmes de sabots en relation avec l'empoisonnement. C'est seulement lorsque McKinley m'a posé la question que j'ai fait le rapprochement. On voyait nettement une bande de corne plus sombre qui faisait le tour des quatre sabots. Au fur et à mesure qu'ils avaient poussé, cette zone critique était devenue de plus en plus fragile, compromettant la solidité de la partie arrière du sabot, et les seimes avaient commencé à se former.

1. Crevasse de la paroi du sabot, descendant de la couronne vers le fer.

McKinley a utilisé une substance appelée « Equilox » pour préparer des emplâtres qu'il a appliqués sur la partie supérieure de la paroi de chacun des sabots, qu'ils aient ou non des seimes. Il cherchait à renforcer cette paroi en la recouvrant de ce polymère issu de la recherche spatiale.

Nous avons pu reprendre l'entraînement sans craindre de voir apparaître de nouvelles seimes, mais Lomitas n'a été fin prêt qu'en février. Lors de sa première sortie, il a été déclaré vainqueur, bien qu'ayant terminé en deuxième position, parce que le cheval qui avait franchi la ligne d'arrivée juste avant lui l'avait gêné.

Il a disputé sa deuxième course au mois d'avril à Hollywood Park. Ayant été distrait au moment précis où les portillons se sont ouverts, il est sorti de sa stalle de départ avec neuf longueurs de retard sur ses adversaires, et au moment où le peloton est entré dans la ligne droite des tribunes, il avait probablement douze à quinze longueurs de retard. C'est alors qu'il a produit son effort. Réussissant un final éblouissant, il a réalisé le meilleur temps jamais enregistré à Hollywood Park, à une fraction de seconde du record du monde.

Malheureusement, ses sabots ont continué de nous poser des problèmes, et il a été finalement décidé de ne plus le faire courir pour le destiner à la monte. Il a quitté les États-Unis en 1994 pour regagner Gestut Fahrhof. Même si sa carrière américaine n'a pas répondu à mes attentes, Lomitas a tout de même totalisé cent mille dollars de gains et fait savoir au monde du turf nord-américain qu'il était un concurrent redoutable.

Les éleveurs allemands ont fait massivement confiance aux capacités de reproducteur de Lomitas, et il a été retenu pour cinquante juments en

1995. En vrai champion, il a bien fait son travail dans ce domaine-là également. Il a un pourcentage de réussite qui dépasse les quatre-vingt-dix pour cent, et il sera intéressant de voir s'il transmettra ses talents à la nouvelle génération. En ce qui me concerne, j'ai bon espoir que l'histoire de Lomitas ne fasse que commencer.

L'enquête sur l'affaire de tentative d'extorsion a conduit à une arrestation, et M. Jacobs n'a plus reçu de lettres anonymes.

Au cœur de la nuit, une maison de campagne anglaise est un endroit fantomatique. Tout en nouant la ceinture de ma robe de chambre, j'ai jeté un coup d'œil à ma montre : trois heures du matin. Je suis sorti de ma chambre et je me suis mis à arpenter le couloir et le palier de l'étage. Que pourrais-je bien faire pour Prince of Darkness ? Quelle était la réponse à ses difficultés ? Il y avait quelque part une faille dans ma compréhension de ce gros animal très émotif.

J'ai entendu un bruit presque imperceptible... mais oui, c'étaient bien des pas. Je me suis tenu aussi silencieux qu'un chat et j'ai écouté. Une porte s'est ouverte et sir Mark Prescott est apparu, en robe de chambre lui aussi. Nous avons tous les deux cligné des yeux.

— Ah, Monty !

— Sir Mark ! Je suis désolé de vous avoir dérangé, mais je n'arrivais pas à dormir.

— Vous ne m'avez pas dérangé, je ne parvenais pas à trouver le sommeil moi non plus.

— J'ai pris un bain chaud, j'ai tout essayé, mais je ne peux pas empêcher mon cerveau de travailler.

— Je comprends parfaitement ce que vous voulez dire.

Sir Mark a regardé par la fenêtre et son visage a

accroché la lumière de la lune. Soudain, son expression a changé et il a marmonné :

— Le diable m'emporte !...

— Quoi ?

— Venez voir.

Je me suis approché de lui, et il m'a montré du doigt quelque chose à l'extérieur.

— Regardez.

Par la fenêtre, on apercevait les écuries par-dessus le toit en pente, et le clair de lune permettait de distinguer très nettement la tête de Prince of Darkness qui apparaissait tour à tour à la fenêtre puis à la porte de son box. Il était tout aussi éveillé que nous. Sir Mark a soupiré :

— Nous sommes donc trois à réfléchir à ce qui ne va pas.

Sir Mark Prescott entraînait Prince of Darkness à Newmarket pour le compte d'un consortium composé de Pinoak Stables of Kentucky et de partenaires anglais dont Graham Rock, Graham Moore, Neil Greig et Wally Sturt. Prince était un cheval solidement charpenté, mesurant un mètre soixante-dix au garrot, très musculeux et très long. Les stalles de départ n'étaient pas assez grandes pour lui. Le bout de son nez touchait le portillon avant alors que le portillon arrière venait cogner contre ses postérieurs. De plus, il était si large qu'il se frottait contre les barres longitudinales qui se trouvent de chaque côté. Comme quatre-vingts pour cent des chevaux ayant des difficultés avec les stalles de départ, il avait commencé par y entrer sans faire d'histoires ; et puis, un jour, lors d'une séance d'entraînement sur la lande de Newmarket, comme son arrière-main dépassait, un palefrenier lui avait donné une claque sur la cuisse pour le faire avancer. Il avait réagi en décochant une ruade, heurtant le côté de la stalle.

A la suite de cet incident, il avait pris les stalles de départ en grippe, faisant des difficultés pour s'en approcher, et plus encore pour y entrer ou y rester. J'avais traversé l'Atlantique pour l'aider à vaincre son aversion et j'avais bien cru avoir réussi, mais je n'étais pas revenu en Californie depuis trois jours que je recevais un coup de téléphone de sir Mark. Ils avaient conduit Prince of Darkness sur la lande et, en y arrivant, il s'était montré contrarié. Ils avaient tout de même réussi à le faire entrer dans une stalle, mais une fois à l'intérieur, il avait tenté de la mettre en pièces. Depuis, il était impossible de le faire approcher d'une de ces boîtes métalliques.

J'étais désappointé. J'ai pour principe de me porter garant de l'efficacité de mon travail. C'est pourquoi j'ai proposé à sir Mark de revenir en Angleterre afin de l'aider à trouver une solution sans être rémunéré. J'étais donc de retour à Newmarket et confronté à une énigme qui nous tenait éveillés tous les trois au beau milieu de la nuit.

Dès que sa grande carcasse se retrouvait enfermée dans une stalle de départ, Prince of Darkness était pris de panique et il s'empressait de s'en échapper, furieux. Je ne parvenais pas à comprendre ce qui avait pu le changer à ce point depuis ce jour à Aston Park où je l'avais vu entrer dans une stalle et en sortir si aisément.

Durant la soirée qui avait précédé cette nuit d'insomnie, tout en dînant avec sir Mark, je lui avais demandé comment Prince se comportait quand on le transportait dans un van, et il m'avait répondu qu'il ne faisait pas de difficultés, que les compartiments du van soient larges ou étroits. Cela paraissait difficile à croire étant donné ce qui s'était passé aux stalles de départ pendant toute la journée. Sir Mark m'a proposé de réserver un van avec des cloisons mobiles, afin que je puisse me rendre compte par moi-même.

Le lendemain matin, le van est arrivé de bonne heure et, tandis que nous examinions son aménagement intérieur, j'ai fait part au chauffeur de mes intentions :

— O.K. Voilà ce que nous allons faire. Vous conduirez tandis que je me tiendrai là, à hauteur de la tête de Prince of Darkness ; ainsi, je pourrai vous parler tout en observant ses réactions.

— Entendu.

— Nous allons d'abord lui donner le maximum de place.

J'ai montré les fixations sur le plancher du van.

— Nous placerons donc la cloison à ce niveau, et vous roulerez doucement.

— O.K.

— Ensuite, nous rapprocherons la cloison et vous augmenterez la vitesse ; le but étant de déterminer ce qui provoque sa claustrophobie.

Nous avons fait monter Prince of Darkness dans le van et nous sommes partis faire le tour de Newmarket en roulant lentement et en virant doucement. Prince était très à l'aise. Nous nous sommes donc arrêtés pour réduire l'espace dont il disposait ; les cloisons étaient à présent proches de ses flancs, mais cela ne semblait pas le gêner. J'ai demandé au chauffeur d'accélérer et de virer moins en douceur. Il s'est cramponné à son volant et le bruit du moteur a grimpé d'une octave.

Prince était toujours aussi insouciant. Il s'arcboutait de son mieux pour garder l'équilibre dans les virages, et semblait indifférent au fait que certaines parties de son corps viennent toucher les cloisons. J'ai lancé :

— Pourriez-vous aller encore un peu plus vite ?

Le chauffeur a écrasé le champignon et le van a fait un bond en avant. Si quelqu'un nous a suivis tandis que nous prenions les virages sur les chapeaux de roues et négociions les ronds-points à une vitesse terrifiante, il a dû penser que le van avait été volé par deux malfrats en cavale. Prince of Darkness et moi roulions de côté et d'autre, comme dans un bateau ballotté par les vagues, et le chauffeur se prenait pour un conducteur d'ambulance répondant à une urgence.

Alors que le compartiment du van était le plus étroit possible et que le chauffeur courait le risque de se voir retirer son permis de conduire pour nous donner les émotions de notre vie, Prince ne ruait pas, ne cherchait pas à s'échapper, n'opposait pas de résistance, ne se mettait pas en colère, contrairement à ce que je l'avais vu faire la veille, dans la stalle de départ. Quelle pouvait bien être la différence entre ce compartiment de van dans lequel il se sentait bien et la stalle qu'il s'efforçait de détruire ? Lorsque nous sommes arrivés sains et saufs à l'écurie, j'ai observé de près ces deux structures. Les raisons du comportement de Prince of Darkness m'échappaient. Quelle était la raison de sa peur ? Si je parvenais à la découvrir, je pourrais rentrer chez moi me mettre au sec. Il ne s'agissait pas de claustrophobie puisqu'il se sentait à l'aise dans le van. Il y avait quelque chose dans la stalle qui l'effrayait, mais je n'arrivais pas à trouver quoi.

Ce soir-là, j'ai eu très envie de dire à sir Mark que j'allais repartir et lui rembourser toutes les dépenses qu'avaient occasionnées mes deux interventions, mais les mots n'arrivaient pas à sortir de ma gorge. L'idée de l'échec m'était intolérable. J'étais là depuis trois jours et je n'avais pas l'impression d'avoir progressé d'un pas. J'ai tout de même décidé de faire une nouvelle tentative.

Le lendemain a été une dure journée, la plus dure de toutes, huit ou neuf heures difficiles et dangereuses. Geraldine Rees, une amie de sir Mark, nous a accompagnés pour observer patiemment le déroulement des opérations.

Je me suis placé juste devant Prince of Darkness tandis qu'on le faisait entrer dans la stalle. Comme la veille dans le van, je voulais pouvoir noter les moindres modifications de son comportement pour essayer de découvrir un indice capable de nous mettre sur la voie. Prince s'est avancé en faisant un tas d'histoires. A peine a-t-il été à l'intérieur qu'il s'est précipité en avant, comme si des Indiens hostiles se tenaient de part et d'autre et le lardaient de coups de lance. Et tant pis pour moi si je me trouvais sur sa trajectoire ; il m'a chargé de front, m'envoyant rouler à terre. Je me suis relevé et épousseté. J'avais besoin de m'approcher plus encore.

La deuxième fois, il a jailli de la stalle dans un tourbillon de jambes, de queue et de tête ; il m'a de nouveau envoyé au tapis, et je n'avais toujours pas la moindre idée de ce qui pouvait provoquer sa réaction. Ce n'était plus un jeu pour un homme de mon âge auquel on avait enlevé une partie de sa colonne vertébrale, mais j'étais bien déterminé à me tenir encore plus prêt.

Une fois de plus, il a bondi en avant et m'a renversé au passage, me piétinant une jambe, un côté et une oreille, ne s'arrêtant qu'à sept ou huit mètres de là — à l'extrémité de la corde qui m'avait servi à tresser autour de sa tête un *come along*. Je souffrais terriblement — physiquement parlant —, mais je venais brusquement de trouver la solution. Même si mes idées étaient encore un peu confuses, j'avais remarqué que, juste avant de bondir et de me renverser, Prince of Darkness avait roulé des yeux vers l'arrière, regardant dans la direction de son flanc droit, concentrant son attention sur les barres latérales.

J'étais contusionné, meurtri, et un filet de sang me coulait dans le cou, mais j'avais fini par trouver la cause de sa peur : dans un van, les parois sont lisses, alors que dans une stalle de départ, le cheval est coincé entre les barres longitudinales ; c'étaient elles qui faisaient la différence, bien sûr ! Je me serais botté les fesses tellement je m'en voulais de ne pas y avoir pensé plus tôt, mais j'étais excité à l'idée d'avoir trouvé la réponse. Quelques tests supplémentaires ont confirmé que j'étais dans le vrai. J'avais failli perdre une oreille et me briser les os, mais j'avais enfin compris.

Ce soir-là, j'ai discuté de la situation avec sir Mark et il a téléphoné à plusieurs officiels pour étudier la possibilité d'enlever ces fameuses barres latérales ; mais nous avons réalisé très vite que cette solution serait inacceptable pour les commissaires car, étant donné la façon dont les stalles de départ sont construites, en enlevant les barres de l'une d'elles on enlèverait du même coup la moitié de celles des deux voisines.

Tôt le lendemain matin — c'était la veille du vendredi saint[1] —, j'ai expliqué à sir Mark, dans les grandes lignes, une idée qui m'était venue : si nous parvenions à fabriquer quelque chose d'assez semblable au caparaçon des chevaux de picadors, une protection de cuir épais couvrant les flancs et l'arrière-main de Prince of Darkness, nous réussirions peut-être à le convaincre que ces maudites barres ne pourraient plus lui faire de mal. C'était

1. Au Royaume-Uni, le vendredi saint est un jour férié.

une idée farfelue, et je n'étais pas vraiment persuadé qu'elle soit réalisable. De nombreuses années auparavant, je m'étais servi d'une cape de cuir que j'attachais à ma selle western et qui couvrait l'arrière-main de mon cheval lorsque je l'entraînais à effectuer des arrêts glissés au grand galop. Il me semblait qu'en employant un artifice du même genre, je pourrais amener Prince of Darkness à accepter la stalle de départ.

— Pourquoi ne pas utiliser de la moquette ? a suggéré Geraldine Rees.

La proposition a allumé une guirlande de gyrophares dans ma tête. Remplacer le cuir épais par de la moquette était susceptible de rendre mon idée plus facilement réalisable. Nous avons sauté dans la voiture de Geraldine Rees et nous sommes allés à Newmarket acheter une chute de moquette. Puis nous nous sommes rendus à la sellerie Gibson et je leur ai dessiné le modèle que j'avais en tête. Le premier prototype consistait seulement en une couverture de cheval recouverte de moquette, à l'intérieur et à l'extérieur. Sa réalisation n'a pris que quelques heures, et nous sommes revenus au centre d'entraînement pour un essai.

En faisant entrer Prince of Darkness dans la stalle, revêtu de sa couverture spéciale, j'ai vu immédiatement que nous étions sur la bonne voie. J'ai donné à Geraldine Rees une grande tape dans le dos.

— Regardez, il n'a pas très confiance, il a même encore un peu peur, mais il reste à l'intérieur, non ?

J'étais très content de pouvoir enfin me tenir devant cet énorme animal sans risquer de me faire piétiner. Plus il se frottait contre les barres, en faisant un pas en avant puis un pas en arrière, plus il se rendait compte qu'il était désormais protégé. Il s'est calmé et détendu. Les progrès étaient nets.

Nous sommes revenus en toute hâte à la sellerie Gibson, de peur qu'ils ne soient fermés pour le week-end pascal, mais ils ont bien voulu travailler pour nous ce soir-là et le lendemain matin afin de perfectionner le premier prototype. Nous n'en avons conservé que la moitié arrière, afin de ne couvrir que l'arrière-main du cheval. Des lanières, cousues sur la bordure avant et destinées à passer sous la sangle de la selle, permettraient de le maintenir en place. Enfin, nous avons fait fixer, sur la partie de la bordure qui se trouverait juste au-dessus de la queue, un anneau auquel nous pourrions nouer une corde ; ainsi, le cheval se débarrasserait aisément de la couverture de protection au moment du départ.

Dans la matinée du dimanche de Pâques, je suis allé au centre d'entraînement de Henry Cecil pour y travailler avec Prince of Darkness dans la stalle fixe et les stalles réglementaires. Devant se rendre en France, sir Mark nous a rappelé qu'il avait engagé Prince of Darkness dans une course qui se disputerait à Warwick le mardi, et nous a demandé de l'entraîner ce dimanche après-midi en compagnie d'autres chevaux. J'ai repris l'exercice qui consistait à le laisser sortir tout doucement de la stalle en profitant de la protection de la couverture, et il s'est très bien comporté.

Le lundi matin, nous avons parfait son entraînement. Le soir j'ai parlé avec sir Mark au téléphone et je lui ai dit que le cheval prendrait probablement un bon départ le lendemain.

Je me suis rendu à Warwick en compagnie de George Duffield, le jockey de Prince of Darkness. George était partant pour tester cette méthode dernier cri, mais un peu gêné.

— De la moquette ! Il va être couvert de moquette ?

— Exactement.

— De la moquette unie ou à motifs ?

— Je dirais qu'il y a un léger motif.

Il a grogné :

— Oh, non !

— Vous n'aimez pas la moquette à motif ?

Il a levé les mains en signe de reddition.

— Si, si, c'est parfait ! Je ne crains pas d'avoir l'air ridicule. Je devrais peut-être porter les mêmes dessins et les mêmes couleurs. Jouons le jeu jusqu'au bout. Finies les casaques en soie. Arrêtons-nous, au passage, au prochain magasin de tapis, et demandons-leur de me tailler une casaque sur mesure dans un tapis de Wilton en velours rasé.

Je l'ai assuré que c'était sa seule chance de prendre le départ. Prince of Darkness avait absolument besoin de sa couverture de protection.

A l'heure de la course, j'ai retrouvé George et Prince près des stalles. Le juge au départ était plutôt inquiet, mais il avait autorisé sir Mark à utiliser cet équipement inhabituel et il ne pouvait plus faire marche arrière.

J'ai mis le dispositif en place derrière George Duffield, et les autres jockeys ne se sont pas privés de faire des commentaires. Il faut bien reconnaître qu'il est un peu déshonorant de monter un cheval couvert de moquette et de traîner derrière soi quelqu'un qui tient une corde attachée à l'arrière de votre monture lorsque l'on prétend disputer une épreuve de vitesse.

Tandis que Prince of Darkness entrait dans la stalle, j'ai croisé les doigts pour que la couverture de protection se décroche facilement. La perspective de me faire traîner tout autour du champ de courses de Warwick ne m'enchantait guère.

Les chevaux étaient sous les ordres. J'ai enfoncé

mes talons dans le gazon et enroulé la corde autour de mes épaules. J'étais prêt à encaisser la traction provoquée par le démarrage de Prince of Darkness.

Le départ a été donné ! La corde a subi une tension terrible puis elle s'est détendue. Prince of Darkness est sorti de sous sa couverture et de sa stalle comme un diable de sa boîte. La moquette gisait sur le sol. C'était une réussite.

Il y avait dix-huit concurrents au départ. A Warwick, les chevaux parcourent d'abord un kilomètre et demi en ligne droite avant de tourner brusquement sur leur gauche. Dans le virage, Prince of Darkness était nettement en tête. Il n'a pas gagné ce jour-là, mais c'était lui qui avait pris le meilleur départ.

Je ne le savais pas encore, mais cette expérience allait me conduire à inventer la « couverture Monty Roberts » pour venir en aide aux chevaux de course sujets à ce genre de peur. Plus d'un millier de chevaux l'ont déjà utilisée.

J'ai assisté récemment à un merveilleux spectacle ; mais avant de vous le faire partager, il faut d'abord que je vous présente un gentleman nommé Greg Ward.

Greg Ward est né en 1935, à Bakersfield, en Californie. Son père était agent immobilier et sa mère institutrice. Habitant la périphérie de Bakersfield, Greg a été attiré très tôt par les chevaux. A l'âge de huit ou neuf ans, il a fait part de son intérêt à ses parents et à son frère aîné, mais, malheureusement pour lui, aucun d'eux ne partageait sa passion.

Au lycée, Greg s'est révélé un sportif complet, excellent en athlétisme, football américain, basket et base-ball. Tous ceux qui s'occupaient de lui dans ces diverses disciplines pensaient qu'il pourrait devenir un sportif de haut niveau s'il choisissait cette filière.

En 1952, il travaillait dans une ferme proche de chez lui pour gagner de quoi acheter un cheval, l'entretenir et apprendre à monter. Le 19 octobre, en débroussaillant le versant d'une colline, il a conduit son tracteur dans un endroit trop en pente. Le tracteur en se retournant l'a éjecté, lui a roulé dessus et l'a laissé inconscient, paralysé et aveugle, un morceau de ferraille planté dans le crâne.

Greg a passé de nombreuses semaines à l'hôpital et, après de multiples opérations chirurgicales, dont une destinée à fixer une plaque métallique dans sa tête, ses muscles ont recommencé à fonctionner et il a recouvré la vue, à l'exception, toutefois, d'une bonne partie de sa vision périphérique, ce qui lui ôtait tout espoir de faire une carrière sportive.

Aussitôt que son état de santé l'a permis, ses parents l'ont aidé à acheter son premier cheval. Il portait le nom prestigieux de Blackie [1], et avait environ huit ans lorsque Greg en a fait l'acquisition pour trois cent cinquante dollars, y compris une bonne selle.

En septembre 1953, presque une année après son accident, Greg est entré à Cal-Poly, amenant avec lui Blackie et sa selle. Lorsque je suis arrivé à mon tour à l'université, Greg y était déjà depuis deux ans. Il ne cessait de poser un tas de questions, demandant des conseils et observant les cavaliers lors des compétitions pour apprendre le plus de choses possible dans l'espoir de faire un jour partie de l'équipe de rodéo de Cal-Poly.

Je me rappelle avoir vu Greg monter Blackie,

1. En anglais, Blackie est un nom très commun pour un cheval ou un chien, comme Médor pour un chien en français.

avoir ri de ce cheval petit, gros et sans élégance, et m'être dit : « Pourquoi perdre son temps ? Ce canasson n'arrivera jamais à rien. »

J'étais jeune, j'avais déjà plusieurs championnats derrière moi et peu de temps à consacrer à un cheval ordinaire comme Blackie. Quand je repense à tout cela, je me rends compte à quel point j'avais tort de rire de lui. Aux yeux de Greg, c'était le cheval le plus important qui soit au monde. En fait, c'était effectivement un cheval très important pour le monde du *working-horse* puisqu'il était le professeur de Greg Ward qui devait devenir par la suite l'un des meilleurs éleveurs-entraîneurs qui aient jamais existé. J'aurais dû le savoir, car j'avais eu un cheval nommé Brownie qui avait beaucoup compté pour moi.

J'aimais bien Greg et nous avons été bons copains durant notre séjour à Cal-Poly. J'ai partagé avec lui toutes les informations en ma possession, même mes secrets les mieux gardés. J'étais bien loin de me douter qu'il apprendrait aussi vite et aussi bien. Il a fini par faire partie de l'équipe de rodéo de l'université et, tout en continuant à s'instruire, il a marqué quelques-uns des points qui nous ont permis de remporter le championnat national en 1958 et 1959.

Par la suite, Greg a pu acheter une vingtaine d'hectares près de Tulare et y construire le centre d'entraînement qu'il possède encore aujourd'hui. Il a amélioré peu à peu des installations qui regroupent à présent deux arènes d'entraînement couvertes, plusieurs zones d'entraînement à ciel ouvert et une piste de huit cents mètres.

En 1957, durant son séjour à Cal-Poly, Greg avait épousé Laura Odle, et ils ont eu un fils, John, en 1959, et deux filles, Wendy, en 1961, et Amy, en

1963. Tous les trois ont travaillé avec leur père et disputé des compétitions. Depuis, les deux filles se sont mariées et ont quitté le ranch, mais John a persévéré et maintenant c'est pratiquement lui qui gère l'affaire.

Les chevaux entraînés au ranch Ward, par Greg ou par son fils John, ont amassé au cours des trente et quelques dernières années un nombre incroyable de récompenses. Ils ont remporté douze championnats du monde de *cutting horses* et de *reined cow horses,* et totalisé des centaines de millions de dollars de gains. De plus, les jeunes chevaux élevés sur le ranch se sont vendus pour des millions de dollars, et ont gagné des millions de dollars de primes. Actuellement, le plus fameux étalon de la catégorie des *cow horses* est Dual Pep, né et élevé sur le ranch Ward, et dont la valeur est estimée couramment aux environs de deux millions de dollars. Dual Pep a remporté plus de trois cent mille dollars de primes, et ses saillies rapportent chaque année cinq cent mille dollars.

Je pourrais écrire cinquante pages sur les succès des Ward et de leurs chevaux ; je me contenterai de dire que leur ranch est très probablement le meilleur qu'ait jamais connu l'Amérique du Nord, en ce qui concerne les *cow horses.*

John Ward se charge désormais de la plus grande partie du travail, ce qui permet à son père de disposer du temps nécessaire pour expérimenter de nouvelles techniques d'entraînement ; et ceci nous ramène à mon point de départ : le merveilleux spectacle auquel on peut assister quand Greg Ward entreprend un groupe de jeunes chevaux.

Il ne s'agit pas de chevaux bon marché. La dernière fournée de trente-deux a une valeur globale qui se situe vraisemblablement entre deux millions et demi et trois millions de dollars, et il y en a un parmi eux qui vaudrait près d'un million de dollars. L'aspect financier impose donc que ces chevaux soient extrêmement performants en compétition pour justifier leur prix d'achat.

Ce que je veux dire, c'est que les méthodes d'entraînement de Greg ne sont pas la conséquence d'un vague désir d'être bon avec les animaux — bien que Greg soit tout à fait incapable de ne pas les aimer et les respecter. Ce sont tout simplement les meilleures méthodes — comme cela a été démontré par des compétitions de très haut niveau — et les méthodes les plus douces.

En arrivant au ranch Ward, à Tulare, j'ai vu quelque chose qui m'a procuré une vive émotion. Greg m'a appelé :

— Monty, viens voir mes nouveaux « bébés ».

Ils sont arrivés, conduits par cinq personnes qui les ramenaient du pré sans même les tenir par le licou, les laissant aller où ils voulaient, se contentant de les accompagner, de les suivre, jusqu'à ce qu'ils puissent profiter du moment où ces animaux, jeunes et nerveux, auraient envie de pénétrer dans la cour. Une fois là, ils ont été sellés et leurs cavaliers les ont montés avec ménagement.

— Pendant leurs premiers jours sous la selle, m'a expliqué Greg, on leur laisse faire ce qu'ils veulent, sans exercer la moindre traction sur les rênes.

J'ai regardé les cinq cavaliers se laisser conduire vers la piste d'entraînement en suivant une allée. Les portes ont été refermées derrière eux, mais les chevaux pouvaient aller où bon leur semblait sur cette piste ovale de huit cents mètres de tour. Un sixième cavalier, monté sur un cheval expérimenté, tenait une longue baguette à l'extrémité de laquelle était fixé un fanion en plastique qui lui permettrait, le cas échéant, d'éviter que l'un des chevaux ne représente un danger pour les autres. Greg a ajouté :

— Peu importe la direction qu'ils prennent. Ils peuvent faire tout ce qui leur passe par la tête.

J'ai observé ces cinq chevaux qui flânaient. S'ils voulaient s'arrêter un moment pour brouter l'herbe le long de la barrière, ils s'arrêtaient. Si l'envie leur venait de traverser la piste pour aller voir de l'autre côté, ils traversaient. S'ils préféraient courir un peu, ils partaient au petit galop jusqu'à ce qu'ils changent d'avis. S'ils voulaient rester plantés sans bouger, ils n'en faisaient pas plus. S'ils décidaient de se coucher et de se rouler sur le dos, ce n'était pas un problème : le cavalier descendait de cheval et regardait sa monture se vautrer dans l'herbe, insouciante.

— Et vous les laissez faire ce qu'ils veulent pendant combien de temps ?

— Vingt jours.

Je m'émerveillais de ce spectacle, et plus encore de la justesse du raisonnement qui le sous-tendait. Ces chevaux étaient en train d'apprendre à supporter le poids d'un homme, et ils n'avaient aucune raison d'associer cette nouvelle situation avec l'idée de brimade. Ils s'habituaient progressivement au fait d'avoir un cavalier sur le dos, et ainsi, il n'y avait pas le moindre risque qu'ils éprouvent du ressentiment ou développent des tendances agressives envers leurs partenaires humains.

Grâce au succès de méthodes comme celle-ci ou comme celle que j'ai présentée dans ce livre, et aux preuves qu'elles ont accumulées, je suis intimement persuadé que nous sommes arrivés à un tournant dans l'histoire des relations entre l'homme et le cheval; et je suis heureux d'avoir eu la chance de pouvoir apporter ma contribution à ce nouvel esprit de compréhension.

Comment imaginer une meilleure illustration des théories auxquelles je crois, et une meilleure preuve d'engagement total au service de ces théories, que ce groupe de chevaux auxquels l'on permet, tout simplement, d'apprendre lentement et agréablement, en flânant à leur gré, tout en s'accoutumant à porter un cavalier ?

De passage en Angleterre, alors que je m'en retournais en Californie, j'ai été invité, tout récemment, à rencontrer la reine afin de la tenir informée de mon travail et de lui donner mon sentiment sur le monde du cheval en général.

Le *corporal major* Terry Pendry m'a conduit en voiture jusqu'au château de Windsor et nous avons traversé le parc qui m'est devenu familier.

— Vous allez rencontrer Sa Majesté à l'extérieur, m'a annoncé Terry Pendry en me donnant ses dernières instructions.

A l'extérieur ? Je me demandais ce que cela pouvait bien signifier. Allions-nous nous promener tous les deux dans le parc, ou nous rencontrer à la *mews* pour jeter un coup d'œil sur certains de ses chevaux ?

Terry Pendry s'est arrêté au bord d'une pelouse en pente douce qui s'étalait gracieusement devant le château, et il est descendu de voiture ; j'en ai fait autant.

— Sa Majesté est là, m'a-t-il dit avec un geste de la main.

Au milieu de cette étendue de gazon uniformément vert et impeccablement entretenu, se trouvait une petite table près de laquelle une silhouette était assise. Un fil blanc sortait du château et serpentait dans l'herbe jusqu'à la table. Je me suis lancé dans la traversée de la pelouse et, en m'approchant, j'ai reconnu Sa Majesté qui m'attendait pour prendre le thé. La brise faisait voleter les coins de la nappe blanche comme neige sur laquelle avaient été disposés le service en porcelaine tendre et l'argenterie.

Sa Majesté m'a accueilli le plus simplement du monde et j'ai pris place à table. Elle a appuyé sur le bouton qui se trouvait à l'extrémité du long fil blanc, son signal a cheminé jusqu'au château et, tandis que nous entamions la conversation, un membre de son personnel nous a servi le thé et des rafraîchissements.

C'était un moment exceptionnel dans un décor magnifique. Nous avons parlé de chevaux et, une fois encore, la reine s'est révélée une propriétaire curieuse d'apprendre et bien informée. Elle désirait connaître mon opinion sur tout, et je me suis dit que j'avais beaucoup de chance d'avoir rencontré cette femme que l'histoire a placée dans une position si extraordinaire, unique.

J'avais du mal à croire que je me trouvais seul avec la reine d'Angleterre, au milieu de cette pelouse, devant le château de Windsor, et que nous prenions le thé en conversant comme de vieux amis. Je lui ai parlé de mes récentes expériences avec les stalles de départ. J'ai été très heureux de la mettre au courant de l'enseignement dispensé au West Oxfordshire College, sous la direction de Kelly Marks, et consacré à la diffusion et au perfectionnement de la méthode décrite dans ce livre.

C'est la première fois qu'un cours de cette nature est professé dans une université, et j'ai confié à Sa Majesté que je rêvais d'un avenir où ceux qui étudient ma méthode auront tellement fait progresser notre connaissance et notre compréhension des chevaux que mes propres pratiques seront considérées comme archaïques. Au moment où j'écris ces lignes, certains vétérinaires s'efforcent de développer leur aptitude à se « mettre à l'écoute » des chevaux, dans le but de déterminer, par exemple, quelle partie de leur appareil digestif les fait souffrir : le duodénum, l'intestin grêle ou le gros intestin.

Finalement, longtemps après l'heure prévue pour la fin de notre thé, nous nous sommes levés de table. Notre séparation a été tout à fait cordiale et simple. Sa Majesté a regagné le château tandis que je revenais sans me presser vers l'endroit où Terry Pendry m'attendait.

J'ai eu soudain une vision ; je voyais la scène comme si je me tenais en haut des remparts du château. Le carré blanc de la table enchâssé dans le vert de la pelouse, les restes de notre thé, les chaises de travers, la reine d'Angleterre marchant dans une direction et ce cow-boy de Californie s'éloignant dans la direction opposée, secouant la tête avec incrédulité en songeant à la curieuse situation dans laquelle il se trouvait.

Près de huit siècles auparavant, un tout autre souverain, un conquérant nommé Temüjin, avait une attitude très différente vis-à-vis des chevaux. Son empire mongol s'étendait des rivages du Pacifique à ceux de la mer Noire. Dominant un quart de la planète, il adopta le nom de Gengis Khan qui signifie « maître de tous » ; et ce nom est devenu, à juste titre, synonyme de cruauté inimaginable, de volonté implacable et de détermination inflexible. Son principal allié, le fer de lance de cette remarquable expansion et de cette puissance, fut le cheval.

En se servant de cordes, de fouets et des pratiques les plus cruelles qu'il était capable d'imaginer, Gengis Khan a maîtrisé et exploité la force, l'endurance et la vitesse du cheval. Celui-ci était sans défense contre cette cruauté. Il était muet. Pourtant, il avait un langage. Personne ne savait le voir, personne ne se souciait seulement de le voir, mais il existait déjà et il est toujours le même aujourd'hui. Il date de quarante-cinq millions d'années et n'a pratiquement pas changé. A titre de comparaison, l'homme n'est sur cette planète que depuis quelques centaines de milliers d'années, et son langage originel s'est déjà fragmenté en des milliers de langues différentes.

L'absence de communication entre l'homme et le cheval a été la cause d'une histoire désastreuse, faite de cruauté et de mauvais traitements ; et cette incommunicabilité a été entièrement à notre détriment. N'ayant pas su obtenir la coopération volontaire du cheval, nous avons subi une perte considérable, aussi bien sur le plan affectif que sur le plan pratique.

C'est ce déséquilibre que je me suis efforcé de redresser durant toute une vie de travail avec les chevaux. Je m'y emploie depuis soixante et un ans, et toujours avec autant de cœur.

5

JOIN-UP

Une présentation, pas à pas, de la méthode Monty Roberts

Tout le monde peut utiliser ma méthode et réaliser un *join-up,* à condition d'être convaincu de pouvoir y parvenir, et de ne pas avoir peur des chevaux.

Pour commencer, j'aimerais que vous vous débarrassiez de toutes vos idées préconçues sur la façon d'entreprendre les jeunes chevaux. Je voudrais, par contre, que vous ayez présentes à l'esprit les expériences qui vous ont appris à ne pas les craindre, et que vous vous serviez de votre aptitude à évoluer parmi eux efficacement et en toute sécurité.

Persuadez-vous qu'un cheval est incapable de vous faire du mal et que ses agissements sont généralement influencés par votre comportement, surtout dans le cas d'un jeune animal non encore entrepris. Nous ne pouvons enseigner que très peu de choses à un cheval, mais nous avons la possibilité de créer autour de lui un environnement favorable au sein duquel il va pouvoir apprendre. Je pense qu'il en va de même avec les humains. L'élève, l'étudiant que l'on gave de connaissances contre son gré mémorise mal, alors qu'il est capable d'absorber une grande quantité d'informations lorsqu'il choisit d'apprendre.

Nous employons souvent ce dicton, mais nous observons rarement le précepte qu'il énonce. Le cheval possède un langage perceptible, prévisible et très efficace. Le plus incroyable, c'est que ce langage est compris par tous les animaux du genre *Equus*[1] qui peuplent la planète, sans nul besoin d'interprètes, alors que nous autres humains, qui possédons le cerveau le plus phénoménal qui soit sur terre, avons souvent besoin d'aide pour communiquer les uns avec les autres.

Comme tous les moyens de communication, l'*Equus* réclame quelques efforts pour être maîtrisé. Si l'on refuse de croire que le cheval est capable de communiquer, il est toujours possible de le « dresser » assez efficacement en utilisant la souffrance. Mais si l'on croit en son aptitude à communiquer aisément, nous sommes bien obligés de lui reconnaître le droit de se montrer hostile si nous le « dressons » en usant de la contrainte. Songez à ce que vous auriez ressenti si, lors de votre premier jour à l'école, votre instituteur (trice) vous avait passé une chaîne dans la bouche ou le nez, avait tiré dessus d'un coup sec, puis vous avait fouetté chaque fois que vous cherchiez à vous éloigner. Quel genre de relation auriez-vous eue avec les enseignants, et quelle opinion auriez-vous eue de l'école par la suite ?

Même si le cheval ne possède pas un cerveau aussi complexe que celui de l'homme, je vous propose de partir du principe que ses réactions sont à peu près semblables aux nôtres. Le but de ma

1. Cheval, âne, onagre, zèbre.

méthode est de créer une relation basée sur la confiance, et qui encourage le cheval à réaliser

LE JOIN-UP,

à rejoindre votre équipe, et à porter vos couleurs. A mon avis, la plupart des chevaux dressés en utilisant des méthodes « traditionnelles » entretiennent une relation conflictuelle avec les gens pour lesquels ils travaillent ; même s'ils acceptent d'obéir, c'est toujours à contrecœur.

La première règle de ma méthode pour entreprendre un jeune cheval est :

NON À LA SOUFFRANCE.

Il ne faut ni frapper, ni donner de coups de pied, ni faire de mouvements brusques, ni tirer sur le mors, ni attacher, ni forcer. Si l'on est obligé d'user d'un peu de contrainte, elle doit être la plus légère possible et ne pas donner au cheval l'impression qu'« il doit » faire quelque chose. Il est nécessaire d'éliminer cette notion de l'environnement que nous créons autour de lui. Je vous suggère de préférer « j'aimerais bien qu'il... » à « il doit... ». De toute manière, la contrainte ne doit être employée que pour encourager le cheval à demeurer avec vous, et non pour le forcer à le faire.

Le cheval est l'animal fuyard par excellence. Dès que la moindre pression est exercée sur lui, il choisit presque toujours de fuir plutôt que de combattre. C'est en pensant à cette caractéristique que j'ai approfondi ma connaissance d'un phénomène qui concerne la plupart des animaux, et que j'ai appelé : « avance et recul ». Ce phénomène se manifeste aussi bien dans les relations entre animaux — à la fois à l'intérieur des espèces et entre les diverses espèces — que dans les relations entre humains. Nous l'utilisons tous quotidiennement quand nous forçons une situation puis faisons marche arrière pour juger du résultat obtenu ; ce qui nous arrive fréquemment dans nos relations amoureuses et professionnelles. L'exemple classique est celui de l'adolescent de quatorze ans qui est attiré par une fille de sa classe et la suit partout. Elle lui déclare qu'elle ne peut pas le supporter et le fuit. Il insiste, généralement pendant une soixantaine de jours, puis il abandonne. On constate peu après qu'elle commence à fréquenter les mêmes endroits que lui et à manifester de l'intérêt à son encontre. C'est notre connaissance de ce phénomène que nous allons perfectionner.

Venons-en à la façon pratique d'entreprendre un jeune cheval (je n'emploie jamais les termes « briser » ni « dresser »). Notre objectif est de l'amener à accepter la selle, la bride et le cavalier, sans lui faire subir le moindre traumatisme. Au cours de mes démonstrations, j'entreprends un jeune cheval qui n'a encore jamais été sellé, bridé ni monté, et j'essaie de lui faire accepter tout cela en une trentaine de minutes. Si je faisais ces démonstrations avec des chevaux qui ont déjà été habitués au mors, les spectateurs auraient le droit de se montrer sceptiques, et pourraient croire que je ne me suis pas contenté de les emboucher au préalable. En dehors de ces démonstrations, il est préférable d'accoutumer — pendant quelques jours — le jeune cheval au mors et à un début de communication passant par sa bouche et les longues rênes, que de l'entreprendre directement.

VOICI LA LISTE DES BUTS QUE L'ON DOIT SE FIXER LORSQUE L'ON ENTREPREND UN JEUNE CHEVAL :

1. réaliser le *join-up*
2. confirmer le *join-up*
3. caresser les zones vulnérables du cheval
4. lui prendre les pieds l'un après l'autre
5. lui poser le tapis de selle sur le dos
6. le seller
7. le brider
8. attacher les longues rênes
9. se mettre en selle
10. effectuer un grand cercle à droite
11. un pas en arrière
12. un grand cercle à gauche
13. un pas en arrière

LISTE DES ÉQUIPEMENTS NÉCESSAIRES

2 longues rênes (de préférence légères, en tissu, 9 mètres chacune),
1 bridon (entièrement équipé)
1 selle
1 tapis de selle
2 étrivières
1 licou

Sur mon ranch, je me sers d'un enclos circulaire; même si ce n'est pas indispensable, cela facilite les choses. Cet enclos mesure une quinzaine de mètres de diamètre, il est couvert et a des murs pleins mesurant deux mètres quarante de haut. Le sol est recouvert d'une couche de sable de cinq centimètres d'épaisseur. Il m'est arrivé d'entreprendre des chevaux dans la nature, en étant moi-même à cheval pour me déplacer plus aisément. Il est également possible d'utiliser un enclos carré, mais il est alors préférable de fermer les angles. Un diamètre d'une quinzaine de mètres est à mon avis parfait pour des chevaux de taille moyenne. Un sol de bonne qualité est indispensable pour la sécurité du cheval et de la personne qui l'entreprend.

Munissez-vous de l'une des deux longues rênes et introduisez le cheval dans l'enclos après lui avoir passé le licou. Tenez-vous au centre de l'enclos et présentez-vous au cheval en lui frottant le front avec le plat de la main (ne le tapotez pas), même si vous avez déjà fait connaissance. Écartez-vous en demeurant derrière lui, mais prenez garde de vous tenir hors de portée de ses ruades. S'il ne fuit pas de lui-même, lancez la rêne en direction de son arrière-main. La rêne peut TOMBER sur lui, mais VOUS NE DEVEZ PAS LE FRAPPER. Il fuit et se met à faire le tour de l'enclos. Comme il bat en retraite, vous devez avancer et maintenir la pression. Lancez la rêne dans sa direction deux ou trois fois par tour — ou plus si nécessaire — pour soutenir son allure. Faites preuve d'« agressivité » : vos yeux doivent être rivés aux siens, vous ne devez jamais cesser de lui faire face et d'avancer vers lui, mais toujours en prenant bien garde de vous tenir hors de portée de ses ruades. Faites-lui faire cinq ou six tours dans un sens, au petit galop, puis faites-le volter et recommencer dans l'autre sens, en vous préparant à recevoir les messages signifiant qu'il aimerait s'arrêter. Surveillez son oreille intérieure, elle va cesser de bouger pour se braquer sur vous, alors que son oreille extérieure demeurera mobile pour surveiller les alentours. Il tournera la tête vers l'extérieur et fléchira légèrement l'encolure vers l'intérieur. Il tirera la langue, léchera et mâchouillera, et finira par baisser la tête presque jusqu'au sol.

L'oreille braquée sur vous est un signe de respect. S'il lèche et mâchouille c'est pour vous dire : « Je suis un animal fuyard, un herbivore, j'ai donc des raisons d'avoir peur de toi. » Quant à sa tête baissée, elle signifie : « Si tu acceptes de renégocier, je te laisserai présider la séance. »

L'expérience vous permettra de perfectionner votre connaissance de ce mode de communication, mais lorsque le cheval adopte ce comportement, il vous demande de faire cesser la pression que vous exercez sur lui, il veut s'arrêter. Enroulez la longue rêne, baissez les yeux, détournez la tête et tournez-lui le dos aux trois quarts de façon que l'axe de vos épaules forme un angle à quarante-cinq degrés avec le grand axe de son corps. C'est une invitation à vous rejoindre ou, du moins, à cesser de fuir et à regarder dans votre direction. S'il vous rejoint, c'est parfait ! S'il se contente de s'arrêter et de vous faire face, sans venir vers vous, approchez-vous de lui, mais pas directement, en décrivant un arc de cercle. S'il s'éloigne, remettez-le au travail pour quelques tours de piste supplémentaires ; puis répétez le processus.

Si vous devez faire le premier pas, approchez-vous de lui pour l'encourager à vous rejoindre, continuez à lui tourner le dos aux trois quarts. Il devrait finir par s'avancer vers vous et venir placer le bout de son nez à hauteur de votre épaule. C'est ce que j'appelle le *join-up*.

Dès que vous serez à portée de la tête du cheval, caressez-lui le chanfrein, puis éloignez-vous en décrivant un cercle. Je commence toujours par un cercle vers la droite — trois mètres de diamètre environ —, je continue par un autre vers la gauche, et ainsi de suite à plusieurs reprises. Il devrait vous suivre ou, au moins, bouger pour garder sa tête dans votre direction. S'il n'en fait rien, vous allez vous retrouver derrière lui ; alors remettez-le au travail et répétez le processus, mais prenez toujours bien garde de vous tenir hors de portée de ses ruades. En agissant ainsi, vous parviendrez à réaliser le *join-up,* et à le CONFIRMER.

A partir de là, le cheval vous suivra au centre de l'enclos où il se plantera confortablement pour attendre l'étape suivante : les zones vulnérables. En commençant par le côté gauche, passez vos deux mains sur son encolure, son garrot, son dos, ses hanches et ses flancs. Répétez l'opération pour le côté droit et vous serez prêt à lui prendre successivement les quatre pieds, en suivant la procédure sans danger utilisée par tous les gens de cheval.

Après quoi, il sera temps d'aller chercher le harnachement et de le déposer sur le sol au centre de l'enclos. Laissez au cheval le temps de l'examiner puis éloignez-vous tour à tour dans diverses directions jusqu'à ce qu'il préfère vous suivre plutôt que s'intéresser aux harnais. Une fois que vous aurez de nouveau capté son attention, fixez l'une des deux longues rênes au licou en la passant sur votre bras gauche, à un mètre de la fixation. Ramassez le tapis de selle et placez-le à la base de l'encolure, en avant du garrot, puis faites-le glisser vers l'arrière jusqu'à ce qu'il soit en place. Si le cheval venait à s'éloigner — cela se produit très rarement — ne le punissez pas, faites-lui faire quelques tours de piste, réalisez de nouveau le *join-up* et répétez la suite du processus. Une fois le tapis de selle en place, ramassez la selle — sangle relevée —, placez-la sur votre hanche droite, et glissez-vous du côté gauche de l'encolure. Déposez doucement la selle sur son tapis, et contournez le cheval par l'avant en lui caressant le chanfrein au passage. Faites descendre la sangle, lentement et sans à-coups, mais sans hésitation ; ajustez-la pour qu'elle arrive approximativement à la hauteur du boulet, puis revenez du côté gauche du cheval en lui caressant de nouveau le chanfrein au passage. Tenez-vous près de l'antérieur gauche, attrapez la sangle, remontez-la et, tout en surveillant les réactions du cheval, bouclez le sanglon avant de façon que la sangle ne soit pas trop serrée, mais suffisamment tout de même pour que la selle ne risque pas de tourner. Bouclez ensuite le deuxième sanglon en le serrant un peu plus que l'autre, puis équilibrez la tension. Détachez la longue rêne et écartez-vous prudemment ; continuez de vous éloigner du cheval à reculons et vers l'arrière, tout en restant hors de portée de ses ruades. Chassez-le avec la longue rêne, et faites attention à ne pas encourager le *join-up* tant que le cheval rue.

RESTEZ CALME

Votre cheval doit être persuadé qu'il est le seul à se préoccuper de cette selle, sinon il sera enclin à ruer. Surveillez les signaux indiquant qu'il demande à vous rejoindre, mais ne réalisez le *join-up* que lorsqu'il sera manifestement à l'aise sous la selle.

Dès qu'il sera de retour à côté de vous, passez-lui le bridon et glissez l'extrémité des rênes sous l'arrière de la selle — ou utilisez un autre moyen de fixation aussi sûr — en laissant beaucoup de mou. Mettez en place les étrivières et les étriers, et attachez les étriers à la sangle pour éviter qu'ils ne battent. Prenez l'une des deux longues rênes par l'extrémité à laquelle est fixé le mousqueton, faites-la passer par-dessus la selle et laissez-la pendre du côté droit, jusqu'au sol ; puis prenez la seconde longue rêne, enfilez-la dans l'étrier gauche

— d'arrière en avant — en la tenant par le mousqueton, et accrochez celui-ci à l'anneau porte-rêne gauche du mors. Contournez le cheval et répétez l'opération du côté droit. Revenez du côté gauche, saisissez les extrémités libres des deux longues rênes et, en marchant à reculons, déplacez-vous latéralement de façon à vous retrouver derrière le cheval, toujours en prenant bien garde de vous tenir hors de portée de ses ruades. Demandez-lui d'avancer et faites passer la longue rêne droite par-dessus sa croupe. Si vous ne possédez pas une expérience suffisante des longues rênes, ne précipitez pas les choses. Vous voulez communiquer avec le cheval par l'intermédiaire de sa bouche, mais il faut agir prudemment. Il serait préférable de pratiquer d'abord avec des chevaux plus âgés et plus expérimentés, pendant un certain temps, avant de tenter de le faire avec un jeune cheval. Sans cela, vous risqueriez de vous blesser ou de blesser votre cheval. Si vous possédez parfaitement la technique des longues rênes, demandez au cheval de faire le tour de l'enclos, dans un sens puis dans l'autre, au trot et au petit galop ; demandez-lui de volter et d'effectuer des arrêts ; enfin, arrêtez-le, la tête tournée vers l'extérieur, et demandez-lui de reculer d'un pas. Retirez les longues rênes.

Parvenu à ce stade, le cheval est prêt à être monté. Il est alors possible soit de le monter soi-même, soit de faire appel à une autre personne ; l'un et l'autre choix sont également bons. Si vous avez décidé d'utiliser les services d'un cavalier, faites-le entrer dans l'enclos. Vérifiez les fixations de la selle, accrochez une longue rêne à l'anneau gauche du mors, et accordez à votre cavalier quelques minutes pour faire la connaissance du cheval en caressant ses zones vulnérables comme vous l'avez fait vous-même précédemment. En ce qui me concerne, je fais la courte échelle à mon cavalier et je lui demande d'abord de se coucher sur le ventre en travers de la selle — boucle de ceinture contre le pommeau. Puis je fais avancer prudemment le cheval : deux ou trois cercles vers la gauche, et deux ou trois cercles vers la droite. Si le cheval est heureux et supporte le poids qu'il a sur le dos, j'aide mon cavalier à enfourcher la selle et à chausser les étriers. Je répète les cercles. Si le cheval est détendu et accepte la selle et la personne qui est assise dessus, j'agrandis les cercles de façon à conduire le cheval de plus en plus près de la périphérie de l'enclos, je détache précautionneusement la longue rêne et j'aide le cavalier à faire un tour d'enclos dans chaque sens. Le pas et le trot sont suffisants, inutile de pousser jusqu'au petit galop. Après chaque tour, j'aime que mon cavalier fasse reculer le cheval d'un pas.

Ne jouez surtout pas les héros ; si votre cheval n'est pas prêt à être monté à la fin de la première séance, attendez un autre jour. N'oubliez pas que lors de mes démonstrations je suis obligé de présenter aux spectateurs la totalité du processus en une seule séance, mais vous n'êtes pas tenus d'en faire autant. Ma méthode va vous permettre de gagner tellement de temps que vous progresserez de toute façon beaucoup plus vite qu'avec les méthodes traditionnelles. C'est la qualité de votre travail qui est importante, pas la vitesse avec laquelle vous l'accomplissez. Ce que nous voulons tous obtenir au bout du compte c'est un cheval heureux, de bonne volonté, et qui se comporte bien. C'est là-dessus que vous serez jugé(e).

Vous avez obtenu que votre cheval accepte la selle, la bride et le cavalier, il n'a pas été traumatisé et a choisi de demeurer avec vous plutôt que de fuir. N'oubliez pas de le laisser libre, NE LE RESTREIGNEZ PAS. Faites qu'il soit agréable pour lui de se trouver près de vous, et s'il cherche à s'éloigner lorsque vous vous approchez, mettez-le au travail.

NON À LA SOUFFRANCE

Si vous avez réussi à mener à bien ce processus, vous m'avez aidé à remplir mon objectif, qui est de faire de ce monde un endroit plus agréable à vivre pour les hommes comme pour les chevaux.

Afin d'obtenir des informations complémentaires concernant les démonstrations, les consultations, les conférences, les cassettes vidéo et tout le matériel pédagogique disponible, je vous invite à composer : (1) 805 688 4264 ; http ://www. monty roberts. com ; E-mail : admin @ monty roberts. com.

Remerciements

Je remercie ma femme, Pat, mes enfants et mes amis qui m'ont accordé le temps libre nécessaire à la rédaction de ce livre ; plus spécialement Pat qui s'est chargée de taper, corriger et critiquer mon manuscrit.

Je suis également reconnaissant à tous ceux qui ont concouru à la réalisation de ce livre : Sue Freestone, ma directrice de collection, qui m'a encouragé tout au long de ma première aventure dans le monde littéraire ; Sam North, qui a fait la moitié du tour du monde et passé plusieurs semaines avec nous à réviser assidûment et brillamment mon manuscrit ; Jane Turnbull, mon agent littéraire, qui a fait preuve d'enthousiasme, a cru en moi dès le début, et m'a toujours été d'un grand soutien ; Kelly Marks, qui a magnifiquement organisé mes séjours en Angleterre ; et mes clients qui n'ont cessé de me soutenir tout au long de cette expérience, tels que sir Mark Prescott, Henry Cecil, Walther J. Jacobs et le Dr Andreas Jacobs.

Je remercie tout spécialement Sa Majesté la reine Elizabeth II, qui a mis mon travail en pleine lumière, sir John Miller, qui a été le lien entre Sa

Majesté et moi, et Terry Pendry, mon ami et mon plus ardent partisan.

Enfin, j'aimerais remercier mes neuf élèves qui sont devenus des professionnels de haut niveau : Crawford Hall, Sean McCarthy, Kelly Marks, Richard Maxwell, Terry Pendry, Tim Piper, Satish Seemar, Simon Stokes et Hector Valadez.

TABLE

Imprimé en France sur Presse Offset par

BRODARD & TAUPIN

GROUPE CPI

7133 – La Flèche (Sarthe), le 10-04-2001
Dépôt légal : avril 2001

POCKET – 12, avenue d'Italie - 75627 Paris cedex 13
Tél. : 01.44.16.05.00